Hinter dem Sachregister befindet sich ein ausführliches Verzeichnis der

Guttentagschen Sammlung

Deutscher Reichs- und Preußischer Gesetze

— Textausgaben mit Anmerkungen; Taschenformat —

die alle wichtigeren Gesetze in unbedingt zuverlässigem Abdruck und mit mustergültiger Erläuterung wiedergibt.

Guttentagsche Sammlung
Nr. 133 Deutscher Reichsgesetze Nr. 133
Textausgaben mit Anmerkungen.

Bundesratsverordnung
gegen
Preistreiberei
vom 8. Mai 1918

Erläutert
von

Dr. Adolf Lobe
Reichsgerichtsrat in Leipzig

Als Anhang: Begründung, Ausführungsvorschriften der wichtigsten Bundesstaaten, einschlagende andere Verordnungen des Bundesrats und des Reichskanzlers.

Berlin 1918
J. Guttentag, Verlagsbuchhandlung,
G. m. b. H.

Roßberg'sche Buchdruckerei, Leipzig.

Dem Präsidenten des Vierten Strafsenats am Reichsgericht, dem tatkräftigen Förderer oberstrichterlicher Rechtsprechung auf dem Gebiete des Kriegsrechts,

Herrn Wirklichen Geheimen Rat

Dr. iur. h. c. **Fritz Reichardt**

in Verehrung gewidmet vom Verfasser.

Vorwort.

Der inneren Feinde schlimmsten einer ist der Kriegswucherer. Ihm will die Verordnung gegen Preistreiberei einen festen Wall entgegensetzen. Sie kann im großen und ganzen als ein wohlgelungenes Gesetzeswerk bezeichnet werden. In verständiger Würdigung aller Bedürfnisse hält sie zunächst an der Bedeutung fest, die die reichsgerichtliche Rechtsprechung dem Begriffe des übermäßigen Gewinns gegeben hat. Dies ermöglichte, die bisherige Rechtsprechung im wesentlichen zur Auslegung auch der neuen Verordnung zu verwerten und auf ihr und dem Schrifttum weiter zu bauen. Die Vorschriften neuen Inhalts werden vielfach schwierige Rechtsfragen aufwerfen. Die Erläuterungen wollen auf sie hinweisen und ihre Lösung vorbereiten. Ob Rechtsprechung und Schriftum ihnen überall folgen werden, steht dahin. Es ist vorauszusehen, daß z. B. der Handel die Vorschrift des § 2 benutzen wird, um unter dem Deckmantel des Durchschnittpreises einen unzulässigen, über die Risikoprämie hinausgehenden Ausgleich für Verluste aus anderen Geschäften zu erreichen. Dem gilt es, nachdrücklich entgegenzutreten, soll nicht der Zweck der Verordnung gefährdet werden. Ebenso wird sich zeigen, ob die Rechtsprechung den Mut hat, die Vorschriften des § 4 Nr. 1 und 2 auch auf Überschreitungen von Höchstpreisen entsprechend anzuwenden, die keine Höchstpreise im Sinne des Gesetzes betreffend Höchstpreise sind. Tut sie es nicht, wird über kurz oder lang der Gesetzgeber sich entschließen müssen, der sonst eintretenden unbilligen und das Rechtsbewußtsein verwirrenden Verschiedenheit abzuhelfen. Wann die Zeit kommen wird, wo die Aufhebung der Verordnung erfolgen kann, vermag heute, im Anfang des fünften Kriegsjahres, niemand zu sagen. Vergeblich wird unsere Arbeit hinter der Front aber auch dann nicht sein, denn sie hat zur Klärung rechtlicher Begriffe und wirtschaftlicher Bedürfnisse beigetragen und mancher Rechtsgedanke wird in ein künftiges Friedensrecht übergehen.

Leipzig, im August 1918.

Adolf Lobe.

Abkürzungen.

BVO. = Bundesratsverordnung.
RGStr. = Entscheidungen des Reichsgerichts in Strafsachen.
RGStr. I = I. Strafsenat des Reichsgerichts.
DJZ. = Deutsche Juristen-Zeitung.
JW. = Juristische Wochenschrift.
LZ. = Leipziger Zeitschrift für deutsches Recht.
MPPr. = Mitteilungen für Preisprüfungsstellen. Herausgegeben von der volkswirtschaftlichen Abteilung des Kriegsernährungsamts.
RuW. = Recht und Wirtschaft.
Alsberg = Alsberg, Kriegswucherstrafrecht, 4. Auflage.
GtB = Gegenstände des täglichen Bedarfs.
GKB = Gegenstände des Kriegsbedarfs.

Inhaltsverzeichnis.

I. Verordnung gegen Preistreiberei.

Vom 8. Mai 1918.

(RGBl. S. 395, ausgegeben zu Berlin am 13. Mai 1918.)

Einleitung.

1. Unter **Preistreiberei** (der Ausdruck findet sich schon in BVO. v. 23. IX. 15 über Fernhaltung unzuverlässiger Personen — RGBl. S. 604) versteht die Verordnung sowohl die übermäßige Preissteigerung (§§ 1—3) als die Höchstpreisüberschreitung (§ 4). Während ursprünglich beide in gesonderten Gesetzen und Verordnungen geregelt waren, vereinigt sie die Verordnung jetzt unter der gemeinsamen Bezeichnung der Preistreiberei. Anfänglich bezogen sich beide nur auf Gegenstände des täglichen Bedarfs und des Kriegsbedarfs (BVO. gegen übermäßige Preissteigerung v. 23. VII. 15 und Höchstpreisges. v. 4. VIII. 14), nachmals ist aber die Befugnis des BR. und der nachgeordneten Behörden, Höchstpreise festzusetzen, durch BVO. über Änderung des Höchstpreisgesetzes v. 17. XII. 14 (RGBl. S. 513) auch auf andere Gegenstände ausgedehnt worden. Dagegen verblieb es für die übermäßige Preissteigerung in den späteren Abänderungen der BVO. v. 23. VII. 15 und ebenso in der neuen Verordnung gegen Preistreiberei bei der Beschränkung auf die Gegenstände des täglichen Bedarfs und des Kriegsbedarfs. Dahingestellt kann bleiben, ob von Anfang an der Begriff in dem weiten Umfang gewollt war, wie er schließlich durch die Rechtsprechung festgelegt worden ist, RGStr. 51, 214, IV 55/17 24. V. 17; JW. 18, 100 Nr. 1,

und nun vom Gesetzgeber in der Begründung zur neuen Verordnung gebilligt wurde.

2. Der **volkswirtschaftliche Zweck**, den die Verordnung verfolgt, geht letzten Endes dahin, das Aufkommen übermäßig hoher Preise zu verhüten, um das Durchhalten des ganzen Volkes, namentlich auch der minderbemittelten Schichten, zu ermöglichen. Sie will daher vorbeugend wirken und der Gefahr einer allgemeinen Preissteigerung wegen der darin liegenden Gefährdung der Lebenshaltung und Kraft des ganzen Volkes entgegentreten, RGStr. 51, 260. Diesen Zweck verfolgt sie auf zwei verschiedenen Wegen, RGStr. 51, 345. Einmal durch ein Mittel gewerbepolizeilicher Art, durch Festsetzung von Höchstpreisen in bewußter Anknüpfung und Erweiterung der GewO. § 72 über polizeiliche Taxen. Die erste Anknüpfung an sie geschah gleichzeitig mit der Erklärung des Kriegszustands am 31. Juli 1914 durch die Kommandierenden Generäle kraft der auf sie übergegangenen vollziehenden Gewalt. Sie setzten zuerst Höchstpreise fest, geboten die Abgabe von Gegenständen des täglichen Bedarfs zu diesen Preisen an die Verbraucher und verboten deren Ausführung aus großen Städten und Festungen. Diesem Vorgehen schloß sich bald auch der Gesetzgeber mit dem Höchstpreisgesetz vom 4. VIII. 14 an. In der Begründung heißt es: „um den übertrieben hohen Preissteigerungen entgegenzutreten, die in der Natur der Verhältnisse nicht begründet sind, sondern auf Spekulation oder andere unlautere Machenschaften einzelner zurückgehen, empfiehlt es sich, die Möglichkeit zu schaffen, daß unüberschreitbare Höchstpreise, Taxen im Sinne des Tit. V der GewO., für bestimmte GtB. festgesetzt werden können. Dem steht § 72 der für die Friedenszeit erlassenen GewO. entgegen. Für die Kriegszeit ist daher eine Aus-

nahme hiervon erforderlich" (Güthe-Schlegelberger, Kriegsbuch 1, 747). Es wird also klar ausgesprochen, daß die Höchstpreise dieselbe Natur haben sollen, wie die schon im Frieden in einzelnen Gewerbezweigen bestehenden Taxen. Wie diese sollen sie nicht dem einzelnen Schutz vor Ausbeutung gewähren, sondern der Gemeinschaft dienen, namentlich im Interesse einer ausreichenden Versorgung der Gesamtheit des Volkes. Auf demselben Weg würde die Verordnung zweifellos sich gehalten haben, wenn sie nicht nur das Überschreiten behördlich festgesetzter Höchstpreise (Taxen), sondern allgemein das Überschreiten angemessener Preise verboten hätte, wobei sie dann als Maßstab den Marktpreis oder den sachlichen Verkehrswert nehmen konnte. So ist zunächst der Kommandierende General des 1. Bayr. Armeekorps in München in seiner Anordnung vom 6. VII. 15 verfahren, indem er auf Grund von Art. 4 Nr. 2 des KriegszustGes. v. 5. XI. 12/6. VIII. 14 in § 1 Nr. 3 verfügte: „Mit Gefängnis bis zu einem Jahr wird bestraft, wer beim gewerbsmäßigen Kleinverkauf für GtB. Preise fordert oder annimmt, die nach der Marktlage ungerechtfertigt hoch sind." Dem bayrischen Kommando folgten mit ähnlichen Vorschriften bald die sächsischen, badischen und württembergischen Armeekorpskommandos auf Grund von § 9b des Preuß. BelZustGes. v. 4. VI. 51. Diese enthielten sich jedoch vielfach der Bezugnahme auf die Marktlage und verboten einfach das Fordern unverhältnismäßig hoher Preise. Die österreich. VO. vom 1. VIII. 14 läßt ebenfalls die Marktlage als Maßstab für die Angemessenheit beiseite und erklärt lediglich für strafbar, wer „unter Ausnutzung der durch den Krieg verursachten außerordentlichen Verhältnisse für unentbehrliche Bedarfsgegenstände offenbar übertriebene Preise fordert."

Der deutsche Gesetzgeber ist diesen Weg absichtlich nicht gegangen, weil nach seiner Meinung der Marktpreis gerade hier versagt und der dem tatsächlichen Verkehrswert einer Ware entsprechende Preis im Kriege mit hinreichender Sicherheit nicht zu bestimmen ist (Begr.). Er sucht daher die Grenze für den angemessenen Preis nicht von außen her zu bestimmen, sondern von innen heraus den Maßstab für ihn zu gewinnen, indem er einen der wichtigsten preisbildenden Faktoren, den Reingewinn des Händlers oder Erzeugers ins Auge faßt und für diesen eine angemessene Höhe fordert. Damit ergreift der Gesetzgeber aber weiter zugleich die Triebfeder, die vornehmlich bei der Preisbildung wirksam wird und gerade auch im Kriege in erster Linie zur Bildung von übermäßig hohen Preisen führt: das Streben nach kaufmännischem Gewinn. Er erwägt, daß dieses Streben im Frieden zwar uneingeschränkt berechtigt ist, im Kriege aber, wenn es die durch die Kriegslage geschaffene nachteilige Konjunktur für die Verbraucher selbstsüchtig ausnützt, unmoralisch und unsozial wird und daher der Zurückführung auf das mit der Gemeinwirtschaft des Kriegs erträgliche Maß bedarf. **Der Krieg soll bei den GtB. und GKB. für die Preisbildung nicht als Konjunktur für hohe Gewinne benutzt werden.** Während in Friedenszeiten diese Gewinnziehung in rechtlich unbeschränktem Maß ohne Nachteil für die Allgemeinheit freistehen konnte — die Bewucherung einzelner suchte StGB. § 302a ff. zu verhüten —, da sie zugleich dem Vorteil der gesamten Volkswirtschaft dienende Kräfte förderte und der bestehende Wettbewerb in der Regel dafür sorgte, daß ihre ungehemmte Entfaltung nicht auf die Dauer zum Nachteil der Verbraucher ausschlug, so gebot die Not der Kriegswirtschaft, gerade diese wesentlichste Triebfeder kaufmännischen Handels, einen Gewinn zu erzielen, nunmehr gesetzlich zu regeln. Denn andere Kräfte, namentlich der Wettbewerb, schränkten das ungemessen preissteigernde Streben nach Gewinn zufolge ihrer Ausschaltung durch die mehr und mehr eintretende Warenknappheit auf ein für die Allgemeinheit erträgliches Maß nicht mehr ein, RGStr. 51, 344. So erschöpft sich nunmehr der Zweck der Verordnung nicht mehr darin, nur die Preissteigerung zu verhüten, deren wirtschaftlicher Endzweck er immerhin bleibt, sie verbindet vielmehr damit zugleich den in dieser Richtung liegenden weiteren Zweck, der sozial schädlichen und unsittlichen Gewinnsucht als der hauptsächlichsten Triebfeder für die Preissteigerung zu begegnen, Hachenburg, DJZ. 15, 852. Indem sie den übermäßigen Gewinn zum Maßstab für die Bemessung des übermäßigen Preises aufstellt (vgl. auch § 20), erfaßt sie diesen zugleich als unsittliche und unsoziale Erscheinung und vertieft dadurch die Auffassung von der bloßen wirtschaftlich schädlichen Natur der übermäßigen Preissteigerung; RGStr. 51, 321. — Diese Auffassung von dem übermäßigen Gewinn und dem den Höchstpreis überschreitenden Erlös ergibt sich auch deutlich daraus, daß er in jedem Falle dem Staate verfällt und eingezogen wird, §§ 7 ff. Auch die österreichische Rechtsauffassung ist schließlich zu demselben Ziel gelangt. Schon in dem Erlaß des österr. Ministeriums des Innern vom 24. VII. 15 wird gefordert, daß „von den Gestehungskosten unter Zuschlag eines angemessenen Gewinns" bei Feststellung der Frage, ob ein offenbar übertriebener Preis vorliege, auszugehen sei. Und die österr. Rechtsprechung hat ständig ebenfalls auf den übermäßigen Gewinn als Maßstab für den übertriebenen Preis abgestellt. Die schweizerische VO. vom 10. VIII. 14 aber belegt schlechthin die „Überschreitung des gewöhnlichen Geschäftsgewinns" mit Strafe.

Die Erkenntnis, daß das Streben nach übermäßigem Gewinn mehr oder minder regelmäßig allen preissteigernden Handlungen, namentlich auch den Überschreitungen der behördlich festgesetzten Höchstpreise zugrunde liegt, und die Bewertung dieses Strebens in der Kriegsvolkswirtschaft als unsozial und unsittlich, hat schließlich dazu geführt, alle preissteigernden Handlungen und auch die Überschreitung von Höchstpreisen schlechthin als gleichwertig zu erachten. So muß nunmehr die übermäßige Preissteigerung, mag sie das Merkmal des übermäßigen Gewinns besonders enthalten (§ 1 Nr. 1—3) oder nicht (§ 1 Nr. 4—6), und die Höchstpreisüberschreitung als Betätigung des gemeingefährlichen Vergehens der Preistreiberei angesehen werden. Sowohl die in § 1 wie die in § 4 genannten Handlungen sind um dieser ihrer Eigenschaft willen, eine allgemeine Preissteigerung herbeiführen zu können, verboten, gleichviel, ob diese herbeigeführt worden ist oder nicht (RGStr. IV 220/17, 19. X. 17). Schon die Gefahr einer solchen soll verhütet werden, RGStr. 51, 260. Insbesondere wird auch nicht zur Vollendung der strafbaren Handlung erfordert, daß der einzelne Verbraucher, gegen den die Handlung sich richtet, geschädigt worden ist, RGStr. 52, 2, oder daß der Täter daraus einen Gewinn erzielt hat. Auch zu § 1 Nr. 4 wird nur gefordert, daß bei dem Einzelgeschäft der Preis für den GtB. gesteigert worden ist; daß der Erfolg einer allgemeinen Preissteigerung eingetreten sein muß, ist auch hier nicht Tatbestandserfordernis. Die Steigerung des Preises im Einzelfall wird um ihrer gemeingefährlichen Eigenschaft willen, die **Gefahr einer allgemeinen Preissteigerung** durch Veranlassung zu immer weiteren Einzelpreissteigerungen zu erzeugen, verboten.

3. Sowohl die übermäßige Preissteigerung als die Höchstpreisüberschreitung kann in der Regel vorsätzlich und fahr-

lässig begangen werden. Im allgemeinen gilt hierbei für die Zuwiderhandlungen gegen die Vorschriften der Verordnung folgendes:

a) Jede menschliche Handlung ist für das Recht nur bedeutsam, wenn sie eine vom Recht geregelte Handlung ist. Das Strafrecht regelt die Handlungen durch Verbote und Gebote, auf deren Ungehorsam Strafe gedroht ist. Für das Strafrecht kommen die menschlichen Handlungen daher nur als Zuwiderhandlungen gegen Verbote und Gebote in Betracht, als Verletzungen von Pflichten zum Handeln oder Nichthandeln. Schuldhaft handelt aber nur der, der vorsätzlich oder fahrlässig dem Verbot oder Gebot zuwiderhandelt, d. h. einmal überhaupt vorsätzlich oder fahrlässig die Tatbestandsmerkmale verwirklicht, die objektiv die verbotene Tat enthält, sodann dieses Handeln eben als ein qualifiziertes, dem Befehl zuwiderhandelndes will. Hiernach kann vorsätzlich nur derjenige Ungehorsam begehen, der Kenntnis von dem Befehl hat oder doch mit dem Bestehen eines solchen rechnet. Während das RG. dies für die Zuwiderhandlungen gegen Gebote nicht verkennt und z. B. in RGStr. I 153/18, 10. VII. 18 ausführt: „Nach den begrifflichen Voraussetzungen für vorsätzliche Unterlassungen muß dem Angekl. das Bewußtsein von der Pflicht, nicht untätig zu bleiben, sondern zu handeln, nachgewiesen sein. Gehört dieses Bewußtsein unerläßlich zum Vorsatz, so muß es gleichgültig sein, ob die Verpflichtung, deren Erfüllung unterbleibt, sich aus einer besonderen gesetzlichen oder behördlichen Anordnung ergibt, die außerhalb des Strafgesetzes erlassen ist" (d. h. auf Grund von Blankettgesetzen) „oder unmittelbar erst aus dem Gesetz, das die Unterlassung mit Strafe bedroht." Diese richtigen Grundsätze wendet das RG. nicht auf Zuwiderhandlungen gegen Verbote an, sondern läßt hier die Richtung des Vorsatzes und der Fahrlässigkeit allein auf die Handlung als Verwirklichung von Tatumständen genügen, indem es die entschuldbare oder unentschuldbare Unkenntnis dieser zwar gemäß StGB. § 59 berücksichtigt — welche Vorschrift es bekanntlich nur auf die Tatbestandsmerkmale, nicht auf ihre Eigenschaft, verbotswidrig zu sein, bezieht —, die entschuldbare oder unentschuldbare Unkenntnis der Handlung als einer Zuwiderhandlung gegen ein Verbot, also die Unkenntnis vom Verbotensein der Handlung aber als unbeachtlichen „Strafirrtum" erklärt, sei es, weil die Handlung als objektiv rechtswidrige bereits strafbar sein soll, sei es, weil es die Kenntnis vom Verbotensein und somit das Vorliegen der Schuld präsumiert. Diese in der Rechtswissenschaft fast einhellig abgelehnte Unterscheidung ist vom RG. selbst nicht folgerichtig durchgeführt worden. Schiffbruch aber litt völlig die Vermutung, daß jedermann die gesetzlichen Vorschriften kenne oder kennen müsse, gegenüber der Flut von Kriegsverordnungen, die zumal meist unmittelbar am Tage ihrer Verkündung in Kraft traten.

b) Der Kampf gegen die reichsgerichtliche Rechtsprechung wurde daher nunmehr auch vom Handelsstand aufgenommen und trat in der Eingabe der Ältesten der Kaufmannschaft in Berlin an den Reichskanzler v. 7. VI. 16 (Güthe u. Schlegelberger 3, 168) in die Erscheinung, worin sie fordern: eine Verordnung herbeizuführen, daß Unkenntnis oder Irrtum über die Auslegung von Strafgesetzen dem tatsächlichen Irrtum gleichstehe. Demgegenüber hat zwar der Ausschuß des Deutschen Handelstags in einer Verhandlung vom August 1916 dem Verlangen nach Straffreiheit bei Rechtsirrtum widersprochen, dagegen empfohlen, von einer Bestrafung abzusehen, wenn sich der Täter in einem entschuldbaren Irrtum über das Bestehen und die Auslegung der Kriegsgesetze oder Kriegsverordnungen befunden hat. Nach einem vom Reichstagsabgeordneten Schiffer eingebrachten und vom Reichstag angenommenen Entwurf sollte eine Verordnung erlassen werden, betreffend Auskunfterteilung über Kriegsverordnungen, und niemand strafrechtlich verfolgt werden, wenn die Auskunft ihm erteilt worden sei, daß seine Handlung der erlassenen Anordnung nicht widerspreche. Unter Ablehnung dieses Schifferschen Antrags hat der Bundesrat die Abhilfe für die berechtigt anerkannten Beschwerden wenigstens in bescheidenem Maße durch BVO. über die Verfolgung von Zuwiderhandlungen gegen Vorschriften über wirtschaftliche Maßnahmen vom 18. I. 17 (RGBl. S. 58) getroffen, in der er „in Anlehnung an den Einzelfall unter bestimmten, den Mißbrauch ausschließenden Voraussetzungen, den Einwand des strafrechtlichen Irrtums im Strafverfahren zuläßt" (Begr.; RGStr. 51, 244), aber unbegreiflicherweise nur für die Kriegsverordnungen, die auf Grund von § 3 des Ermächtigungsgesetzes vom 4. VIII. 14 erlassen worden sind, Lobe, LZ. 1917, 226; Schäfer, ebenda S. 429. „Sie nimmt dabei Vorschläge auf, welche die Strafrechtskommission für das Gesamtgebiet des Strafrechts gemacht hat." Die VO. v. 8. V. 18 gegen Preistreiberei wird also von ihr betroffen. Schon die Auffassungn der Ältesten der Berliner Kaufmannschaft und des Ausschusses des Deutschen Handelstages zeigen die bei der Auslegung der genannten BVO. wiederkehrenden verschiedenen Auffassungen: die Ältesten fassen den Irrtum über das Verbotensein der Handlung als Schuldausschließungsgrund, der Ausschuß des Handelstags als persönlichen Strafausschließungsgrund auf. Die BVO. läßt ihre Stellungnahme nicht klar erkennen, weil sie die Vorschrift unzweckmäßig in prozessuales Gewand kleidet, RGStr. 51, 368. Die Bezugnahme auf den

Entwurf der Strafrechtskommission stärkt den Verdacht, daß sie den Irrtum als bloßen Strafausschließungsgrund aufgefaßt hat, so auch Mayer, DJZ. 1917, 179 und ZtschrStW. 17, 853; Feisenberger, ZtschrStW. 17, 155; Schäfer, LZ. 1917, 425; Braun, DStrafrZ. 18, 107; Alsberg S. 129; BayObLG. v. 24. V. 17, ZtschrStW. 17, 854 = LZ. 17, 933 und RGStr. I 153/18, 10. VI. 18; 148/18, 6. VI., 18; RGStr. 51, 368. Diese Ansicht ist jedoch, selbst wenn sie der Gesetzgeber gehegt haben sollte, unzutreffend, weil die Unkenntnis vom Verbotensein der Handlung begrifflich einen Schuldausschließungsgrund darstellt. Der Glaube, kein Unrecht zu tun, schließt immer den Vorsatz, eine Zuwiderhandlung gegen eine gesetzliche Vorschrift zu begehen, aus, und beruht er auf fahrlässiger Unkenntnis des Verbots, kann immer nur eine fahrlässige Zuwiderhandlung vorliegen, RGStr. 51, 165; Beling, JW. 17, 750. Daher muß auch bei der VO. v. 18. I. 17 — richtigerweise auch ohne sie — der Irrtum über die Erlaubtheit der Handlung als Schuldausschließungsgrund angesehen werden, Lobe in LZ. 1917, 230; Binding in LZ. 1917, 301 und Normen III S. 387; v. Hippel, DStrafrZ. 1917, 24; Lucas, DJZ. 1914, 251; Goldschmidt, JW. 1917, 186; Heslenfeld, LZ. 1918, 549; Kronecker, DStrafrZ. 1918, 30. Aber die BVO. ist auf halbem Wege bei der gesetzgeberischen Korrektur der Rechtsprechung des Reichsgerichts, die sie vornehmen will, stehengeblieben und gibt nur Vorschriften für den Fall, daß der Täter in unverschuldetem Irrtum über das Bestehen oder die Anwendbarkeit der übertretenen Vorschrift die Tat für erlaubt gehalten hat. Damit beläßt sie es für den verschuldeten Irrtum bei der bisherigen Rechtsprechung des Reichsgerichts, die nicht anerkennt, soweit es sich um Zuwiderhandlungen gegen Verbote handelt, daß jeder Irrtum den Vorsatz ausschließt und verschuldeter Irrtum nur fahrlässige Begehung der Handlung herbeiführen kann, gleichviel, ob er sich auf die Handlung selbst oder das Verbotensein der Handlung bezieht. Da also die BVO. den Irrtum über das Verbot nicht dem Tatirrtum des StGB. § 59 gleichstellt, muß vom Standpunkt des Reichsgerichts und der VO. vom 18. I. 17 aus nach wie vor der verschuldete Irrtum nach dieser Richtung unbeachtet bleiben und bei seinem Vorliegen begriffswidrig vorsätzliches Handeln angenommen werden, sofern nicht nach StGB. § 59 Fahrlässigkeit bei Irrtum über Tatumstände vorliegt, RGStr. 50, 309; 51 S. 91 u. 95; Lobe, LZ. 1917, 229; RGStr. I 38/18, 14. III. 18; Goldschmidt, JW. 17, 187; a. M. Binding III, 391, der natürlich de lege ferenda an sich recht hat.

c) Ob ein Irrtum über Tatumstände des StGB. § 59 oder über das Erlaubtsein der Handlung verschuldet oder unverschuldet ist, ist für beide Richtungen hier nach den gleichen Grundsätzen zu beurteilen und im wesentlichen Sache tatsächlicher Feststellung. Immer muß aber zunächst das wirkliche Vorliegen eines Irrtums festgestellt werden. Nicht angängig ist, ihn zu unterstellen und von dieser Unterstellung aus die Frage der Verschuldung zu prüfen, BayObLG. MPPr. 17, 240. Für die Unkenntnis vom Verbotensein der Handlung kommt insbesondere bei der VO. v. 18. I. 17 folgendes in Betracht:

Stets ist das Vorliegen oder die Abwesenheit des Irrtums bei der Feststellung der Schuld von Amts wegen zu prüfen, BayObLG. v. 5. VII. 17, MPPr. 17, 240; RGStr. 51, 145. Einer ausdrücklichen Anführung in den Urteilsgründen bedarf es jedoch nur, wenn sich der Angeklagte auf die Unkenntnis berufen hat oder die Sachlage die Erörterung erfordert. StPO. § 266 Abs. 2 und Abs. 3 finden keine Anwendung, RGStr. IV 378/18, 31. V. 18.

Wenn die Verordnung vom Erlaubtsein der Handlung spricht, so soll damit nicht die Annahme eines besonderen subjektiven Rechts, einer Befugnis zum Handeln erfordert werden, vielmehr genügt die bloße Meinung, daß sie unverboten sei. Unter „Tat" versteht sie die Zuwiderhandlung gegen ein Verbot oder Gebot, die Verwirklichung eines Delikts. Dann ist bei einheitlichem Zusammentreffen mehrerer Straftaten nach StGB. § 73 auch für jede Straftat besonders zu prüfen, ob ein verschuldeter oder unverschuldeter Irrtum über ihr Verbotensein vorliegt, ob die objektive Zuwiderhandlung gegen die einzelne Verordnung für erlaubt vom Täter gehalten wurde oder nicht. Der Irrtum kann für die eine fehlen und für die andere vorhanden sein, RGStr. 51, 364; RGStr. Recht 18, 20 Nr. 35; a. M. BayObLG. DJZ. 18, 408.

In der Regel ist davon auszugehen, daß es schon im Frieden zu den Berufspflichten eines sorgfältigen Gewerbetreibenden gehört, sich über alle bestehenden gesetzlichen Vorschriften auf dem besonderen Gebiete, auf dem er sich betätigt, zu unterrichten. Diese Verpflichtung besteht in erhöhtem Maße im Kriege, wo bei der geregelten Verwaltungs- und Gemeinwirtschaft mit einer vermehrten gesetzlichen Regelung des Verkehrs gerechnet werden muß. Es ist daher Pflicht des Gewerbetreibenden, Einrichtungen zu treffen, die ihm ermöglichen, zuverlässige und schnelle Kenntnis von den einschlagenden Vorschriften zu erhalten; er darf es nicht dem Zufall überlassen, ob ihm diese Kenntnis wird. Hierbei ist jedoch auf die Person des Gewerbetreibenden, ob Großkaufmann oder Kleinhändler, besondere Rücksicht zu nehmen, RGStr. LZ. 1918, 38. Erst dann kommt in Frage, ob er gleichwohl wegen der Fülle der gerade im Krieg erlassenen Vorschriften oder wegen der seinem Interesse abliegender Regelung des Stoffs einzelne übersehen, nicht rechtzeitig erfahren oder aus dem Gedächtnis verlieren konnte, ohne daß ihm daraus ein Vorwurf zu machen ist, RGStr. IV 378/18, 31. V. 18. Die BVO. v. 18. I. 17 beruht gerade auf dem Gedanken, daß dies vielfach unmöglich und daher die Präsumtion der Kenntnis der Kriegsvorschriften unrichtig ist, RGStr. in Recht 17, 590 Nr. 1124. Gleichgültig ist es, ob der Täter, der diese Pflicht, sich zu kümmern, versäumt hat, wenn er ihr nachgegangen wäre, im Irrtum verharrt hätte oder nicht. Lediglich die Prüfung des konkreten Verhaltens ist über das Verschulden entscheidend, RGStr. I 210/17, 24. IX. 17. Hat der Gewerbetreibende von der gesetzlichen Vorschrift Kenntnis erlangt, so kommt es für die Frage, ob er sie schuldhaft falsch verstanden hat, in erster Linie darauf an, ob er selbst nach seinen Fähigkeiten sie richtig verstehen konnte, RGStr. 51, 159. In Betracht kommt hierbei auch die mehr oder minder klare und gemeinverständliche Fassung der Vorschrift. Ob die Bedeutung der Vorschrift zur Zeit der Tat schon allgemein bekannt war, ist nicht entscheidend, RGStr. 51, 91. Dagegen kann der Gewerbetreibende sein Tun mit Recht für erlaubt halten, wenn es anstandslos allgemein unter den Augen der Behörde geübt wird, RGStr. 51, 246. Nur sofern ihm gegründete Zweifel an seiner Auslegung hätten kommen müssen, nicht wenn er gutgläubig in seinem Irrtum verharrte, kann erst weiter in Frage kommen, ob eine Erkundigungspflicht für ihn entstand, RGStr. 51 S. 154, 160, und bei Bejahung dieser Pflicht weiterhin, ob er dieser Pflicht in genügender Weise nachgekommen ist und endlich, ob er sich auf die erteilte Auskunft von der angegangenen Stelle verlassen durfte. Inwieweit hier die Meinung von Berufsgenossen für ihn beachtlich und vertrauenswürdig sein dürfte, ist Tatfrage. Auskunft aus Interessentengruppen kann nicht ohne weiteres als objektiv hingenommen werden,

BayObLG. JW. 18, 54; RGStr. 51, 34; ebensowenig ist aber die Meinung von Berufsgenossen schlechthin unbeachtlich, RGStr. 51 S. 154, 397; Alsberg, JW. 18, 50, und eine Auskunft von rechtskundiger Seite wird dann, wenn es sich wirklich um reine Rechtsfragen handelt, genügen dürfen. Dasselbe gilt von einer Auskunft von den zur Auskunfterteilung berufenen amtlichen Stellen, wie Preisprüfungsstellen, Behörden usw., sofern die Auskunft erschöpfend eingeholt und erteilt worden ist, BayObLG. 14. II. 18.

Der Bundesrat hat auf Grund des § 3 des Gesetzes über die Ermächtigung des Bundesrats zu wirtschaftlichen Maßnahmen usw. vom 4. August 1914 (Reichs-Gesetzbl. S. 327) folgende Verordnung erlassen:

1. Die Verordnung ist mit Gesetzeskraft ausgestattet, da sie eine „gesetzliche Maßnahme" auf Grund von § 3 des Ermächtigungsges. v. 4. VIII. 14 ist, RGStr. 50, 13, 78, 144, 312; RGStr. Recht 16, 456 Nr. 882. Die Vorschriften des Art. 4 Nr. 2 des Bayr. KriegszustGes. und des § 9 des Preuß. BelZustGes., das vorläufig als Reichsgesetz gilt, sind besondere Vorschriften im Sinne von EGzStGB. § 2 Abs. 2, sonach sind die auf Grund dieser Gesetze erlassenen Normen jenen gesetzlichen Maßnahmen gleichwertige Sondergesetze. Daraus folgt, daß die in der Einleitung unter 2 erwähnten Verordnungen des Generalkommandos gegen übermäßige Preissteigerung, soweit sie nicht von diesem selbst aufgehoben worden sind, ebenso neben der BVO. gegen Preistreiberei vom 8. V. 18 in Kraft geblieben sind, wie die von ihnen angeordneten Höchstpreise neben den vom Bundesrat oder anderen zuständigen Behörden festgesetzten Höchstpreisen bestehen, RGStr. 49, 161, 256; sie sind selbständige, von anderen Gesetzen unabhängige Anordnungen mit eigener, rechtsverbindender Kraft, BayObLG. v. 20. X. 15, JW. 1916, 208; Szczesny, Kriegsges., Ergänzungsbd. 1 Anm. 9 S. 39.

Aufgehoben ist die VO. des Bayr. Generalkommandos v. 6. VII. 15 gegen übermäßige Preissteigerung am 2. VIII. 15 und die gegen Zurückhaltung von Waren gerichtete VO. v. 9. VII. 15 am 3. VIII. 15, ebenso haben die beiden Sächs. Generalkommandos und das Badische ihre Anordnungen wieder aufgehoben.

Dagegen bestehen die Anordnungen des Württembergischen Generalkommandos noch weiter. Da sie zum Teil Handlungen unter Strafe stellen, die von der BVO. freigelassen worden sind, so werden sie auch jetzt noch von Bedeutung, da die Vorschrift des StGB. § 2 Abs. 2 hier keine Anwendung findet, und zwar um deswillen, weil der Militärbefehlshaber das Recht hat, dieselben Handlungen, die von allgemeinen Strafgesetzen nicht erfaßt werden wollen, gleichwohl im Interesse der öffentlichen Sicherheit unter Strafe zu stellen. Einzelnes hierüber bei den betreffenden Vorschriften der BVO.

2. **Besondere Vorschriften** gegen übermäßige Preissteigerung enthalten:

a) VO. über Preisbeschränkungen bei Verkäufen von Web-, Wirk- und Strickwaren v. 30. III. 16/14. IX. 16 § 3a (RGBl. S. 214, 1022). Hierzu Richtlinien des Reichskanzlers v. 13. IV. 16 (ZBlfdDtschR. 1916, 82).

b) VO. über Preisbeschränkungen bei Verkäufen von Seilerwaren v. 21. VI. 16 § 1 (RGBl. S. 545).

c) VO. über Preisbeschränkungen bei Verkäufen von Spinnstoffen, Garnen und Fäden v. 8. II. 17 § 1 (RGBl. S. 111). Vgl. hierzu Min.-Bl. f. Handel u. Gewerbe 1916, 203; auch Zellstoffe und Papiergarne fallen unter die VO.

d) VO. über Preisbeschränkungen bei Verkäufen von Schuhwaren, v. 28. IX. 16/19. VII. 17, § 6 Abs. 2 (RGBl. S. 1077).

e) VO. über Preisbeschränkungen bei metallischen Produkten, v. 31. VII. 16, § 3 Abs. 3 (RGBl. S. 868).

f) VO. über Silberpreise, v. 19. VI. 17, Art. 4 Abs. 2 (RGBl. S. 505).

g) VO. über Goldpreise, v. 8. II. 17, § 7 (RGBl. S. 117).

Durch diese Verordnungen werden die Vorschriften der VO. v. 8. V. 18 und die nach ihr vorzunehmende Berechnung des Reingewinns nicht beeinflußt; Alsberg u. Peschke, Das Kriegsrecht des Bekleidungsgewerbes, S. 52.

3. Auch Militärpersonen unterstehen den Vorschriften der Verordnungen, StGB. § 10; MStGB. § 3.

4. Die Strafen wegen übermäßiger Preissteigerung (§ 1) und gegen Höchstpreisüberschreitung (§ 4) sind dieselben. Der Höchstbetrag der Gefängnisstrafe ist 5 Jahre, StGB. § 16. Der Höchstbetrag der nach StGB. § 28 umzuwandelnden Geldstrafe beträgt trotz deren Höhe nur 1 Jahr Gefängnis, im Falle des Zusammentreffens nach StGB. § 74 2 Jahre Gefängnis, StGB. § 29 Abs. 2, § 78 Abs. 2. Nebenstrafen §§ 15, 18. Nebenfolgen §§ 7—10, 13, 18. Rückfallstrafen § 5.

1. Preissteigerung.

§ 1

Wegen übermäßiger Preissteigerung wird mit Gefängnis und mit Geldstrafe bis zu zweihunderttausend Mark oder mit einer dieser Strafen bestraft:

I. 1. Der Tatbestand der **Preissteigerung** wird in §§ 1—3 behandelt. Er wird im Volksmund, aber auch schon in Denkschr. 1914/16, S. 69, als „Lebensmittelwucher" oder schlechthin als „Kriegswucher" bezeichnet. Gemeinsam mit dem in StGB. § 302e geregelten Wucherbegriff hat er das Vorhandensein einer Notlage, aber nicht die des einzelnen, wie dort vorausgesetzt wird, sondern die des gesamten Volkes, und zwar die durch den Krieg hervorgerufene Warenknappheit (Notmarktlage). Ferner soll, wie in StGB. § 302e, die Ausbeutung dieser Notlage für den einzelnen durch Erzielung übermäßiger Vermögensvorteile verhütet werden, dort auf Kosten des einzelnen in Not befindlichen, hier auf Kosten der Allgemeinheit der Volksgenossen. Deshalb werden schon solche Handlungen bestraft, die diese Notlage mittelbar oder unmittelbar an sich zu erhöhen geeignet sind, gleichgültig, ob diese Wirkung tatsächlich eintritt oder nicht. Die Warenknappheit wird aber in ihrer die Not begründenden Wirkung auf die Gesamtheit des Volks verstärkt, auch wenn die Erwerbsmöglichkeit der Ware infolge des die Kapitalkraft der Käufer übersteigenden Preises verringert wird, Lobe, Preissteigerung, Handel u. Reichsgericht 1917, 13 ff., nicht nur, wenn tatsächlich der Warenbestand geringer wird. Und diesem Mißverhältnis zwischen dem Bedarf der Allgemeinheit des Volks und seiner Kaufkraft will die BVO. vorzubeugen suchen, indem sie Handlungen verbietet, die die Gefahr, es zu erzeugen und zu vergrößern, hervorrufen können.

2. Gleichgültig ist es für die Anwendung der Vorschriften über Preissteigerung, ob die Veräußerung im Kleinhandel oder im Großhandel geschieht (OLG. Hamburg, JW. 17, 238). Für die Festsetzung von Höchstpreisen dagegen wird oft nach dieser Richtung unterschieden.

II. Die Notlage zeigt sich vornehmlich bei Gegenständen, für die in der Gesamtheit des Volks ein Bedarf vorliegt und die zur Kriegführung gebraucht werden. Auf diese bezieht sich allein die Vorschrift in §§ 1—3, im Gegensatz zu § 4, die eine Beschränkung der Höchstpreise auf diese Gegenstände nicht kennt.

1. **Gegenstände des täglichen Bedarfs** sind alle Sachen, für die in weiten Kreisen der Bevölkerung täglich ein Bedürfnis vorliegen kann, das alsbaldige Befriedigung erheischt. Die in der früheren Verordnung enthaltenen Beispiele hierfür: Nahrungs- und Futtermittel aller Art, rohe Naturerzeugnisse, Heiz- und Leuchtstoffe, sind in der neuen Verordnung weggelassen. In BVO. zur Fernhaltung unzuverlässiger Personen vom Handel, v. 23. IX. 15 (RGBl. S. 603) sind sie noch enthalten, ebenso in BVO. über Aushang von Preisen in Verkaufsräumen des Kleinhandels v. 24. VI. 15 (RGBl. S. 353). Nach dem Zweck

der Verordnung ist der Begriff **möglichst weit auszulegen**; er ist bei dem steten Wechsel in den Versorgungsverhältnissen während des Krieges und den dadurch bedingten Anschauungen der Allgemeinheit über Art und Umfang der Bedürfnisse auch kein fester, RGStr. 51, 410. Im einzelnen ist folgendes hervorzuheben:

a) Nur **körperliche, bewegliche** Sachen kommen in Betracht, keine Grundstücke, Mieträume, keine Dienste oder sonstige Leistungen (a. M. Liepmann, JW. 1917, 518), ausgenommen die unter § 1 Nr. 2; sonach nicht Wohnungsmieten, nicht Ausbesserungsarbeiten an GtB., Transporte, Geschäftsbesorgungen, Rollgeld, Fuhrlohn usw. Treffen solche Leistungen mit Veräußerungen körperlicher Sachen zusammen, darf das Entgelt für sie nicht zur Umgehung der Steigerung des Entgelts für die körperlichen Sachen benutzt werden. Das Ausscheiden und Übergeben der gekauften Ware am Erfüllungsort wird der Regel nach durch den Kaufpreis mit abgegolten (RGStr. IV 81/16, 26. V. 16).

b) **Ergänzend** treten ein: GewO. §§ 72ff.; Ges. v. 2. VI. 10 über Stellenvermittlung; ferner die Kriegsverordnungen, als BVO. über Preisbeschränkung bei Ausbesserung von Schuhwaren v. 25. I. 17 (RGBl. S. 75); BVO. zum Schutz der Mieter, v. 26. VII. 17/15. IX. 17 (RGBl. S. 659, 834); BVO. über Festsetzung von Pachtpreisen für Kleingärten, v. 4. IV. 16/12. X. 17 (RGBl. 1916, 234; 1917, 897); BVO. über wirtschaftliche Maßnahmen in der Binnenschiffahrt, v. 18. VIII. 17 (RGBl. S. 717); die Gemeinden können ferner auf Grund von § 12 der BVO. v. 25. IX. 15/4. XI. 15 (RGBl. S. 728) über Errichtung von Preisprüfungsstellen usw. eine Preisregelung für Transporte von Möbeln und andere Sachen des notwendigen Lebensbedarfs anordnen.

c) Die Sachen müssen **allgemein geeignet** sein, ein tägliches Bedürfnis zu befriedigen. Insbesondere also auch **Ersatzmittel**, RG. LZ. 1917, 468. Auch hier kann die durch den Krieg erzeugte Notlage manche sonst für ungeeignet geachteten Gegenstände nunmehr für geeignet erscheinen lassen, RGStr. 51, 410. So Öl, BayObLG., JW. 16, 1542. — Kohlrüben! Ob sie außerdem noch zur Befriedigung anderer Bedürfnisse geeignet sind, ist belanglos, RGStr. 51, 34, ebenso, ob sie im Einzelfall hierzu bestimmt sind, RGStr. IV 760/17, 1. II. 18; RGStr. V 534/17, 8. II. 18; RGStr. 51, 413. Ein zu Zuchtzwecken dienender Hengst kann gleichwohl Arbeits- oder Kriegspferd sein (a. M. Alsberg S. 25). Das Geeignetsein braucht nur in der Anlage, nicht schon fertig vorhanden zu sein, es kann sich erst mit der natürlichen Entwicklung der Pflanze oder des Tieres durch ihr Wachstum ergeben, so Samen, Fohlen, RGStr. 50, 345; Gänse, die noch der Aufzucht bedürfen, RGStr. III 378/17, 15. X. 17; Ferkel, DJZ. 1917, 147. Der Gegenstand kann aufhören, das Bedürfnis zu befriedigen, entweder weil der Bedarf, den er deckte, weggefallen ist, oder weil andere bessere Mittel zur Befriedigung gefunden wurden, die ihn ersetzten und verdrängten, RGStr. I 445/16, 23. XI. 16, JW. 17, 170.

d) Die Befriedigung des Bedürfnisses kann sowohl durch den Verbrauch der Sachen, z. B. Verzehren von Lebens- oder Genußmitteln, als durch ihren Gebrauch, der wieder eine schließliche Abnutzung zur Folge haben kann, aber nicht muß, erfolgen, RGStr. 51, 214. Daher gehören zu ihnen gegebenenfalls Seife, Kleidungsstücke, Schuhe (RGStr. I 288/17, 6. VIII. 17), aber auch Möbel (a. M. Alsberg S. 22 und RGStr. I 329/17, 12. X. 17), ferner der Gebrauch von Arbeitstieren (Pferde, RGStr. 51, 407).

e Das Bedürfnis kann unmittelbar befriedigt werden durch den Gebrauch oder Verbrauch von natürlichen oder künstlichen Fertigerzeugnissen, wie Milch, Eier und Lichte, Messer, Honig, oder mittelbar durch Umwandlung, Verarbeitung und Bearbeitung von Rohstoffen, Halbfabrikaten und Zwischenerzeugnissen, sowie durch den bloßen Gebrauch von Werkzeugen und anderen Hilfsmitteln zur Herstellung jener Fertigerzeugnisse, RGStr. 50 S. 285, 298; 51 S. 162, 290, 325; BayObLG. 24. V. 17, JW. 17, 730. Deshalb gehören auch sie als mittelbare GtB. zu den von der Verordnung ergriffenen, wie auch die Begr. ausdrücklich hervorhebt. Ihre übermäßige Preissteigerung muß notwendig auch bi der Fertigerzeugnisse zur Folge haben, ist daher ebenso zu verhüten wie dieser selbst, RGStr. I 315/17, 12. X. 17. Die frühere BVO. v. 23. VII. 15/23. III. 16 führte als Beispiele ausdrücklich „rohe Naturerzeugnisse", Heiz- und Leuchtstoffe auf, ferner neben den Nahrungsmitteln auch die Futtermittel. Vgl. ferner BVO. über Kriegsmaßnahmen zur Sicherung der Volksernährung, v. 22. V. 16 (S. 401). In BVO. über Zeitungsanzeigen v. 16. XII. 15 (RGBl. S. 827) wird den Beispielen für GtB. das Düngemittel hinzugefügt. Rohstoffe sind Naturerzeugnisse, die unmittelbar von der Natur, wenn auch mit Hilfe des Menschen, hervorgebracht werden und noch keine Be- und Verarbeitung erfahren haben. Bloße Zurichtung, Ausscheidung, Reinigung nimmt dem Erzeugnis die Eigenschaft des rohen nicht. Die Rohstoffe können organischer Natur sein, Pflanzen (Kleesamen, BayObLG. 6. XII. 17, MPPr. 1918, 32; Saatgerste, OLG. Dresden 3. I. 17, RGStr. IV 74/18, 16. IV. 18; Holz, Kohle, Eichenrinde, RGStr. V 423/17, 13. XI. 17) oder Tiere (Rindvieh, BayObLG. 21. VI. 17, MPPr. 1917, 170; Gänse, RGStr. IV 283/17, 22. VI. 17; Enten, RGStr. I 60/17, 15. III. 17), oder Erzeugnisse von Tieren (die Wolle, RGStr. 51, 214; Eier, Dünger, Häute, Horn) oder unorganischer Natur (Erze, Erdöl, Kali, Ammoniak, JW. 1918, 100 Nr. 1; Natron, RMG. Nr. 986 5. X. 17, RGStr. 51, 413; Schwefel). Halbfabrikate und Zwischenerzeugnisse sind Malz, BayObLG. 24. V. 17, JW. 17, 730; RGStr. 50 S. 286, 298; Garne, RGStr. 51, 101; Jutespinnereikehricht, RGStr. 51, 409; Kleiderstoffe, KG. 9. XI. 17, MPPr. 18, 4; Sirup, Lumpen, RGStr. IV 160/17, 1. II. 18; Stahl, RGStr. 51, 325. Auch Kunstwolle. Werkzeuge und Hilfsmittel sind Streumehl, RGStr. IV 17/17, 9. II. 17; Maschinenfett, OLG. Kiel 13. XII. 16, DStrafrZ. 1917, 97; Klebstoffe, RGStr. IV 705/17, 22. I. 18; Treibriemen, RGStr. 51, 154; Brauerpech; Lohe RGStr. 51, 285. Zuweilen dient ein Gegenstand sowohl mittelbar dem einen als unmittelbar dem anderen täglichen Bedarf. Vgl. unter g.

f) Das Bedürfnis muß ein rechtlich erlaubtes und schutzwürdiges sein; Gegenstände, die verbotenen oder unsittlichen Zwecken dienen, fallen nicht unter den Schutz der Verordnung, so nicht Diebeswerkzeuge, Abtreibungsmittel u. dgl., ebensowenig Schundliteratur. Dagegen schließt der Umstand, daß der Verkehr mit den GtB. vollständig oder zeitweilig rechtlich aus irgendwelchen Gründen verboten oder beschränkt ist, die Anwendung der Verordnung nicht aus, wenn der Gegenstand verbotswidrig veräußert wird. Die Sache bleibt trotzdem GtB. und die Erzielung übermäßigen Gewinns mit ihnen verboten, RGStr. III 17/17, 19. III. 17; III 242/17, 24. IX. 17; III 48/17, 26. II. 17. So nicht nur, wenn dem Täter der Handel mit den Gegenständen etwa nach BVO. v. 23. IX. 15 zur Fernhaltung unzuverlässiger Personen vom Handel oder nach ReichskanzlerVO. v. 24. VI. 16 verboten ist, wenn der Verkauf im Schleichhandel i. S. von BVO. v. 7. III. 18 (RGBl. S. 112), BayObLG. v. 22. XI. 17, oder im Kettenhandel oder in unzulässiger Versteigerung (Bek. der Verwaltungsabt. über Möglichkeiten des Verkaufs von Web- usw. Waren bei Unzulässigkeit der Versteigerung v. 28. IV. 17 (Güthe u. Schlegelberger, a. a. O. S. 231) erfolgt oder ohne Genehmigung bei Ersatzmitteln, BVO. über die Genehmigung von Ersatzmitteln v. 7. III. 18 (RGBl. S. 113) und Bek. über Ausnahmen hiervon v. 14. VI. 18 des Kriegsernährungsamts (MPPr. 18, 127), sondern auch wenn der Gegenstand beschlagnahmt, RGStr. 50 S. 234, 287, 314, 338; 51, 409, oder sonst dem freien Verkehr entzogen ist, z. B. das Malz durch BVO. v. 4. V. 16, oder wenn sein Vertrieb wegen entgegenstehender Monopolrechte von Kriegshandelsgesellschaften verboten, RGStr. IV 318/18, 28. V. 18, oder wegen Gesundheitsschädlichkeit oder Täuschungsgefahr, etwa als Ersatzmittel untersagt ist, OLG. Frankfurt a. M. 5. XI. 17, MPPr. 18, 19.

Ebensowenig nimmt die tatsächliche Beschränkung des Verkehrs mit dem Gegenstand infolge eingetretenen Mangels in der Kriegszeit und die hierdurch erfolgte Unterbindung der Befriedigungsmöglichkeit, noch weniger der hohe Preis und die dadurch bewirkte Beschränkung auf einen engeren Kreis, dem Gegenstand die Eigenschaft, ein solcher des täglichen Gebrauches zu sein, BayObLG., JW. 17, 613; RGStr. I 445/16, 23. XI. 16, JW. 17, 170; RGStr. IV 640/17, 27. XI. 17; RGStr. 51, 314. Erst recht nicht endlich eine etwaige vertragsmäßige Verpflichtung, mit den Gegenständen im Wettbewerb keinen Handel zu treiben. Auch mit sog. Markenartikeln ist Preiswucher möglich, Recht 1917, 514 Nr. 923.

g) Das Bedürfnis, dessen Befriedigung der Gegenstand dient, kann ein leibliches und ein geistiges oder seelisches (a. M. Koffka, DJZ. 17, 367) sein. Zu ersteren gehört des „Leibes Nahrung und Notdurft", wie Lebensmittel, Kleidung, Heizung, Licht, Wohnungseinrichtungsgegenstände, kurz Gegenstände des höchstpersönlichen Bedarfs und Gegenstände des hauswirtschaftlichen Bedarfs, so: Holz, Kohle, Küchengerät, Möbel, Nähmaschinen, Korke, Papier, Körbe, Kisten, Schreibmaterialien, Reinigungsmittel. Ferner Heilmittel. Zu den geistigen Bedürfnissen können Zeitungen, Bücher, Lehrmittel, Landkarten, Musikalien, Musikinstrumente, Unterhaltungsgegenstände, Spielsachen gehören, sofern die übrigen Voraussetzungen hierfür vorliegen; Kriegswucheramt, Recht u. Wirtsch. 1917, 134, Glaser DJZ. 18 S. 498 (a. M. Neukamp, Recht u. Wirtsch. 1917, 133). Das Bedürfnis ist nach beiden Richtungen hin nicht auf das unbedingt Notwendige und Notdürftige beschränkt, RGStr. IV 283/17, 22. VI. 17, maßgebend ist vielmehr das nach Kultur und gesellschaftlicher Stellung für die mit Rücksicht auf die Kriegszeit eingeschränkte und herabgesetzte Lebenshaltung Angemessene, nicht nur der „notwendige Lebensbedarf" (Koffka, DJZ. 17, 365; a. M. Alsberg, S. 23). Daher gehören nicht nur Nahrungsmittel, sondern auch Genußmittel hierher (Bier, Wein, Kognak, Spirituosen, Zigarren, Tabak, Kuchen), und zwar auch solche von feinerer Zubereitung, RGStr. 50 S. 81, 232, 288, 298; 51, 131, oder feinerer Art (Kaisermehl, RGStr. IV 405/15, 10. VIII. 15); auch kosmetische Mittel sind nicht ausgeschlossen, RGStr. 51, 177. Von den Büchern sind nicht nur Lehrbücher, sondern auch Unterhaltungsbücher hierher zu zählen.

Daß die Gegenstände geradezu **unentbehrlich** für diese Lebenshaltung oder gar nur unentbehrliche Volksnahrungsmittel sein müssen, wird nicht erfordert, RGStr. 50, 81. Entscheidend ist das Bedürfnis und die Auffassung des Verkehrs über das, was zur angemessenen Lebensführung im Kriege erforderlich ist. Deshalb ist nicht maßgebend, ob der Reichskanzler nach BVO. v. 25. II. 16 über das Verbot der Einfuhr entbehrlicher Gegenstände (RGBl. S. 111) die Einfuhr des Gegenstands als eines entbehrlichen verboten hat, RGStr. 52, 5. Die Verordnung will auch die feineren Bedürfnisse höher Gebildeter, nicht nur die Bedürfnisse der einfachen Bevölkerung, vor Ausbeutung sicherstellen. So jetzt auch BayObLG. 12. IV. 17, JW. 17, 613. Die Auffassung im Kriege kann hier gegenüber der im Frieden wechseln. Nur **wirkliche Luxusgegenstände**, wie Genußmittel, die nur als besondere ausnahmsweise genossene Leckerbissen gelten oder bloß verfeinerte ästhetische Bedürfnisse befriedigen wollen, gehören nicht hierher (Straußenfedern, PrOVG. 20. XII. 17, DJZ. 1918, 406; RGStr. 50 S. 81, 232, 288, 298; 51, 132). So vornehmlich auch Gegenstände, die überhaupt keinen Gebrauchswert, sondern nur Liebhaberwert haben, wie Altertümer, MPPr. 1917, 189. **Nahrungsmittel aller Art**, auch Kaviar, sind nicht bloße Luxusgegenstände, gehören daher **als solche** stets zu den GtB. (Mitt. des Staatssekretärs des Innern, Güthe u. Schlegelberger, Kriegsb. 3, 177).

Das Bedürfnis kann ferner außer dem **höchstpersönlichen** und der **Hauswirtschaft** ein solches der **Landwirtschaft**, des **Handels**, der **Industrie**, des **Gewerbes**, der **öffentlichen Verwaltung** sein, RGStr. 51, 154; abweichend RGStr. I 329/17, 12. X. 17. Insbesondere deckt der Begriff des hauswirtschaftlichen Verbrauchs nach StGB. § 370 Nr. 5 nicht den des häuslichen Bedarfs. Insofern können Gegenstände z. B. auch für den Fabrikbetrieb als solchen **unmittelbare** GtB. sein, wie Öl, Maschinenfett, Heiz- und Leuchtstoffe, Treibriemen, oder für die Landwirtschaft Arbeitspferde, Düngemittel, Saatkartoffeln, für den persönlichen oder hauswirtschaftlichen Bedarf aber zugleich **mittelbare**, insofern jene Betriebe mit ihnen Fertigerzeugnisse für den persönlichen oder hauswirtschaftlichen Bedarf herstellen.

b) Der Bedarf muß ein täglicher sein. Das bedeutet nicht, daß der einzelne des Gegenstands täglich bedarf, sondern daß in der Allgemeinheit des Volks täglich ein Anschaffungsbedürfnis nach den Gegenständen vorliegt und Befriedigung verlangt; a. M. Alsberg S. 22. Zur Allgemeinheit gehören auch die begüterten Kreise, auch Reiche dürfen nicht bewuchert werden. In der Allgemeinheit liegt ein solches Bedürfnis nicht erst dann vor, wenn die Gesamtheit des Volks, alle Volksgenossen, des Gegenstands bedürfen, es genügt, daß in weiten Kreisen des Volks ein solcher Bedarf entsteht, auch wenn diese besondere Berufskreise sind und andere Kreise den Bedarf nicht haben; so schließt der besondere Bedarf der Landwirtschaft, der Industrie, des Handels usw. die Allgemeinheit nicht aus, RGStr. 51, 407. Nur darf auch in ihnen der Bedarf nicht nur ein vereinzelter, seltener sein, muß sich vielmehr innerhalb des Kreises immer wiederholen und so fortdauernd Neuanschaffungen, zwar nicht im Einzelbetrieb, aber in der Gesamtheit der Betriebe erforderlich machen. Daß dieses gerade tagtäglich geschieht, ist wiederum nicht erforderlich, es genügt, wenn in weiteren Kreisen eine mehr oder minder ständige Nachfrage besteht, RGStr. 50, 289. So z. B. bei Schulbüchern. Hiernach gehört zum Begriff jedenfalls der, daß der Gegenstand mehr oder weniger Massenartikel ist, RGStr. 51 S. 154, 291. Diese sind in erster Linie natürlich Gegenstände, die schon der einzelne verbraucht und abnutzt, so daß schon er zu wiederholten Anschaffungen genötigt ist. Dasselbe gilt von den einzelnen Betrieben. Aber auch wenn das Bedürfnis des einzelnen mit der einmaligen Auffassung befriedigt wird, kann in der Gesamtheit des Volks gleichwohl immer ein ständiges Anschaffungsbedürfnis fortdauern, weil stets eine größere Anzahl neuer Bedürftiger auftritt. Daher können z. B. Nähmaschinen, Schreibmaschinen (MPPr. 1917, 22), Uhren als Massenartikel GtB. sein und es ist nicht nötig, daß der Gegenstand durch den Ge- und Verbrauch untergehen muß, um dieses ständige Anschaffungsbedürfnis hervorzurufen. Im regelmäßigen Markthandel brauchen sie dagegen nicht zu kaufen zu sein.

Die vorstehend genannten Merkmale müssen für den Begriff des GtB. zusammentreffen.

Verzeichnis der anerkannten GtB., Güthe u. Schlegelberger, Kriegsb. 5, 165; 6, 664.

2. **Gegenstände des Kriegsbedarfs** sind alle Gegenstände, die zur Kriegführung im allgemeinen gebraucht werden können, sei es unmittelbar als eigentliche Kampfmittel (Waffen, Munition, Uniformen, Baumaterialien für Festungsanlagen, Schützengraben usw.), sei es mittelbar als solche, die zur Herstellung und zum Betriebe der Kampfmittel erfahrungsgemäß verwendet werden, also Rohstoffe, Halbfabrikate und Zwischenerzeugnisse, sowie Werkzeuge und Maschinen, Verpackungsmittel (Bretter) usw. Vgl. zu 1c. Hiernach bleibt der Kreis der Gegenstände, der nicht darunter fällt, ziemlich eng, denn die ganze Volkswirtschaft hat sich in den Dienst der Kriegswirtschaft gestellt (Begr.). So gehören auch Zwischenerzeugnisse, die von Haus aus nicht zur Fertigbearbeitung als Kampfmittel bestimmt waren, aber hierzu geeignet sind und verwendet werden können, zu diesen Gegenständen, wie Lumpen, RGStr. IV 760/17, 1. II. 18, und Jutespinnereikehricht, RGStr. V 534/17, 8. II. 18, die zur Herstellung von Uniformen geeignet sind. Ebenso Maisquetschmaschinen, RGStr. IV 85/18, 12. IV. 18; Drehstrommotoren, RGStr. IV 789/17, 8. II. 18; Treibriemen, RGStr. 51, 154. Auch hier kommt es ferner nicht darauf an, ob die Gegenstände im einzelnen Fall tatsächlich zur Herstellung von Kriegsartikeln und eigentlichen Kampfmitteln verwendet werden oder zu dieser Verwendung bestimmt sind, sondern ob sie ihrer Beschaffenheit nach hierzu geeignet sind und ob Gegenstände gleicher Art tatsächlich hierzu verwendet werden, RGStr. 51, 154. Dadurch, daß ein Gegenstand wegen mangelhafter Beschaffenheit als unmittelbarer GKB., als Kampfmittel, ausscheidet, kann der Stoff, aus dem er hergestellt ist und zur Herstellung weiterer Kampfmittel verwendbar bleibt, gleichwohl noch als mittelbarer GKB. in Betracht kommen,

z. B. mangelhafte Patronentaschen bleiben GKB. wegen des Leders.

Auch beschlagnahmefreie Gegenstände oder solche zu hohen Preisen sind GKB., RGStr. 50, 234.

Häufig ist ein Gegenstand sowohl ein GtB. als ein GKB., z. B. Fohlen, RGStr. 50, 345; Arbeitspferde, RGStr. V 847/17, 12. II. 18 und IV 27/18, 12. III. 18.

III. Indem die Steigerung der Preise verhütet werden soll und auf den in ihnen enthaltenen übermäßigen Gewinn abgestellt wird, wird ersichtlich, daß nur solche Handlungen in Betracht kommen, die eine **Veräußerung** des GtB. oder des GKB. betreffen und dem Verbraucher durch den **Erwerb** die eigene Verfügung über sie verschaffen. In Nr. 3 wird die Veräußerung noch besonders hervorgehoben.

Die leihweise und mietweise Überlassung zum bloßen Gebrauch kommt nicht in Frage. Im übrigen ist unter „Preis" zunächst jeder in Geld ausgedrückte Gegenwert für die Überlassung eines Gegenstands zur eigenen Verfügung zu verstehen (RGStr. in DJZ. 1915, 426; LZ. 1915, 513 Nr. 2), auf die juristische Form kommt es nicht an. Der Gegenwert braucht insbesondere auch nicht auf Grund eines Kaufvertrags oder Werklieferungsvertrags gegeben zu werden, wennschon dies die Regel ist. Der Preis kann z. B. auch auf Grund eines sog. Vinkulationsgeschäfts an denjenigen zu zahlen sein, der über die Ware verfügt und sie nur gegen Zahlung des Preises hergeben will, ohne als Verkäufer aufzutreten, RGZ. 88 S. 69/71. — Aber auch auf Tauschverträge muß die Verordnung entsprechend angewendet werden, Menner, JW. 17, 32. Dies erhellt aus § 7, wonach Gegenstand der Einziehung ist ein Geldbetrag, der dem übermäßigen Gewinn entspricht. Die Verordnung geht also davon aus, daß der Gewinn auch nicht in Geld bestehen kann. Es ist dann der Geldwert zu ermitteln und einzuziehen. So auch die Begr. zu § 7.

Gerade die Kriegswirtschaft ist wieder vielfach zum Tauschverkehr der Naturalwirtschaft zurückgekehrt und es würde daher bei dessen Freigabe dem Kriegswucher Tür und Tor geöffnet.

1. wer vorsätzlich für Gegenstände des täglichen Bedarfs oder des Kriegsbedarfs Preise fordert, die unter Berücksichtigung der gesamten Verhältnisse einen übermäßigen Gewinn enthalten, oder solche Preise sich oder einem anderen gewähren oder versprechen läßt;

A. Der äußere Tatbestand.

I. 1. Die Gefahr einer allgemeinen Preissteigerung der GtB. und der GKB. wird vornehmlich dadurch hervorgerufen oder verstärkt, daß im Einzelfall übermäßig hohe Preise gezahlt werden. Denn dies wirkt anreizend auf die übrigen Händler und Erzeuger, denen im Kriege nicht wie im Frieden die Konkurrenz der Wettbewerber hindernd und preismindernd in den Weg tritt. Gleichwohl richtet sich das Verbot nicht gegen den Erwerber, sondern nur gegen den Veräußerer, weil bei ihm zugleich die gemißbilligte Gewinnsucht erschwerend hinzutritt, RGStr. 51, 131. Deshalb wird zunächst dem sich Gewährenlassen, d. i. dem sich Bezahlenlassen hoher Preise entgegengetreten. Aber schon die einleitenden Schritte zur Herbeiführung einer solchen Preiszahlung sind nicht minder anreizend, weil sie die Möglichkeit, hohe Preise zu erzielen, aufdecken. Deshalb wird schon die Herbeiführung einer Zahlungsverpflichtung, das sich Versprechenlassen, und noch weiter rückwärts, das Fordern derartiger Preise verboten. Der Gesetzgeber sieht diese Handlungen, die an sich Versuchshandlungen im Hinblick auf die Herbeiführung einer Bezahlung im Einzelfalle sind, bei dem ein hoher Preis erzielt wird, als **gleichwertige, selbständige Gefährdungshandlungen** im Hinblick auf die allgemeine Preissteigerung an. Daraus folgt, daß durch jede dieser Handlungen die Straftat vollendet wird. Wenn daher nach der Absicht des Gesetzgebers die Strafe wegen einer dieser Tätigkeiten zwar die andere mit abgelten will, so folgt doch nicht umgekehrt aus der Straflosigkeit des einen dieser Akte, daß auch die anderen straflos seien, obwohl bei ihnen die äußern und innern Tatbestandsmerkmale des Vergehens gegeben sind.

Daher bleibt, auch wenn das Fordern oder das sich Versprechenlassen eines Preises mangels objektiver oder subjektiver Rechtswidrigkeit straflos bleibt, ein sich daran schließendes Annehmen des geforderten und versprochenen Preises als sich Gewährenlassen strafbar, wenn diese objektive und subjektive Rechtswidrigkeit inzwischen eingetreten ist, denn es stellt eine selbständige Gefährdungshandlung für die Allgemeinheit dar. Derjenige, der bei der Preisvereinbarung sich nicht strafbar gemacht hat, weil er damals nicht wußte, daß der Preis einen übermäßigen Gewinn enthielt, ist also verpflichtet, den Preis zu ermäßigen, wenn er sich später der Übermäßigkeit bewußt wird und trotzdem den Preis ungekürzt fordert oder sich gewähren läßt, RGStr. 50, 228; 51, 430; RGStr. II 325/16, 14. XI. 16, JW. 1917, 110 Nr. 8; mit Vorbehalt RGStr. I 117/18, 13. VI. 18. Unrichtig RGStr. 4, 109; vgl. Keßler in Magazin für deutsches Recht I S. 453; Binding, Lehrb. 1, 453. Auch Koffka, Die Reichswuchergeſ. S. 40 (1894), hält das sich Gewährenlassen nach StGB. § 302a für strafbar, wenn bei diesem die Ausbeutung wiederholt wird. So ist es hier strafbar, weil bei ihm die selbständige Gefährdungshandlung wiederholt wird. A. M. BayObLG. 30. XI. 16 in DStrafrZ. 1917, 308 und Alsberg S. 76.

Wenn auch sämtliche Tätigkeitsakte, wie sie in Nr. 1 gekennzeichnet werden, gleichwertig sind und jede zur Vollendung der Straftat geeignet ist, so ist eine alternative Feststellung im Urteil doch nur hinsichtlich des sich Versprechenlassens und sich Gewährenlassens zulässig. Bei beiden liegt hier ein Mitwirken des Versprechenden und Gewährenden vor. Das Fordern jedoch stellt eine einseitige Tätigkeit des Fordernden dar, RGStr. I 131/18, 13. V. 18. Dagegen OLG. Dresden, Ann. 37, 189.

2. Das **Fordern** ist jede an den einzelnen oder die Allgemeinheit der Abnehmer gerichtete und von diesen erkennbare Kundgabe des Preises eines Gegenstands für den Fall seiner Veräußerung, die „Preisstellung" im Sinne des gewöhnlichen Geschäftsverkehrs, RGStr. 50, 152; I 634/17, 18. IV. 18.

a) Die Kundmachung muß nach außen erfolgen; eine bloß

im innern Geschäftsbetrieb für die Angestellten dienende und erkennbare Preisauszeichnung der Ware reicht nicht aus, OLG. Hamm 8. III. 18, MPPr. 18, 29; RGStr. 50, 320; II 65/17, 15. V. 17, JW. 17, 907; a. M. Alsberg ebenda. Wohl aber genügt eine Mitteilung des Preises an das Publikum, wenn sie auf Auszeichnungen der Ware im Schaufenster oder durch sichtbare Zettel an der Ware im Verkaufsladen oder durch aushängende Preisverzeichnisse geschieht, im besonderen durch die vorgeschriebenen Preisverzeichnisse nach § 5 Abs. 1 der BVO. v. 25. IX. 15 über die Errichtung von Preisprüfungsstellen (RGBl. S. 607). Vgl. auch BVO. über den Aushang von Preisen in Verkaufsräumen des Kleinhandels v. 24. VI. 15 (RGBl. S. 353). Die Form der Kundgabe ist gleichgültig; sie kann auch in Preislisten, Katalogen, Rechnungen, Lieferscheinen (RGStr. IV 167/17, 11. V. 17), Zeitungsanzeigen usw. erfolgen. Letzterenfalls ist BVO. über Bekanntmachungen von Zeitungsanzeigen v. 16. XII. 15 (RGBl. S. 827) zu beachten. Ein bloßes Feilhalten der Ware ohne Preisangabe genügt nicht, RGStr. IV 458/15, 8. X. 15.

b) Das Fordern braucht kein Geltendmachen eines Anspruchs auf Grund berechtigenden Vertrags zu sein. Aber ein solches Geltendmachen ist ein Fordern und es kommt für die Strafbarkeit darauf an, ob zur Zeit dieses Geltendmachens der äußere und innere Tatbestand vorliegt, RGStr. 50, 228. Wird ein abgeschlossener Vertrag rückgängig gemacht und behufs Abschluß eines neuen eine neue Forderung gestellt, so wird ein neues Vergehen nach § 1 Nr. 1 verübt. Eine nachträgliche Bitte, den vereinbarten Preis aus Billigkeitsgründen zu erhöhen, ist aber kein Fordern. Es wird dazu, wenn die Eingehung eines neuen Geschäfts von Erfüllung der „Bitte" abhängig gemacht wird, denn dann liegt eine verschleierte höhere Forderung für das neue Geschäft vor, RGStr. I 298/17, 1. X. 17, Recht 17, 555 Nr. 1059. Das Fordern kann in einem bindenden Angebot bestehen, wie z. B. bei Versteigerungen, braucht aber kein bindendes Angebot nach BGB. § 145 zu sein; auch ein „freibleibendes"

Angebot genügt, RGStr. 50 S. 181, 319; 51, 107. Es braucht überhaupt kein Angebot, sondern nur die Aufforderung an Dritte, ihrerseits ein Angebot auf Grund eines vorgeschlagenen Preises zu machen, zu sein. Die Ernstlichkeit der Preisbestimmung ist nur dann von Bedeutung, wenn ihr Fehlen allgemein erkannt werden konnte. Tritt die Preisbestimmung nach außen hervor, so nimmt der Mangel der Ernstlichkeit dem Fordern die Strafbarkeit auch dann nicht, wenn er dem einzelnen Vertragsgegner erkennbar war. Denn es bleibt auch dann noch ihre preissteigernde Wirkung für die Allgemeinheit bestehen. Ob der Fordernde die Ware an der Hand hat, ob er bloß „sondieren" wollte, um die Preisgrenze zu erfahren, ist belanglos, RGStr. 634/17, 18. IV. 18, ebenso, ob er zum Nachlassen bereit war und nur des Handelns wegen vorgeschlagen hat.

c) Von wem die Anregung zur Preisstellung ausgeht, ist gleichgültig. Auch das Eingehen auf ein Preisangebot, das zur Kundgabe des Willens führt, diesen Preis als Gegenleistung zu beanspruchen, genügt, RGStr. 51, 291. Daß der Fordernde die Preise selbst festsetzt, ist nicht nötig, BayObLG. JW. 16, 1542. Er kann dies seinen Angestellten überlassen oder den Kommissionär, Vermittler usw. damit beauftragen, z. B. auch „bestmöglichst" zu verkaufen, RGStr. V 167/17, 1. V. 17, JW. 17, 861 Nr. 7; RGStr. 51, 17. Nur muß die Forderung als von ihm erhoben gelten. Ein bloßes Gutheißen der Preise, die ein Dritter gefordert hat, genügt nicht, RGStr. I 618/17, 25. III. 18.

d) Der Fordernde braucht nicht der Eigentümer des Gegenstands zu sein, es ist auch gleichgültig, ob der Preis und der Gewinn ihm oder einem andern zukommt. Dies ist zwar hier nicht ausdrücklich in der Verordnung hervorgehoben, folgt aber aus der Anordnung über das sich Versprechen- und Gewährenlassen, RGStr. DJZ. 17, 521; LZ. 18, 608. Er braucht auch nicht der Geschäftsinhaber zu sein, auch der Angestellte oder die im Geschäft tätige Person, etwa die Ehefrau in Ausübung ihrer Verpflichtung nach BGB. § 1356 Abs. 2, die Reisenden, Vertreter, Agenten, Mäkler, Vermittler usw. können als Fordernde auftreten, selbst dann, wenn sie hierbei auf Anweisung des Geschäftsinhabers handeln, RGStr. 51 S. 18, 28, 50, 307. Sie sind auch Handeltreibende im Sinne der BVO. v. 24. VI. 16, Alsberg S. 93. Die gegenteilige Auffassung von RGStr. 49, 121 ist nicht aufrechterhalten, RGStr. 51 S. 17, 28. Das Gegenteil von ihr folgt auch aus § 6. Ob Beihilfe oder Täterschaft vorliegt, ist aus der Lage des besondern Falls zu entnehmen, RGStr. Recht 17, 400 Nr. 826. Wer bloß als Bote die Forderung seines Auftraggebers überbringt, fordert nicht selbst, kann höchstens Gehilfe sein. Dagegen ist es gleichgültig, wer einen Rechtsanspruch aus der Forderung erhält. Auch wer im fremden Namen, nicht nur, wie der Kommissionär, bloß auf fremde Rechnung, als dessen Bevollmächtigter auftritt, fordert. Daher ist der zum Abschluß des Geschäfts bevollmächtigte Vertreter nicht nur Gehilfe, sondern Täter, wenn er für seinen Vertretenen die Forderung erhebt, gleichviel, ob die Vertretungsmacht auf Gesetz oder Vertrag beruht. Die Einschränkung des StGB. § 302, § 302a, wonach als Täter grundsätzlich bloß der Gläubiger der wucherischen Forderung in Frage kommt, RGStr. 28, 288; 36, 226, greift hier nicht Platz, vielmehr ist Täter auch der Vermittler, der für den Gläubiger Preise fordert, die für diesen einen übermäßigen Gewinn enthalten, RGStr. I 113/18, 3. VI. 18.

e) Das Verbot der Preisforderung ist öffentlichen Rechts und gilt ausnahmelos. Ist der Fordernde durch anderweite vertragliche Verpflichtungen oder andere öffentliche Pflichten verhindert, niedrigere als die von ihm bestimmten Preise zu stellen, etwa um als Großhändler beim ausnahmeweisen Verkauf im Kleinhandel seinen regelmäßigen Kunden, die Kleinhändler sind, keine Konkurrenz zu machen, so muß er den Verkauf überhaupt unterlassen, RGStr. IV 394/16, 30. X. 16. Auch der Kommissionär darf nicht wegen HGB. § 384 einen Preis mit übermäßigem Gewinn fordern, RGStr. in DJZ. 17, 521. Ebensowenig ist der Verkäufer von Markenartikeln durch die Festsetzung der Preise seitens des Fabrikanten geschützt, wenn er sie fordert in Kenntnis davon, daß sie für diesen übermäßigen Gewinn enthalten, RGStr.

in Recht 17, 514 Nr. 923. Weber in LZ. 1918, 472 gegen Recken in LZ. 1918, 133.

f) Das Fordern ist vollendet, wenn die Kundgabe des Preises für denjenigen, dem sie bestimmt war, wahrnehmungsfähig zugegangen ist. Daß er sie tatsächlich wahrgenommen hat, ist nicht erforderlich, es genügt, daß sie an ihn so gelangte, daß er sie wahrnehmen konnte. War die Kundgabe nur an eine bestimmte Person gerichtet und gelangt sie irrtümlich an eine andere, liegt ein vollendetes Fordern nicht vor. War sie aber an die Allgemeinheit gerichtet, wie bei öffentlichen Bekanntmachungen oder anderen Mitteilungen, die für einen größern Kreis von Personen bestimmt sind, wie auf Fakturen, Rechnungen, Reklameanschreiben usw., RGStr. 40, 129; 45, 361; RGZ. 58, 281, so ist das Fordern vollendet mit der Abgabe der Erklärung so, daß die Allgemeinheit von ihr Kenntnis nehmen kann, RGStr. 50, 320, und mit dem Zugang an irgendeine der Personen des größeren Kreises, auch wenn dabei eine Verwechslung vorgekommen ist.

g) Die Vorschrift in § 2 der BVO. über den Aushang von Preisen in Verkaufsräumen des Kleinhandels v. 24. VI. 15 (RGBl. S. 353) ist gegenüber der aus § 1 Nr. 1 subsidiär. Die Vorschrift in § 5 Abs. 2 v. 25. IX. 15 (RGBl. S. 607) enthält für die Preisüberschreitung überhaupt keine Strafandrohung. Liegt darin ein Zuwiderhandeln gegen eine nach § 12 getroffene Anordnung, so ist die in § 17 Nr. 2 angedrohte Strafe der nach § 1 Nr. 1 gleichfalls subsidiär. In § 19 wird die Subsidiarität ausdrücklich angeordnet.

3. **Sich versprechen lassen und sich gewähren lassen** ist gleichgestellt dem **einem andern** versprechen und gewähren lassen. Der Preis braucht sonach nicht dem Versprechensempfänger zuzufließen. Während das Fordern von Preisen eine einseitige Handlung ist, muß hier die notwendige Mitwirkung des den Preis Versprechenden und Gewährenden vorliegen. Diese notwendige Teilnahme ist aber für sich allein nicht strafbar, die bloße Bewilligung und Gewährung des geforderten Preises reicht zur Beihilfe und Mittäterschaft nicht aus, der Käufer macht sich nicht strafbar,

RGStr. 51, 132; BayObLG. 30. III. 16, JW. 16, 1029 Nr. 1; KG. 15. IV. 16, DJZ. 16, 421. Wenn jedoch über diese notwendige Teilnahme hinaus eine weitere Beteiligung seitens des Erwerbers an der Straftat des Veräußerers stattfindet, so ist eine Beihilfe nicht ausgeschlossen und strafbar; RGStr. 52, 3. Die Verordnung hat nicht nur den Zweck, den einzelnen vor Bewucherung zu schützen, sondern verbietet auch die Gefährdung der Allgemeinheit. Deshalb ist aus dem mitwirkenden Schutzzweck für den einzelnen nicht auch die Straflosigkeit jeder Teilnahme zu folgern, weil diese auch zur Teilnahme an der Gefährdung der Allgemeinheit wird. Abweichend die angeführte Entscheidung des KG. und BayObLG.

4. Weder ein fordern, noch sich versprechen oder sich gewähren lassen liegt vor, wenn kraft gesetzlicher Vorschrift eine zwangsweise Abgabe des Gegenstands an die zuständige Stelle erfolgt und von dieser oder der Behörde ohne Rücksicht auf ein etwaiges Verlangen des Ablieferungspflichtigen der Preis festgesetzt wird, dieser die Preisbildung nicht in der Hand hat, wie z. B. Kriegsleistungsges. v. 13. VI. 73, OLG. Breslau, LZ. 18, 836, BayObLG. 30. XI. 16, JW. 17. 734; a. M. Alsberg daselbst; oder bei Verkaufsrechten der monopolberechtigten Kriegsgesellschaften, die ihrerseits die Übernahmepreise bestimmen.

5. Die Strafbarkeit des Forderns, sich Versprechen- und Gewährenlassens eines Preises erfordert nicht, daß der Preis vom Täter selbst in die Höhe getrieben worden ist. Auch wenn der Preis schon vorher allgemein in dieser Höhe bestand, aber seine Bezahlung für den Fordernden einen übermäßigen Gewinn bringt, ist das Vergehen vollendet, RGStr. IV 353/16, 7. VII. 16.

II. 1. Maßgebend ist nicht, ob der Preis bei Berücksichtigung aller Verhältnisse übermäßig hoch ist, sondern nach dem klaren Wortlaut des § 1 Nr. 1, ob der in ihm, enthaltenen **Gewinn** übermäßig ist, vgl. Einleitung S. 18, RGStr. 50, 128. Es genügt daher nicht, den den Einkaufspreis übersteigenden Mehrpreis festzustellen und ihn als übermäßig zu bezeichnen, RGStr. 51 S. 135, 346. Eben deshalb kommt es an sich auch nicht darauf an, ob der Marktpreis überschritten wird oder nicht. So schon nach der früheren Fassung der Verordnung, denn „Marktlage" und „Marktpreis" ist nicht dasselbe. RGStr. 49 S. 398, 435. Auch in einem dem Marktpreis entsprechenden Preis kann für den einzelnen Verkäufer ein übermäßiger Gewinn enthalten sein, RGStr. 49, 400, BayObLG. 14. XII. 16; JW. 17, 301, wie umgekehrt ein den Marktpreis überschreitender Preis noch nicht notwendig einen übermäßigen Gewinn zu enthalten braucht. Vgl. Lobe, Preissteigerung usw. S. 10. Ferner Heslenfeld, Recht 17, 62; Fuld, Dtsch. Handelskorr. 16, 8. A. M. Alsberg S. 38; Beschluß des Ausschusses des Dtsch. Handelstags v. 28. X. 16 (dagegen ausdrücklich RGStr., JW. 17, 486); Mitteil. des Dtsch. Handelstags, 56. Jahrgang, Nr. 5, S. 26; Kriegswucher, Handel und RG.; Antw. der Ältesten der Kaufmannschaft von Berlin 1917, S. 20. — Eingabe der Ältesten der Kaufmannschaft von Berlin an den Reichskanzler v. 24. III. 17 (Güthe und Schlegelberger 5, 171) u. a. Um den durch die Bezugnahme auf die Marktlage verursachten Verwirrungen zu begegnen, hat deshalb die neue Verordnung absichtlich die Anziehung der Marktlage fortgelassen (Begr.). Inwieweit ein auf einwandfreier und normaler Marktlage gebildeter Marktpreis gleichwohl die Vermutung für die Angemessenheit auch das in ihm enthaltenen Gewinns für sich hat, ist eine andere Frage; siehe S. 67. Die richtig verstandene Marktlage ist daher auch jetzt ein Umstand, der unter den gesamten Verhältnissen inbegriffen und darum ihrer Bedeutung nach zu berücksichtigen ist.

2. Gewinn im weitesten Sinne ist alles, was aus einem wirtschaftlichen Gut bei seiner Verwertung „gewonnen" wird und bedeutet soviel wie „Ertrag". In diesem Sinne wird die Bezeichnung aber selten genommen, vielmehr gewöhnlich der nach Abzug der Unkosten verbleibende Nutzen darunter verstanden. Hier wieder wird zwischen „Brutto"- oder „Rohgewinn" und „Netto" oder „Reingewinn" unterschieden. Aber auch diese Begriffe werden in verschiedenstem Sinne gebraucht, insofern die vom Verkaufspreis abzuziehenden Unkosten bald mehr, bald weniger umfassen. So

versteht man häufig unter „Bruttogewinn" den Unterschied zwischen Verkaufspreis und Einkaufspreis, ebenso oft aber den Unterschied zwischen der Summe des Einkaufspreises und der Gestehungskosten, soweit diese aus den besonderen und anteiligen allgemeinen Geschäftsunkosten bestehen. Andererseits wird unter Reingewinn oder Nettogewinn bald der nur zur Kapitalbildung dienende Reingewinn, bald dieser einschließlich des Unternehmerlohnes, aber auch einschließlich der Kapitalzinsen und der Risikoprämie verstanden. RGStr. JW. 16, 1131. Unter Gewinn im Sinne der Verordnung ist lediglich der **Reingewinn** im eigentlichen Sinne, der zur Kapitalbildung dienende Gewinn, zu verstehen. Bei gewerblichen Unternehmungen wird er aus dem **Unterschiede** zwischen dem **Preis** der Ware und den **Gestehungskosten**, d. i. der Summe des Einkaufspreises oder der Herstellungskosten (Einstandspreises), der besondern Unkosten, den Anteilen an den allgemeinen Unkosten, an dem Kapitalzins, an der Risikoprämie und dem Unternehmerlohn gefunden. Zu den Gestehungskosten gehören sonach richtigerweise auch die Risikoprämie, die Kapitalzinsen und der Unternehmerlohn. RGStr. 50, 233; JW. 16, 1132 Nr. 29.

BVO. über Preisbeschränkung für Web-, Wirk- und Strickwaren v. 30. III. 16, Richtlinien des RK. v. 13. IV. 16, BVO. über Preisbeschr. v. Schuhwaren v. 25. IX. 16, BVO. über Ausbesserung von Schuhwaren v. 25. I. 17 unterscheiden zwischen „Gestehungskosten" und „Unkosten". Wie oben dagegen ausdrücklich Begr. zu § 1. A. M. Leitner, Zeitschr. f. Handelsw. 7, 88; Obst S. 43. Bei Veräußerungen jedoch, die nicht im Handelsverkehr, sondern im bürgerlichen Verkehr vorgenommen werden, ebenso bei solchen aus einem im wesentlichen eigenwirtschaftlichen Betrieb, der lediglich den Bedarf des Bewirtschafters decken soll, kann eine solche Berechnung nicht aufgemacht werden. Hier muß auf den Vergleich des Verkaufspreises mit dem normalen Verkehrswert der Ware zurückgegriffen und danach der Gewinn als Vermögenszuwachs geschätzt werden. Lobe, Übermäßiger Gewinn S. 13; RGStr., JW. 16, 1205 Nr. 27; BayObLG. JW. 16, 1420 Nr. 3.

3. Nur die Gestehungskosten kommen für die Berechnung in Betracht, die für die betreffende Erwerbstätigkeit erwachsen sind, also bei einem Verkaufsgeschäft die Gestehungskosten bei der Handelsausübung, bei einem Fabrikationsgeschäft die Gestehungskosten für die Herstellung der Ware. Wird beide Tätigkeit verbunden, sind die Gestehungskosten für jede besonders zu ermitteln. Es können nicht ohne weiteres die des Fabrikationsgeschäfts auf das getrennt ausgeübte Verkaufsgeschäft angerechnet werden, RGStr. V 450/17, 23. X. 17.

4. Es gilt der Grundsatz der isolierten Gewinnberechnung. Es ist lediglich der Reingewinn festzustellen, der bei dem Einzelgeschäft erzielt worden ist, der in dem Preise des einzelnen Stücks enthalten ist. Nicht maßgebend ist also, ob aus dem gesamten Unternehmen ein Gesamtgeschäfts-Reingewinn sich ergibt. RGStr. 49 S. 318, 401; 50, 349; 51, 44; RGStr. IV 353/16, 7. VII. 16; V 564/16 9. I. 17, LZ. 17, 459; Lehmann S. 30.

a) Auch wenn der aus dem Einzelgeschäft erzielte Reingewinn schließlich um deswillen nicht zur Kapitalbildung verwendet werden kann, weil er vom Inhaber des ganzen Unternehmens zu andern Zwecken, namentlich zum Ausgleich für Verluste aus andern Einzelgeschäften des Gesamtunternehmens verwendet werden muß, so ist er doch zunächst in dem Verkaufspreise der einzelnen Ware bei dem Einzelgeschäft vorhanden gewesen und jedenfalls hat er als preisbildender Faktor für diese mitgewirkt. Nach Wortlaut und Zweck der Verordnung soll gerade für die in Betracht kommenden Gegenstände diese Preissteigerung vermieden werden. Das würde aber geschehen, wenn die Preise für GtB. oder des Kriegsbedarfs um deswillen gesteigert werden dürften, weil der in ihnen enthaltene größere Reingewinn zur Deckung und zum Ausgleich von Verlusten aus andern Geschäften dienen muß; RGStr. 49 S. 318, 398; 51, 131; JW. 17, 553, RGStr. IV 353/16, 7. VII. 16; RGStr. IV 711/16, 12. XII. 16. Deshalb kommt es auch nicht darauf an, ob die andern Geschäfte andre oder dieselbe Warengattung betreffen, RGStr. V 564/16

9. I. 17, JW. 1917, 985 Nr. 8. Der Ausgleich von Verlusten aus anderen Geschäften, die für sich abgeschlossen worden sind, ist schlechthin verboten. RGStr. JW. 17, 485. Erst recht ist es nicht angängig, einzelne Geschäftsverluste herauszuheben, etwa infolge zu teuren Einkaufs anderer Gegenstände des Geschäftsbetriebs, RGStr. 51, 391; Recht 17, 588 Nr. 1112, oder gar, um frühere Gesamtverluste des ganzen Unternehmens wieder einzubringen, durch Steigerung des Preises bei dem einzelnen Geschäft über GtB. oder GKB. einen höheren Gewinn zu erzielen, RGStr. IV 116/16, 17. III. 16. Auch im Krieg verminderter Reingewinn aus dem ganzen Geschäftsunternehmen im Verhältnis zu dem aus ihm im Frieden erzielten Gesamtreingewinn infolge verminderten Umsatzes darf nicht durch Erzielung eines höheren Reingewinns bei dem Einzelgeschäft eingeholt werden, RGStr. IV 114/16, 17. III. 16.

Ebensowenig wie positive Verluste aus andern Geschäften ist der entgangene Gewinn aus solchen zu berücksichtigen. Ein andres Geschäft läge aber auch vor, wenn der Rohstoff oder Zwischenerzeugnisse veräußert werden, die ursprünglich zu dem Zwecke angeschafft waren, sie zu verarbeiten und erst das hergestellte Erzeugnis zu veräußern. Wenn diese Herstellung aus irgendwelchen Gründen, etwa infolge Beschlagnahme, unmöglich wird und die erwartete Gewinnziehung daher ausbleibe, so darf, um ihr dennoch beizukommen, bei dem Veräußerungsgeschäft der Rohstoffe oder Zwischenerzeugnisse der Preis nicht gesteigert werden, RGStr. IV 165/18, 17. V. 18; RGStr. I 57/18 8. IV. 18.

Die Beziehungen des Einzelgeschäftes zum Gesamtbetrieb eines einheitlichen Unternehmens finden nur in den Anteilen an den allgemeinen Geschäftsunkosten ihre Berücksichtigung.

Nur wenn ein Gesamtposten von Ware im ganzen nach und nach verkauft wird und die Einzelverkäufe unselbständige Teilakte des einzigen Gesamtverkaufs sind, wie es etwa bei Versteigerungen vorkommt, kommt der in dem Gesamtverkaufspreis erzielte Reingewinn im ganzen in Betracht. Der Umstand aber, daß die Ware im ganzen eingekauft ist und nur abschnittsweise veräußert wird, macht die Verkäufe im einzelnen noch nicht zu solchen Teilakten, es ist vielmehr der Gewinn für jeden solchen Einzelverkauf maßgebend und ein etwaiger Mindergewinn oder Verlust am andern Einzelverkauf nicht ausgleichend zu berücksichtigen, RGStr. 49, 389; JW. 17, 553; RGStr. IV 882/17, 19. II. 18; RGStr. 50, 225; RGStr. II 415/16, 20. II. 17. — Dagegen Alsberg in JW. 18, 149. Aus der Einheitlichkeit der Gestehungskosten ist noch nicht zu folgern, daß auch ein Gesamtdurchschnittsverkaufspreis am Platze ist und der in diesem enthaltene Gesamtreingewinn in Betracht zu ziehen sei, RGStr. 50, 225.

Der Umstand, daß die Gestehungskosten einer Ware im Betrieb nach dessen Art ziffermäßig genau nicht zu ermitteln sind, hindert nicht, einen bestimmten Betrag für sie oder einzelne Teile von ihnen, in Ansatz zu bringen: sie sind dann schätzungsweise festzustellen, wie es sich bei Bemessung des Verkaufspreises auf Grund der Gestehungskosten für den Verkäufer ja überhaupt zum großen Teil um bloße Kalkulationen zukünftiger Unkosten handelt, Recht 17, 513 Nr. 920. Lobe, Überm. Gew., S. 13, 27. Deshalb ist auch im Kleinhandelsbetrieb, nicht nur im Großwarenhausbetrieb, sowie bei landwirtschaftlichen Erzeugnissen die isolierte Gewinnberechnung möglich und geboten. Soweit hier Wechselwirkungen, wie Anbau der verschiedenen Fruchtarten nacheinander und der sonstige innige Zusammenhang der verschiedenen Betriebszweige die Gestehungskosten beeinflussen, ist es Aufgabe der sachverständigen Ermittelung, ihnen den nötigen Einfluß einzuräumen, RGStr. 52, 3. Vgl. Großmann, Selbstkostenberechnung des Lebensmittelhandels mit einem Anhang: Die Selbstkosten der Konsumvereine, 1918.

b) Zu unterscheiden von dem Begehren auf Ausgleich des Verlustes aus andern Geschäften ist die Bezugnahme auf solche verlustreiche Geschäfte zu dem Zwecke, um darzutun, daß auch das in Frage kommende Einzelgeschäft ein riskantes gewesen sei. Dann dienen jene Geschäfte dazu, eine hohe Risikoprämie auch für dieses zu rechtfertigen, RGStr. IV 131/17, 23. III. 17. Dasselbe gilt für die Berücksichtigung des künftigen Schwankens der Preise bei gleichartigen Warenverkäufen JW. 17, 174.

5. Die Gestehungskosten sind nicht zu dem im Frieden üblichen, sondern zu dem im Kriege tatsächlich aufgewendeten oder aufzuwendenden Betrage anzusetzen, ohne Rücksicht, ob sie ganz oder teilweise vermeidbar gewesen sind, Recht 17, 513 Nr. 919; DJZ. 16, 634; JW. 16, 1205 Nr. 28; RGStr. JW. 16, 1132 Nr. 30; RGStr. 51, 161; RGStr. IV 166/16, 14. IV. 16; RGStr. I 606/17, 11. III. 18. Dies jedoch mit einer notwendigen Einschränkung: nur bis zu der Höhe ist ihre Anrechnung zulässig, innerhalb deren sie noch mit Rücksicht auf die Kriegswirtschaft sachlich gerechtfertigt und rechtlich und sittlich erlaubt sind. Sind sie tatsächlich höher, so müssen sie auf dieses angemessene Maß zurückgeführt werden. Lobe, Übermäß. Gewinn S. 9, Preissteigerung S. 7; Lehmann, JW. 17, 693; RGStr. 50, 413; RGStr. 51 S. 25, 105. A. M. Kirchberger S. 14. Alsberger JW. 16, 1132. Rechtlich und sittlich verboten sind aber unter anderem Anschaffungskosten, die den Höchstpreis überschreiten, die auf Preistreibereien des Verkäufers oder auf sonstigen unlautern Machenschaften, auf strafbarem Verhalten beruhen, wie Schmiergelder, Kosten zur Verbergung des Schleichhandels usw. RGStr. 51, 305; RGStr., JW. 16, 1132 Nr. 30; RGStr. I 583/17, 18. IV. 18. V 965/17, 11. XII. 17; IV. 196/18, 9. IV. 18. RGStr. JW. 17, 818. Wirtschaftlich nicht gerechtfertigt sind solche, die nach den vernünftigen Anschauungen eines ehrbaren Kaufmanns unter billiger Berücksichtigung sowohl seiner eigenen wirtschaftlichen Bedürfnisse, insbesondere seines Umsatzes, als zum Wert der Ware und nach den gemeinwirtschaftlichen Bedürfnissen nicht sachgemäß erscheinen. Der Kaufmann treibt nicht nur Eigenwirtschaft, sondern ist Glied der gesamten Volkswirtschaft. Es muß deshalb, um der Geeignetheit der gemeinwirtschaftlichen Aufgaben der Fabrikation und des Handels im Kriege gerecht zu werden, geprüft werden, ob die Betriebsaufwendungen notwendig und angemessen sind, RGStr. 51, 27. Ein Unternehmen, dessen Unkosten unwirtschaftlich hoch sind,

ist gemeinwirtschaftlich weiter zu bestehen nicht berechtigt. Zu vgl. KG. 26. III. 18, DJZ. 18, 454.

6. Die Gestehungskosten sind entweder solche des Handelsgeschäfts oder solche der Herstellung (Fabrikation) und es ist bei der Berechnung zwischen beiden zu scheiden. RGStr. 51, 45. Im einzelnen gilt für die Rechnungsfaktoren folgendes:

a) Der **Einkaufspreis** der zur Weiterveräußerung fertigen Ware beim Handelsgeschäft und der Rohstoffe oder Zwischenerzeugnisse für eine zur Veräußerung erst herzustellende Ware ist die zur Zeit des Einkaufs tatsächlich gewährte Gegenleistung für die empfangene Ware. Von ihm sind daher abzuziehen gewährt erhaltene Skonti und Rabatte, hinzuzufügen dagegen Verzugszinsen. Der Einkaufspreis ist auf die wirklich erhaltene Ware zu verrechnen, daher sind bei der Anlieferung eingetretene Schädigungen, Verluste oder sonstiger Schwund zu berücksichtigen, wenn sich die Menge dadurch verringert hat. RGStr. IV 700/17, 30. XI. 17. Zu erwartende Schädigungen und künftiger Schwund dagegen sind bei den besonderen Unkosten oder den Risikoprämien zu berücksichtigen. Stehen dem Käufer Ansprüche gegen den Verkäufer auf Ersatz wegen Nichtlieferung oder verzögerter Lieferung oder Minderung des Kaufpreises wegen Mängel der Sache zu oder Schadenansprüche gegen Dritte, etwa die Bahnverwaltungen, so ist dieser Anspruch seinem Werte nach zu berücksichtigen und um diesen Betrag der Einkaufspreis bei der Kalkulation des Verkaufspreises zu kürzen. Hierbei ist aber zu erwägen, ob die Ansprüche durchführbar sind ohne Gefahr für den Geschäftsbetrieb des Käufers, die bloße Möglichkeit oder rechtliche Zuständigkeit genügt nicht. Hierfür sind verständige praktische Erwägungen maßgebend unter Berücksichtigung aller Umstände, so ob der Käufer auf den Verkäufer angewiesen und zu Entgegenkommen gehalten ist, ob die Beweisbarkeit schwierig ist u. a. Hier sind namentlich auch die besonderen Kriegsverhältnisse zu berücksichtigen. RGStr. IV 209/17, 4. V. 17. Alles dies ist auch bei Festsetzung des innern Tatbestands wichtig, KG. 18, I. 18, LZ. 18, 516.

Kommt die Geltendmachung des konkreten Schadens wegen

Nichtlieferung in Betracht, so hat dieser seine Grenze darin, daß ein übermäßiger Gewinn dadurch für den Käufer nicht entstanden sein darf, OLG. Hamburg LZ. 18, 516. Lesser in JW. 16, 1328. Auch der abstrakte Schaden und entgangene Gewinn darf nicht nach dem Unterschied zwischen dem Vertragspreis und einem wirtschaftlich ungerechtfertigten Notmarktpreis berechnet werden. Nur ein solcher Schaden ist zu ersetzen, der nicht einen übermäßigen Gewinn bringt, JW. 16, 1328; 17, 901 Nr. 4; Recht 16, 196 Nr. 411, 344, 533; S. 640; Recht 17 S. 594 Nr. 1157; ObLG. München LZ. 18, 649. Ist die Ware im Deckungskauf eingekauft, gilt für den Ansatz des Einkaufspreises bei der Kalkulation des Verkaufspreises folgendes. Der Deckungskaufspreis darf den Höchstpreis nicht überschreiten. Auch dann wieder ist er nur in voller Höhe einzusetzen, wenn der Schadenanspruch gegen den im Verzug befindlichen Verkäufer wertlos ist, andernfalls ist der Wert des Ersatzanspruches vom Deckungskaufpreis zu mindern. Für diesen Schadenanspruch aber kommen die vorstehenden Umstände in Betracht. Wenn ein bereits stattgefundener Verkauf über eine Ware rückgängig gemacht wird, so darf ein etwa gezahltes Reugeld nicht auf den Tagespreis geschlagen werden. Der Rücktritt vom Vertrag ist kein Rückkauf der Ware, RGStr. IV 140/18, 26. IV. 18.

Ferner ist in folgenden Fällen der Einkaufspreis nicht maßgebend:

Wenn der Einkauf vor dem Kriege erfolgte und der Wert der Ware infolge natürlicher Konjunkturveränderungen des Marktes seitdem gestiegen ist, auch wenn die Steigerung bei normaler Marktlage erst im Kriege erfolgt sein sollte. Nur eine Steigerung durch eine Notmarktlage ist nicht zu berücksichtigen. RGStr. Recht 17, 589 Nr. 1115. Es ist dann der Markt- oder Verkaufpreis maßgebend, wie er sich bis zum Einsetzen einer Notmarktlage gebildet hat. Andernfalls würde der zweite Käufer ernten, wo er nicht gesäet hat. Der normale Konjunkturgewinn gebührt dem ersten Einkäufer, auf ihn hat der zweite Käufer kein Recht. RGStr. 50, 98; RGStr. JW. 16, 1537 Nr. 5.

Wenn der besonders niedrige Einkaufpreis auf Umständen

beruht, die bei der allgemeinen Preisbildung nicht maßgebend sind, RGStr. 50, 95; Lehmann S. 32. BayObLG. 15. XI. 17 MPPr. 18, 20, so wenn persönliche Verhältnisse zwischen dem Verkäufer und Käufer jenen zu einer ausnahmsweise billigen Abgabe veranlassen. Dann liegt entweder eine unentgeltliche Zuwendung an den Käufer vor, auf dessen Genuß der zweite Abkäufer keinen Anspruch hat und der ihm ohne gerechtfertigten Grund zufließen würde, wenn der niedrige Einkaufpreis bei der Kalkulation des Verkaufpreises in Ansatz käme; oder der niedrige Preis soll zum Ausgleich für Ansprüche des Käufers dienen, deren Wert ist daher dem Einkaufspreis zuzurechnen; RGStr. 50, 99; RGStr. III. 354/17, 22. X. 17; IV 764/17, 12. III. 16; RGStr. 51, 261; Recht 17, 589 Nr. 1117.

Wenn der billige Erwerb auf strafbaren oder unsittlichen Handlungen beruht (Hehlerei, Unterbieten usw.). Würde dieser Erwerbspreis bei der Kalkulation des Verkaufspreises zugrunde gelegt, würde dem zweiten Käufer der unrechtmäßige Gewinn zufließen und er an der Schädigung dessen, auf dessen Kosten der billige Erwerb ging, teilnehmen: JW. 16, 1537 Nr. 5; RGStr. 50, 100. Im übrigen berechtigt ein besonders billiger Einkauf im regelmäßigen Geschäftsverkehr nicht, einen andern als den wirklich gezahlten Einkaufspreis bei der Kalkulation des Verkaufspreises zugrunde zu liegen, denn die Möglichkeit eines solchen billigen Einkaufs gehört gerade zu den preisbildenden Umständen; RGStr. 49, 398; 51, 74; RGStr. JW. 17, 935; RGStr. I 299/17, 18. IX. 17; III 372/17, 28. I. 18, JW. 17, 935; — a. M. BayObLG. 14. II. 18 und KG. 6. VII. 17, LZ. 17, 1097 Nr. 2. Lediglich eine Erhöhung des Unternehmerlohns kann dann stattfinden, wenn der billige Einkauf durch Aufwendung besonderer, das übliche Maß übersteigende Fähigkeiten oder Bemühungen bewirkt worden ist, RGStr. 51, 271; RGStr. III 354/17, 22. X. 17; IV 220/17, 19. X. 17.

Wenn der Einkaufspreis übermäßig hoch ist und dieses Übermaß auf Überschreiten von Höchstpreisen oder einer unter § 1 fallenden Preissteigerung beruht, JW. 16, 1132 Nr. 30; JW. 17, 935

Nr. 6. Denn auf das Übermaß besteht für den Abkäufer ein Rückzahlungsanspruch und um diesen Betrag ist der Einkaufspreis zu kürzen. A. M. Alsberg JW. 16, S. 1132.

b) Die **besondern Geschäftsunkosten** und die **besondern Betriebsunkosten** für die Herstellung der Ware. Zu ihnen gehört alles, was sich auf das einzelne Stück Ware klar aufrechnen läßt (Wert- und Mengespesen), so alle Kosten für die Heranschaffung der Ware, Zwischenerzeugnisse oder Rohstoffe, wie Porto, Speditionskosten und Fracht, statistische Gebühren, Umladekosten, Zoll, Steuer (Biersteuer) besondere Reiseköften oder anteilige Reisekosten bei befriedigten Einkaufsreisen, Kaufgesuchskosten in Zeitungen, Provisionen und Mäklergebühren; Kosten für Lagerung und Aufbewahrung der herangeschafften Ware, für Versicherung, Kosten für Herstellung oder Bewahrung der Verkaufsfähigkeit, z. B. Hinzukauf einer Ergänzungsmenge, KG. LZ. 18, 515, Kosten bei Ablieferung der Ware an den Käufer, sofern sie nicht diesem zur Last fallen („frei Empfangsort") oder nicht bereits durch den Verkaufspreis gedeckt werden, wie z. B. das Ausscheiden aus einer Menge von Gattungssachen, RGStr. IV 81/16, 26. V. 16. — Im Fabrik- oder Herstellungsbetrieb gehören zu den besondern Unkosten auch die Arbeitslöhne der Arbeiter, die die Ware herstellen. Sind diese mit der Herstellung mehrerer Waren beschäftigt, sind die Löhne anteilig auf die einzelnen Stücke zu verrechnen. Ebenso Materialverlust bei der Bearbeitung, wogegen andererseits die Abfallverwertung die Unkosten mindert. Soweit die besondern Unkosten bei der Preisstellung bereits erwachsen sind, sind sie in der feststellbaren Höhe anzusetzen. Soweit sie künftig zu erwarten sind, sind sie schätzungsweise zu ermitteln und bei der Preisbildung zu kalkulieren. Schwund ist seinem Wesen nach Verlust an dem einzelnen Stück oder an einer Menge.

Selbstverständlich sind die besonderen Unkosten, die bei einer anderen Ware und in andern Geschäften entstanden sind, nur bei diesen zu berücksichtigen, RGStr. JW. 17, 486. Es ist die Kehrseite des Grundsatzes der isolierten Gewinnberechnung, daß die besonderen Verluste, die gerade bei diesem Geschäft entstanden sind und im

Frieden nach kaufmännischer Auffassung allmählich im Gesamtbetrieb hereingebracht werden, auch ausschließlich bei diesem Einzelgeschäft in Rechnung zu stellen sind, KG. in LZ. 18, 518.

c) **Allgemeine Geschäftsunkosten und allgemeine Betriebsunkosten.** Die isolierte Gewinnberechnung macht erforderlich, die Kosten des Einzelgeschäfts festzustellen. Das ist bei dem Einkaufspreis und den besondern Unkosten nach der Natur dieser Unkosten ohne weiteres gegeben. Bei den übrigen unter c—d zu behandelnden Unkosten kommt aber zur Geltung, daß in der Regel das Einzelgeschäft eine Teilerscheinung eines größeren Gesamtbetriebes ist, für den in seiner Gesamtheit Unkosten erwachsen, die nicht lediglich als Summe der Unkosten der verschiedenen einzelnen Geschäfte aufgefaßt werden können. Die vom Gesetz geforderte isolierte Gewinnberechnung nötigt daher, den Anteil zu bestimmen, zu dem das Einzelgeschäft diese gesamten Unkosten des ganzen Unternehmens, indem es getätigt wurde, mitzutragen hat. Diese Bestimmung kann nicht anders als auf einer Schätzung und mehr oder minder willkürlichen Annahme beruhen, die jedoch auf gewisse Erfahrungen im kaufmännischen Leben sowohl in dem Geschäftszweig im allgemeinen als in dem besonderen gewerblichen Unternehmen zurückzuführen ist. Handelt es sich um Geschäfte, die nicht im Rahmen des ganzen Unternehmens liegen und zu den Gesamtkosten wenig oder nicht in Beziehung stehen, wie Gelegenheitsgeschäfte, Zwischenhandelsgeschäfte einer Fabrik usw., so muß die Anrechnung anteiliger allgemeiner Kosten ganz oder zum größten Teil entfallen, RGStr. IV 662/17, 31. V. 18; RGStr. 51, 43; RGStr. IV 257/18 4. VI. 18. Grundsätzlich können die gesamten allgemeinen Unkosten auf den Gesamtumsatz verrechnet werden. Ob bei letzterem die umgesetzten Werte oder die umgesetzten Mengen in Betracht kommen, richtet sich nach der Art des Geschäftes. Im Fabrikationsbetrieb ist jedenfalls die umgesetzte Menge maßgebend. Manche Unkosten sind derart fest, daß sie von der Größe der Produktion oder des Umsatzes nicht beeinflußt werden, und auch bei nicht vollbeschäftigtem Betrieb in gleicher Höhe bestehenbleiben, andere richten sich in ihrem Umfang auch nach dem Umfang der Produktion oder des Umsatzes. Solchenfalls ist es besonders nötig, diesen zur Bestimmung des Anteils des Einzelgeschäfts festzustellen. Der Umsatz ergibt sich nicht schon aus dem Versand, vielmehr sind die Rücksendungen abzuziehen. Der Umsatzertrag ist ferner um die Skonti und die bewilligten Rabätte zu mindern. Zuweilen werden auch Agentenprovisionen und dergleichen noch abgezogen. Dann ist darauf zu achten, daß diese nicht schon in den Unkosten berücksichtigt sind und so doppelte Anrechnung erfolgt. Ebenso ist zu prüfen, ob nicht besondere Unkosten nochmals bei den allgemeinen Kosten angesetzt werden. Im Kriege ist jedoch Barzahlungsrabatte und Umsatzrabatte zu gewähren nicht mehr nötig und darum sind sie als unangemessen nicht zu berücksichtigen. Ob ein sog. Treurabatt angemessen ist, ist Frage des Einzelfalls. Er wird gewährt, wenn auf lange Fristen abgeschlossen wird und der Wunsch besteht, sich die Kundschaft auch für die Friedenszeit zu erhalten. Zu den für die Herstellung der Ware dienenden Betriebs- oder Fabrikationsunkosten gehören die Löhne für die Arbeiter, soweit diese nicht als besondere Unkosten schon berücksichtigt sind, der Gehalt für das technische Personal, Kosten zur Anschaffung und Unterhaltung der Betriebsmittel, Werkzeuge, Maschinen, Abschreibungen darauf, Mieten für die technischen Räume und Anlagen. Bei letzteren ist jedoch zu berücksichtigen, daß sie als Anlagekosten auf einen längeren Zeitraum zu verteilen sind. Die durch Umstellung des Betriebs von der Friedensfabrikation in Kriegsfabrikation entstehenden Kosten sind freilich nur bis zum Zeitpunkt einer zu erwartenden Rückstellung in den Friedensbetrieb zu verteilen. Zu den Geschäftsunkosten gehören die Gehälter, Provisionen und Tantiemen der kaufmännischen Angestellten, Miete und Abschreibungen für die Geschäftshäuser, Instandhaltungskosten für Inventar, Ausgaben für Heizung, Beleuchtung, Geschäftsbetrieb, Steuern, Geschäftsreisen, auch wenn sie erfolglos sind, RGStr. 51, 270; Repräsentationskosten, Reklamekosten. Bei diesen ist zu beachten, daß sie in der Kriegszeit höchstens für Ersatzware noch im gewissen Umfange erforderlich sind. Auch die gesetzlich oder freiwillig in Ausübung verständiger und zum Nutzen des Unternehmens selbst dienender sozialer Fürsorge für kranke und alte Arbeiter und Beamte gehört zu den Geschäftsunkosten; ebenso angemessene Kriegsunterstützungen an Arbeiter und Beamte und Beibehaltung von Arbeitern und Beamten trotz geringeren Geschäftsbetriebs. Doch kann hier leicht die Ausgabe zur Wohltätigkeit werden, die das Privatvermögen, nicht das Geschäftsvermögen belastet, z. B. Stiftungen. Entscheidend ist, ob das Geschäft unmittelbar Nutzen davon zieht, z. B. durch die Erhaltung eines guten Arbeiter- und Beamtenstamms. Dasselbe gilt für Ausgaben für Erlangung persönlicher Ehrenzeichen und Titel, während diejenigen für Geschäftsauszeichnungen, wie bei Ausstellungen und für Medaillen, wiederum zu den Geschäftsunkosten gehören. Die Grenze ist flüssig.

d) Der **Kapitalzins** ist die Vergütung für die Verwendung eigenen und fremden Kapitals im ganzen Geschäft nach dem zur Kriegszeit üblichen und angemessenen Zinsfuße. Besonders hohe Zinsen für geliehenes Kapital wegen Unsicherheit des Unternehmens und mangelnder Kreditwürdigkeit dürfen nicht in Ansatz gebracht werden. Dagegen ist eine Unterscheidung in der Höhe der Zinsen dahin, ob im Geschäft eignes oder fremdes Kapital arbeitet, nicht geboten. Auch hier ist der Anteil, der das Einzelgeschäft bei der Aufbringung dieses gesamten Kapitalzinses trifft, festzustellen. Ungenau wird hierbei lediglich auf den Einkaufspreis oder Herstellungspreis der Einzelware gesehen. Es ist für das Einzelgeschäft aber nicht nur das den Einkaufspreis deckende Kapital, sondern auch das die besondern und anteiligen allgemeinen Unkosten deckende Kapital zu berücksichtigen. Von besonderer Bedeutung ist, ob sich das im Geschäft arbeitende Kapital im Laufe des Zinsjahres mehrmals umsetzt oder ob der Umsatz erst in einem längeren Zeitraume erfolgt. Denn bei mehrfachem Umsatz wird den gesamten Jahreszins schon die Summe geringerer Kapitalzinsanteile bei dem einzelnen Geschäft einbringen, als bei langsamem Umsatz. Das ist wichtig bei der Berücksichtigung der Kriegs- und Friedenswirtschaft, bei der für einzelne Waren, z. B. Lebensmittel, die

Häufigkeit des Kapitalumsatzes verschieden sein kann; RGStr. IV 201/18, 7. V. 18.

Wird im Kriege größeres Kapital im Geschäft gebraucht, als im Frieden, so erhöht sich selbstverständlich hierdurch der Anteil an den gesamten Kapitalzinsen bei dem Einzelgeschäft. Der Betrag dieses Anteils wieder kann größer sein als im Frieden wegen des im Kriege höheren Zinsfußes. In der Regel erfolgt die Berücksichtigung dieser beiden Steigerungsumstände gleichzeitig bei der Bemessung des Anteils. Ausgeschlossen ist es aber nicht, die Erhöhung auch in getrennten Posten zum Ausdruck zu bringen. Soll die Kapitalserhöhung gegenüber der Friedensquote durch einen besonderen Zuschlag zu dem Anteil an den Kapitalzinsen ausgedrückt werden, so darf dann dieser Anteil nicht schon das ganze Kapital berücksichtigen, sondern nur wegen des erhöhten Zinsfußes eine Erhöhung erfahren, da sonst eine doppelte Erhöhung eintreten würde, RGStr. IV 263/18 4. VI. 18.

e) Die **Risikoprämie** betrifft die Selbstversicherung gegen verschiedene Gefahren, wird aber in der Regel in eine einzige Risikoprämie zusammengefaßt. Soweit die Verlustgefahr des gesamten im Unternehmen steckenden Kapitals in Betracht kommt, ist auch hier bei dem Einzelgeschäft der Anteil festzustellen, mit dem es bei der Selbstversicherung gegen diese das ganze Geschäftsunternehmen bedrohende Gefahr beteiligt ist. Insoweit kommen auch die Verluste bei anderen Geschäften zu ihrer gerechten Berücksichtigung, nämlich als Bestandteile der allgemeinen Kapitalverlustgefahr. RGStr. 51, 295; RGStr. IV 361/17, 16. XI. 17; OLG. Breslau in LZ. 18, 650. Dies bedeutet keine Durchbrechung des Grundsatzes isolierter Gewinnberechnung, a. M. Kronecker, DJZ. 18, 398. Es sind die dem allgemeinen Geschäftsbetrieb drohenden Verluste auch bei andern Geschäften zu berücksichtigen, wie Verderb und Schwinden der aufgelagerten Warenmenge, Preissturz, Beschlagnahme der Waren, Bedarfsrückgang nach Friedensschluß, Schwanken der Preise, JW. 17, 974 Nr. 5, RGStr. 50, 345; 51, 294; Änderung der Marktlage, Ausfälle bei Kreditgewährung, Beschädigungen und Diebstähle namentlich in der Kriegszeit usw., RGStr. JW. 17, 363 Nr. 698.

Daneben kann auch das Einzelgeschäft noch sein besondres Risiko haben, das ebenfalls zu beachten ist, die Schwierigkeit der Einfuhr, besondere Verlustgefahr bei Transport, für Auslandsware namentlich ist das Risiko ganz anders gestaltet, als für die Inlandsware, RGStr. I 369/17, 25. X. 17. Sie dient hier auch gegen Valutaschwankungen, MPPr. 1918, 104. Ferner gegen Beschlagnahme gerade bei der gehandelten Ware, RGStr. 51 S. 102, 104, sofern sie sich schon zu der Gefahr verdichtet hat, daß die Beschlagnahme so zeitig eintritt, daß sie die Ware noch in den Händen des Verkäufers treffen kann, RGStr. in Recht 18, 236 Nr. 461.

Zuweilen wird eine besondere Kapitalrisikoprämie dann gebildet, wenn der Einkaufspreis sehr gestiegen ist. Diese erscheint als ein besonderer Zuschlag zur allgemeinen Risikoprämie, namentlich wenn deren Festsetzung in Anlehnung an die im Frieden übliche Risikoprämie erfolgt und lediglich deren Erhöhung beabsichtigt wird. RGStr. IV 263/18, 4. VI. 18. Wird die Friedensrisikoprämie mit Rücksicht auf die veränderten Verhältnisse des Kriegs vervielfacht, so ist darauf zu achten, daß in dieser Vervielfachung nicht schon die Kapitalserhöhung berücksichtigt ist, wenn außerdem wegen des höheren Einkaufspreises noch ein besonderer Zuschlag zur Risikoprämie angesetzt wird.

Soweit die Gefahr des Verlustes auf einem verbotenen oder sittenwidrigen Tun beruht, darf selbstverständlich keine Erhöhung der Risikoprämie um deswillen eintreten, RGStr. I 57/18, 8. IV. 18. Mit Recht rügt Lehmann, daß dieser Grundsatz in RGStr. III 385/17, 3. X. 17, JW. 18, 268 Nr. 4 verkannt sei. Das Verlustrisiko bei der Einfuhr im Schmuggelhandel durfte nicht berücksichtigt werden. Vollends nicht kann wegen zu befürchtender Geldstrafen wegen Preistreiberei eine besondere Risikoprämie angesetzt werden!

f) Der **Unternehmerlohn** ist die Entschädigung, die der unternehmende Gewerbetreibende für seine persönliche Arbeit im Geschäft verdient und die nicht mit dem Reingewinn verwechselt werden darf. Am reinsten tritt er in die Erscheinung bei Aktiengesellschaften und anderen juristischen Personen, wo die Direktoren und Leiter des Geschäfts einen besondern Gehalt bekommen. Eine gleiche Entschädigung für seine leitende Tätigkeit kann aber auch der Inhaber eines Geschäfts bei der Berechnung des Reingewinns vorweg beanspruchen, und zwar auch im Kleinhandel, obwohl hier gerade vom Gewerbetreibenden selbst eine derartige Heraushebung aus dem Reingewinn nicht vorgenommen zu werden pflegt. Seine Berücksichtigung ist demnach von Amts wegen geboten, RGStr. I 187/18 3. VI. 18.

Der Unternehmerlohn gehört zu den Gestehungskosten und ist begrifflich vom Reingewinn zu trennen, RGStr. JW. 17, 906 Nr. 3, RGStr. LZ. 16, 1096 steht hiermit nicht in Widerspruch, wie Kirchberger JW. 18, 396 meint; a. M. Obst, S. 42; er ist deshalb nach der im Kriege angemessenen Höhe zu bemessen, insbesondere unter Berücksichtigung der allgemeinen Verteuerung des Lebensunterhaltes. Damit wird allen berechtigten Ansprüchen Rechnung getragen, jedenfalls werden die höheren Kosten des Lebensunterhalts im Kriege nicht den Gewerbetreibenden, sondern den Verbrauchern auferlegt und ein Anspruch, außerdem auch noch einen höheren Reingewinn zur Kapitalbildung zu beziehen, entbehrt der gerechten Grundlage, Lobe, Preissteigerung S. 22. RGStr. IV 209/17, 4. V. 17. Auch hier ist der Anteil festzustellen, in dem das Einzelgeschäft den gesamten Unternehmerlohn mittragen muß. Auch hier kann sich dieser Anteil um deswillen erhöhen, weil das Einzelgeschäft selbst eine besonders große oder wertvolle Arbeitstätigkeit des Unternehmers in Anspruch nimmt. So wenn dabei besondere Voraussicht und kaufmännische Geschicklichkeit, etwa um einen billigen Einkauf zu erzielen, betätigt worden, RGStr. 51 S. 262, 271, oder eine Erfindertätigkeit mit abzugelten ist.

Bei Verkäufen außerhalb eines Erwerbsgeschäfts im bloß bürgerlichen Verkehr kann die Ansetzung eines besondern Unternehmerlohns nicht stattfinden, JW. 16, 1205 Nr. 27.

7. Die unter a—f aufgeführten einzelnen Bestandteile müssen

sämtlich bei der Feststellung der Gestehungskosten berücksichtigt worden sein, soll der Unterschied zwischen dem Verkaufspreis und den Gestehungskosten den in dem Verkaufspreis enthaltenen Reingewinn ergeben. Es muß deshalb immer von Amts wegen geprüft werden, ob dies geschehen ist, wenn es sich um die Feststellung des Reingewinns handelt. Daran wird auch dadurch nichts geändert, daß etwa der Angeklagte infolge irrtümlicher Auffassungen selbst bei Kalkulation seines Verkaufspreises nicht sämtliche Faktoren in Rücksicht gezogen hat. Solchenfalls kann er möglicherweise irrtümlich annehmen, der im Verkaufspreis enthaltene Gewinn stelle sich auf einen bestimmten Betrag, ausschlaggebend ist jedoch, wie hoch der Gewinn bei richtiger Berechnung und gebotener Berücksichtigung der maßgebenden Umstände sich stellt, RGStr. 51, 102. Dagegen bedarf es für die schriftliche Begründung des Urteils nicht immer einer besonderen Hervorhebung dieser sämtlichen preisbildenden Umstände und ihrer Feststellung nach der bestimmten maßgebenden Höhe. Dies ist nur erforderlich, wenn vom Angeklagten zu ihnen besondere Angaben und Einwendungen gemacht werden oder aus der ganzen Sachlage der Verdacht entsteht, daß bei der Preisbildung und Gewinnberechnung nicht sämtliche Umstände, und zwar in rechtlich zutreffendem Umfange berücksichtigt worden sind, RGStr. 51, 383. In welcher Höhe der Tatrichter diese Gestehungskosten dann festsetzt, ist vom Revisionsgerichte nicht nachzuprüfen, StPO. § 376.

8. Der in dem Verkaufspreise enthaltene **Reingewinn** muß vom erkennenden Gericht wenigstens annähernd (vgl. § 11) seinem ziffermäßigen Betrag nach erörtert und festgestellt werden, da es anders nicht in der Lage ist, zu entscheiden, ob der Gewinn übermäßig hoch ist, RGStr. 51, 25. BayObLG. JW. 17, 908. Diese Feststellung braucht jedoch gleichfalls nicht immer in den Urteilsgründen ausgesprochen zu werden, sie kann vielmehr sich auf die Berechnung und ziffermäßige Feststellung des Übermaßes des Gewinns beschränken. Dieses aber kann nicht nur durch einen unmittelbaren Vergleich zwischen dem angemessenen Reingewinn und dem vom Angeklagten

im Kriege gezogenen Reingewinne geschehen, sondern auch mittelbar, indem die einen angemessenen Reingewinn enthaltenen zulässigen Verkaufspreise berechnet und mit den gezogenen Verkaufspreisen verglichen werden, RGStr. 50, 341. Die Berechnung des als Maßstab zu nehmenden angemessenen Verkaufspreises aber kann wieder in der Weise vorgenommen werden, daß aus dem angemessenen Reingewinn mit den gesamten Gestehungskosten, einschließlich dem Einkaufspreise oder Herstellungspreise, der Verkaufspreis festgestellt wird. Häufig geschieht dies so, daß zu dem Einkaufspreis ein Zuschlag gefügt wird, der die besondern Unkosten sowie die Anteile der allgemeinen Unkosten, des Kapitalzinses, der Risikoprämie und des Unternehmerlohnes zuzüglich den angemessenen Gewinn deckt, und daß dann festgestellt wird, daß der aus diesem Zuschlag mit dem Einkaufspreis gebildete Verkaufspreis der angemessene und zulässige sei. Dies ist dann nicht zu beanstanden, wenn ersichtlich ist, daß bei Bemessung des Zuschlags die richtigen rechtlichen Gesichtspunkte maßgebend waren, insbesondere sämtliche unter b—f angeführten Umstände berücksichtigt worden sind und außerdem der inbegriffene Betrag des Reingewinns nicht übermäßig hoch, sondern angemessen ist, RGStr. 51, 349. Solchenfalls kann auch eine ausdrückliche Hervorhebung des ziffermäßigen Betrags des Reingewinns, wie er als angemessen anzusehen ist, unterbleiben, RGStr. 51 S. 25, 46, 146; Recht 17, 554 Nr. 1053; 221 Nr. 389.

9. Die Herausarbeitung der einzelnen Kosten, aus denen sich die Gestehungskosten zusammensetzen, ist freilich im Frieden bisher nur in großen, insbesondere Warenhausbetrieben durchgeführt worden. Die meisten Geschäfte dagegen und insbesondere der Kleinhandel, haben entweder ohne nähere Kalkulation schlechthin den Marktpreis übernommen oder nur Gesamtzuschläge zu den Einkaufspreisen gemacht und diese in **Prozentsätzen** ausgedrückt. Liske, RG. u. überm. Gewinn S. 15. Wie der Gesamtzuschlag in einem bruchteilmäßigen Pauschalzuschlag, so können nun auch die einzelnen Posten der Gesamtgestehungsposten und ebenso der Reingewinn selbst in Prozentsätzen ausgedrückt werden. Diese

Art und Weise ist jedoch lediglich eine andere Ausdrucksform für denselben Inhalt. Mag man den Reingewinn durch ziffermäßige Feststellung der einzelnen Rechnungsposten finden, wobei zum größten Teil ebenfalls nur eine schätzungsweise Feststellung möglich ist, mag man diese Posten in Prozentsätzen ausdrücken, sachlich ist damit kein Unterschied gemacht. Nur das kommt bei der Berechnung mit Prozentsätzen hinzu, daß diese dem Kaufmann geläufig ist und auf Grund der Erfahrung bei gleichartigen Unternehmungen sich hinsichtlich ihrer Höhe und Angemessenheit eine gewisse Übereinstimmung herausgebildet hat, auf die sich daher gemeinhin der Kaufmann verläßt und die er oft ohne eigne Nachprüfung auf ihren zahlenmäßigen Wert übernimmt. Die Prozentsätze pflegen bald vom Einkaufspreis berechnet und dann diesem zugeschlagen zu werden, um zum Verkaufspreis zu gelangen (Zuschlagskalkulation); bald auch werden sie vom Verkaufspreis genommen und danach wird festgestellt, wie viel Hundertteile Reingewinn, Kapitalzins, Unkosten usw. in ihm enthalten sind. Ob diese oder jene Berechnungsart angewendet wird, ist an sich gleichgültig, nur darf ihre Vermengung nicht zu doppelten Aufschlägen führen. Jedenfalls ist festzustellen, ob der Prozentsatz, der den Reingewinn wiedergibt, vom Einkaufspreis oder vom Verkaufspreis berechnet worden ist und es darf nicht ohne weiteres derselbe Prozentsatz vom einen auf den andern übertragen werden.

Das RG. ist keineswegs dieser Berechnungsweise entgegengetreten, sondern hat stets die Form der prozentualen Zuschläge gebilligt, RGStr. 51 S. 25, 146. Von Rosenthal S. 12 verkannt. Nur das ist unzulässig, im Kriege einfach die prozentualen Zuschläge, wie sie im Frieden üblich waren, in derselben Höhe zu übernehmen, und zwar nicht bloß bei Auslandware RG. Recht 17, 590, sondern schlechthin bei jeder Ware, RGStr. JW. 17, 367 Nr. 3, vielmehr muß nunmehr, was der Kaufmann im Frieden nicht nötig hatte, jetzt aber durch die Verordnung verlangt wird, auf die Bedeutung des Wertes der Zuschläge gesehen werden, soll ermittelt werden können, wie hoch sich der Reingewinn beläuft. Denn es liegt auf der Hand, daß ein Reingewinn von 3% vom Friedenseinkaufpreis oder Verkaufpreis genommen einen ganz andern Gewinn dem Geldbetrage nach bedeutet als dieselben 3% vom zehnfach erhöhten Ein- oder Verkaufspreis. Ebenso ist die mechanische Vervielfachung der Prozentsätze wegen erhöhter Unkosten, Kapitalzinsen, Risiken usw., wie sie gewöhnlich geübt wird, verfehlt, weil sie nicht genügend die Steigerung des Grundbetrags, der der prozentualen Berechnung zugrunde gelegt wird, berücksichtigt; RGStr. 50 S. 205, 232, 261, 345; 51 S. 165, 293; JW. 17 S. 485; 491.

10. Bei der Entscheidung, ob der Reingewinn **übermäßig** sei, sind „die gesamten Verhältnisse" zu berücksichtigen. Die Verordnung hat die Bezugnahme auf die Marktlage als Beispiel für ein derartig zu berücksichtigendes Verhältnis im Gegensatz zu den früheren Verordnungen als überflüssig weggelassen, auch um deswillen, weil sie vom Handelsstand als Anordnung dahin mißdeutet wurde, daß der Marktpreis schlechthin maßgebend sein solle. Davon war früher und ist jetzt erst recht keine Rede, Lobe, Preissteigung S. 10; Pink, JW. 15, 1465; RGStr. 49 S. 398, 435; JW. 17, 486; BayObLG. 17, 301. Darüber, wenn der Reingewinn übermäßig sei, spricht sich die Verordnung nicht aus. Die Feststellung bleibt hiernach dem Ermessen des Richters überlassen, bei dessen Findung der Sachverständige Gehilfe ist, soweit nicht vom Gesetzgeber selbst diesem Ermessen eine Schranke gezogen ist (§ 3). Es kann nicht ausbleiben, daß dieses Ermessen häufig anders ausfällt, als das des Gewerbetreibenden. Wie Obst S. 41 mitteilt, hat eine Handelskammer im Handel mit Kerzen einen Bruttoaufschlag von mehr als 400% noch als angemessen bezeichnet. Als **Richtlinien und Maßstab für das Ermessen des Richters und die Kalkulation des Verkäufers** kommen folgende Umstände in Betracht:

a) Der auf normaler Marktlage im freien Handelsverkehr einwandfrei entstandene Marktpreis bei Gegenständen, für die sich überhaupt ein Marktpreis gebildet hat. Selbstverständlich kommt nur der Marktpreis für die besondere Art der Gegenstände in Betracht, der für hochwertige Ware ist nicht auf minderwertige Dutzendware zu übertragen. Ist dieser Marktpreis auch kein gesetzlicher, den Richter bindender Maßstab für die Bemessung des zulässigen Gewinns, RGStr. 51, 226; 50, 232; RGStr. I 190/18, 1. VI. 18; 49 400; Hachenberg DJZ. 15, 852; BayObLG. JW. 17 S. 301, 235; KG. JW. 17, 493, da in ihm sowohl ein übermäßig hoher als ein übermäßig niedriger Gewinn enthalten sein kann, so daß weder seine Einhaltung noch seine Überschreitung notwendig gegen oder für einen übermäßigen Gewinn spricht, so bringt er doch in der Regel zum Ausdruck, daß der in ihm enthaltene Gewinn ebenfalls der Marktlage und den Verhältnissen angemessen ist. Insoweit ist die Marktlage und der auf ihr beruhende Marktpreis auch jetzt noch ein beachtlicher Maßstab, aber auch nicht mehr (Begr.). RGStr. IV 507/17, 30. XI. 17, BayObLG. JW. 17, 613. Die Marktlage kann örtlich für die Wirtschaftsgebiete verschieden sein. Es kommt nicht nur die am Ort des Verkäufers, RGStr. Recht 16, 398, sondern auch die am Ort des Verbrauchers bestehende in Betracht. Ist die Ware nicht im freien Handel, wird sie z. B. von den Kommunalbehörden den einzelnen Händlern zum Vertrieb mit vorgeschriebenem Preise überwiesen, so kann sich kein Marktpreis bilden, RGStr. I 200/18, 6. VI. 18. In BVO. über Hauptmarktorte v. 24. VIII. 14 (RGBl. S. 384) wird noch auf einen Marktpreis bezug genommen. BVO. über Preisbeschränkungen bei metall. Produkten v. 31. VII. 16 (RGBl. S. 568) stellt auf den Tagespreis ab.

Einen solchen Maßstab für die Angemessenheit des in dem Marktpreis enthaltenen Gewinns bietet dieser aber nur dann, wenn die Marktlage einen gerechten Ausgleich zwischen Angebot und Nachfrage bietet. Enthält dagegen die Marktlage wegen der durch den Krieg geschaffenen Warenknappheit eine solche Beschränkung des Angebots und eine solche Steigerung der Nachfrage, daß ein wirksamer und gerechter Ausgleich zwischen beiden nicht stattfindet, vielmehr allein die preissteigernden Umstände mit dem Ausschalten der Konkurrenz der Verkäufer und dem Eintreten der Konkurrenz der Käufer wirksam werden, so liegt eine Notmarktlage vor. Ein auf ihr gebildeter „Tages- oder Marktpreis" aber ist kein zuverlässiger Maßstab für die Angemessenheit des in ihm enthaltenen Gewinns, da von den Händlern der Marktpreis gemacht wird, BayObLG. JW. 17, 235, gleichviel, ob der Verkäufer sich an der Preistreiberei selbst mit beteiligt hat oder nicht. RGStr. IV 521/17, 27. XI. 17; a. M. Kirchberger S. 9 und KG. JW. 17, 116; vgl. auch Eingabe der Ältesten der Kaufmannschaft von Berlin an den Reichskanzler vom 24. III. 17, Alsberg S. 39. Denn es kommt darauf an, einen objektiven Maßstab zu finden. Der in einem solchen Marktpreis steckende Gewinn wird aber in seiner Höhe nicht davon beeinflußt, ob der einzelne gerade an der Preistreiberei beteiligt ist oder nicht. Fordert er diesen Preis, so enthält dieser auch den übermäßigen Gewinn, er nutzt die durch den Krieg erzeugte Warenknappheit als günstige Konjunktur zur Erzielung hoher Gewinne unter Ausbeutung der Notlage der Verbraucher aus, und das gerade verbietet die Verordnung. Lobe, Überm. Gewinn S. 21; Preissteigerung S. 27; Heslenfeld, Recht 17, 62; Lehmann S. 31 und JW. 17, 692. Ebenso § 7 Nr. 1 der österr. VO. v. 1. VIII. 14 und KassH. Urt. v. 16. III. 15, Art. 1 der schweiz. VO. des Bundesrats v. 10. VIII. 14. RGStr. in ständiger Rspr., z. B. RGStr. 49, 398, 435; 51, 261; JW. 17, 486. Bedenklich RGStr. 51, 396. — Darum ist eine Berufung auf die gleichhohen Preise, die andere Händler nehmen, ohne Bedeutung, RGStr. JW. 16, 1203 Nr. 24. Steht jedoch der Preis in keinem Zusammenhang mit der Kriegsnot oder der durch sie geschaffenen Konjunktur, so ist nicht schon um deswillen der im Preis enthaltene Gewinn übermäßig, weil der Preis höher als im Frieden ist. Freilich gibt es heute kaum noch für GtB. eine solche vom Krieg unbeeinflußte Marktlage. Inwieweit sie sich allmählich in der Übergangswirtschaft wieder herausbilden wird, wird Frage der tatsächlichen Feststellung sein.

b) Der im Frieden bei Geschäften gleicher Art üblich gewesene Reingewinn. Damit ist nicht gerade der unmittelbar vor Ausbruch des Kriegs bestehende Preis gemeint. — Anders BVO. v. 30. III. 16, über Preisbeschränkung bei Web- usw. Waren, die auf die Kriegszeit bis 1. II. 16 abstellt. Soll der Krieg keinen

Konjunkturgewinn schaffen und der Verteuerung der GtB. und GKB. gegenüber dem Frieden, möglichst gesteuert werden, so darf der Preis auch nur soweit gesteigert werden als es unbedingt nötig ist, die Selbstkosten zu decken. Da in diesen aber nach der Rechtssprechung des RG. der Unternehmerlohn inbegriffen ist und mit diesem der Verteuerung des ganzen Lebensunterhaltes ausreichend Rechnung getragen wird, Lobe, Preissteigerung S. 24, so liegt kein Grund vor, um dieser Steigerung willen nochmals den Reingewinn höher als im Frieden zuzubilligen. RGStr. 51, 161. Denn der Gewinn im Sinne der Verordnung ist lediglich der zur Kapitalbildung dienende Reingewinn, größere Kapitalien auf Kosten der Verbraucher anzusammeln, hat der Gewerbetreibende aber kein Recht. Indem der vom Kaufmann bereits im Frieden gezogene Reingewinn zum Maßstab genommen wird, wird auch der sicherste objektive Maßstab für das Übermaß gewonnen, weil sich dieser tatsächlich feststellen läßt und nicht nur auf einem bloßen Ermessen beruht. Es wird damit für das Ermessen des Richters wenigstens eine sichere Grundlage gewonnen und vornehmlich für den Gewerbetreibenden selbst bei der vorzunehmenden Kalkulation seiner Preise, RGStr. Recht 17, 321; RGStr. 51, 348; a. M. Kirchberger, JW. 18, 397, Alsberg S. 59. Maßgebend ist nicht der Reingewinn, den der Verkäufer selbst im Frieden gezogen hat (anders gen. BVO. v. 30. III. 16), das würde z. B. nicht möglich sein, wenn er erst im Kriege das Geschäft eröffnet oder in seiner Betriebsweise geändert hat, sondern der Reingewinn, der in gleichartigen Betrieben unter normalen Friedensverhältnissen gezogen wurde, RGStr. Recht 17, 514; RGStr. 51 S. 43, 161; RGStr. V 340/17, 10. VII. 17. Daher ist für einen Kleinhändler, der im Frieden großen Umsatz mit geringem Nutzen zu erzielen strebte, nun aber wegen des geringeren Umsatzes höheren Nutzen am einzelnem Stück nimmt, zum Vergleich heranziehen der Reingewinn, wie er bei solchen Geschäften im Frieden üblich war, Lobe, Preissteigerung S. 28. — Sofern es derartige Geschäfte im Frieden überhaupt noch nicht gab, versagt selbstverständlich der Maßstab des Friedensreingewinns, wie namentlich bei Ersatzmitteln, die erst im Kriege entstanden sind, RGStr. 51, 144; Lobe, Überm. Gewinn S. 24. Immerhin kann auch da häufig der Reingewinn bei der ersetzten Ware zum Maßstab genommen werden, z. B. der im Lebensmittelhandel übliche. Doch nicht schlechthin, RGStr. IV 207/16, 12. V. 16. Maßgebend ist zufolge der isolierten Gewinnberechnung endlich immer nur der an der Einzelware im Frieden gezogene Reingewinn, nicht ist zu vergleichen der Gesamtreingewinn des Unternehmens.

Wie die Gestehungskosten nur insoweit bei der Kalkulation zu berücksichtigen sind, als sie angemessen sind, so ist auch der im Frieden bei gleichartigen Geschäften gezogene Reingewinn nur insoweit zum Maßstab zu nehmen, als er angemessen nach der Auffassung des ehrbaren Kaufmannes im Frieden gewesen ist, Lobe, Überm. Gewinn S. 18; Lehmann JW. S. 367; RGStr. IV 17/17, 9. II. 17; RGStr. JW. 17, 367, Recht 17, 221; RGStr. 50 S. 330, 341; 51, 161. Es ist auch möglich, daß schon im Frieden ein Reingewinn nach seiner Höhe um deswillen angemessen ist, weil er wegen des Schwankens der Preise zum Ausgleich genommen wird, sofern die Berechnung des Friedensreingewinns nicht die Risikoprämie besonders berücksichtigte, sondern nur den Unternehmerlohn im „Reingewinn" mit ausdrückte. Zum Vergleich heranzuziehen ist immer nur der Reingewinn des Friedens im Sinne dieser Verordnung, er ist nötigenfalls herauszuschälen.

Ob ein Geschäft gleichartig mit den Friedensgeschäften und der in ihm gezogene Gewinn angemessen ist, ist nicht nach seiner formalrechtlichen Seite, sondern nach seiner wirtschaftlichen Bedeutung zu beurteilen. Daher kann ein rechtlich als Eigenhändler auftretender Verkäufer, der tatsächlich kein eigenes Kapital aufwendet, wirtschaftlich einem bloßen Vermittler gleich- oder nahestehen. Dann ist für diesen auch nur ein solcher Gewinn angemessen, der dem eines Vermittlers gleich- oder nahekommt, als Maßstab ist also die Vermittlerprovision zu nehmen, die wieder nach der Höhe der Agenten- oder Mäklerprovision abgestuft und auch sonst erhöht sein kann, RGStr. 51 S. 106, 109, 389; RGStr. I 302/17, 1. X. 17; V 922/17, 26. II. 17.

Zum Vergleich zu ziehen sind ferner auch nur Waren von gleicher Beschaffenheit und Güte. Wird eine minderwertige Ware im Krieg zum selben Preis verkauft, wie eine hochwertige im Frieden, so kann darin ein übermäßiger Gewinn enthalten sein, OLG. Frankfurt a. M. MPPr. 18, 33.

Werden auf dem Markte bestimmte Preise für eine Ware nur bei dem Absatz an den Verbraucher bezahlt, während der Zwischenhändler billiger kauft, so sind beide Verkäufe keine gleichartigen Geschäfte und der Erzeuger der Ware erzielt einen übermäßigen Gewinn, wenn er beim Verkauf an den Zwischenhändler Preise fordert, die nur der Verbraucher zahlt, RGStr. Recht 17, 588 Nr. 1111.

Nicht erforderlich ist für den Begriff des Übermaßes, daß der Reingewinn im Kriege den Reingewinn des Friedens erheblich übersteigt. Sofern der angemessene Friedensgewinn nach seiner äußersten noch zulässigen Grenze festgestellt wird, ist dann jede Überschreitung dieser äußersten Grenze des Angemessenen übermäßig, RGStr. 51, 109. Dagegen kann der geminderte Geldwert im Kriege bei der Prüfung, ob der im Kriege gezogene Reingewinn größer ist als der Friedensgewinn, berücksichtigt werden. Denn danach ist ein höherer Reingewinn im Kriege dem Geldnominalbetrage nach nicht auch zugleich ein höherer Gewinn dem Werte nach. Nur auf diesen aber kommt es an, RGStr. IV 39/18, 12. III. 18; I 97/18, 18. IV. 18.

Hier besonders ist zu beachten, daß die Vergleichung zwischen Reingewinn des Friedens und Reingewinn des Kriegs nicht nach der Berechnung in Prozentsätzen erfolgen darf, sondern immer nur nach dem wirklichen Geldbetrag des Gewinns, den die Prozantangabe bedeutet, RGStr. 51 S. 164, 293; IV 450/17, 2. XI. 17.

c) Übernahmepreise, Richtpreise und Höchstpreise. Insoweit die Einhaltung von Preisen im Sinne von § 3 die Annahme einer Zuwiderhandlung ausschließt s. das. Sie können aber außerdem häufig als Maßstab für den angemessenen Preis und damit als Maßstab auch für die Angemessenheit des in ihm enthaltenen Gewinns genommen werden, Lobe, Überm. Gew. S. 29. Ohne weiteres aber ist keineswegs in jeder Höchstpreisüberschreitung notwendig auch ein übermäßiger Gewinn im Sinne der Verordnung enthalten, RGStr. Recht 17, 401; DJZ. 16, 1096, ebensowenig in der Überschreitung der Richtpreise auf Grund der S. 29 genannten Bundesratsverordnungen über besondere Preisbeschränkungen. Vgl. § 8. Unrichtig Nordd. Allg. Zeitg. v. 18. VII. 16 Nr. 197, 1. Ausg.

d) Versagt der in erster Linie heranzuziehende Vergleich mit dem angemessenen und üblichen Reingewinn bei gleichartigen Geschäften im Frieden, so mag neben dem Verkehrswert und dem Gebrauchswert der Ware auch die mehr oder weniger kriegswirtschaftlich nützliche Leistung des Verkäufers für die Zuführung der Ware an den Verbraucher bei Bemessung der angemessenen Höhe des Gewinns berücksichtigt werden.

11. Nicht maßgebend für die Angemessenheit des Preises sind die einseitigen Preisfestsetzungen der Fabrikanten bei Markenartikeln und die Kartellbeschlüsse wirtschaftlicher Vereinigungen, z. B. des Buchhändlervereins, vgl. bei letzterem noch § 21 des Verlagsgesetzes, die Apotheker-Spezialitätentaxe, RGStr. 51, 177. Nicht maßgebend sind ferner auch die Vorschriften über die Berechnung des Gewinns, die von den S. 29 genannten Verordnungen über die Preisbeschränkungen und den dazu erlassenen Ausführungsverordnungen des Reichskanzlers erlassen worden sind und die vielfach von den für die BRVO. v. 8. V. 18 geltenden dargelegten Grundsätzen abweichen. Diese Vorschriften über die Gewinnberechnung wollen nur für die bürgerlichrechtlichen Beziehungen zwischen Verkäufer und Abkäufer gelten und den zulässigen Preis bestimmen, worüber das Schiedsgericht zu befinden hat, also nicht den öffentlichrechtlichen Vorschriften über übermäßige Preissteigerung und über Höchstpreisüberschreitung entgegenstehen. Sowenig wie unter Anwendung jener Berechnungsvorschriften festgesetzte Höchstpreise überschritten werden dürfen, ebensowenig darf mit ihnen ein übermäßiger Gewinn im Sinne der VO. v. 8. V. 18

erzielt werden. Diese Natur der Preisberechnungsvorschriften ergibt sich auch aus § 2 Abs. 3 der BVO. über Preisbeschränkungen bei Verkäufen von Web-, Wirk- und Strickwaren v. 30. III. 16/14. IX. 16 (RGBl. S. 1022), § 7 der BVO. über Preisbeschränkungen bei Verkäufen von Schuhwaren vom 28. IX. 15 (RGBl. S. 1077) u. a. Und aus § 8 der VO. v. 8. V. 18 ist zu entnehmen, daß der Betrag des Gewinns nach der Verordnung gegen Preistreiberei nicht notwendig mit dem nach den vom Schiedsgericht gemäß den genannten Preisbeschränkungsverordnungen festgestellten zusammenfällt. Die Begründung sagt hierzu auch ausdrücklich, „daß durch das schiedsrichterliche Verfahren die spätere Nachprüfung der auf die nämlichen Waren bzw. Geschäftsvorgänge oder einzelner von ihnen unter dem Gesichtspunkte des Preiswuchers nicht ausgeschlossen ist".

Ebenso ist die Festsetzung eines Zuschlags von 50 v. H. zu den Friedenspreisen für die zum Kriegsdienst ausgehobenen Pferde nach ReichskanzlerVO. v. 30. VIII. 16 (RGBl. S. 984) und dessen spätere Erhöhung nicht maßgebend.

B. Innerer Tatbestand. Vgl. Einleitung 3.

1. Vorsatz erfordert das Bewußtsein davon, daß das gewollte Tun ein Fordern von Preisen für GtB. und GKB. ist, die einen übermäßigen Gewinn enthalten, und ein Zuwiderhandeln gegen ein gesetzliches Verbot darstellt. Mangel der Kenntnis nach beiderlei Richtung schließt ihn aus. RG. unterscheidet jedoch erstere als Irrtum über Tatumstände nach StGB. § 59 (vgl. hierzu Binding, Normen 3, 333 ff.) und beachtet letztere nur nach BVO. v. 18. I. 17.

Für die Kenntnis der GtB. und GKB. genügt das Kennen der tatsächlichen Eigenschaften und Bedürfnisse, deren Befriedigung die Gegenstände dienen (StGB. § 59), RGStr. 51, 196. Die Beurteilung der Gegenstände als solcher des täglichen Bedarfs oder des Kriegsbedarfs ist für das Bewußtsein von der Handlung als solcher nicht erforderlich. Wohl aber ist die Einreihung der Gegenstände unter den komplexen Begriff der GtB. oder GKB. für die Frage von Bedeutung, ob das Verbot der Bundesratsverordnung sie ergreift, da dieses nur Gegenstände erfaßt, die unter diesen Begriff fallen (BVO. v. 18. I. 17), RGStr. Recht 17, 555 Nr. 1062; RGStr. I 355/17, 1. X. 17; vgl. auch Ebermayer, Irrtum im Strafrecht, LZ. 18, 808. Für die Kenntnis des Forderns genügt das Wissen von einer Tätigkeit, die als Fordern nach den Ausführungen unter A anzusehen ist, also z. B. das Wissen und Wollen, ein freibleibendes Angebot zu machen, eine Preisauszeichnung vorzunehmen, StGB. § 59. Die Einreihung dieser gewußten und gewollten Tat unter den Begriff des Forderns im Sinne der Verordnung ist aber Erfordernis von der Kenntnis des Verbotenseins der Handlung, BVO. v. 18. I. 17. Für die Kenntnis von der Übermäßigkeit des im Preis enthaltenen Gewinns ist erforderlich, daß sich der Täter überhaupt bewußt war, einen Gewinn zu erzielen, sodann, daß er die Tatsachen kannte, die ihn zum übermäßigen machen, also z. B., daß er den im Frieden erzielten Reingewinn übersteigt, RGStr. IV 116/17, 23. III. 17; StGB. § 59. Die genaue Höhe des übersteigenden Betrags braucht er nicht zu kennen, RGStr. SächsArch. 17, 392; JW. 17, 367 Nr. 2. Daß ihn der Täter selbst als übermäßig beurteilt, ist nicht erforderlich, RGStr. 50, 207; RGStr. DJZ. 16, 241; 17, 529; RGStr. 49, 437; JW. 17, 488; BayObLG. LZ. 17, 814. Hachenburg DJZ. 15, 855. Dagegen muß er wissen, daß der von ihm in seiner Höhe erkannte Gewinn vom Gesetzgeber als übermäßig beurteilt und unter den Begriff übermäßiger Gewinn in sein Verbot einbezogen wird, BVO. 18. I. 17; Alsberg S. 85. Ein Versehen in der Kalkulation oder Unkenntnis über diese beeinflussenden Tatsachen, z. B. das Vorhandensein einer Notmarktlage, führt zum Irrtum über die Handlung (StGB. § 59), eine Unkenntnis von der rechtlichen Notwendigkeit, die verschiedenen Faktoren der Preisbildung zu berücksichtigen, zu einem Irrtum über das Verbotensein der Handlung (BVO. v. 18. I. 17), z. B. auch der Irrtum über die Bedeutung des Marktpreises, der Notmarktlage usw., RGStr. IV 583/16, 14. XI. 16; RGStr. 51, 396. Die Absicht, eine Preissteigerung hervorzurufen, ist nicht erforderlich, auch nicht das Bewußtsein hiervon.

2. Bei einer im Fortsetzungszusammenhang begangenen Handlung muß jeder einzelne Geschäftsabschluß oder jedes einzelne Fordern, das einen unselbständigen Teilakt der ganzen einheitlichen Handlung darstellt, die vollen Tatbestandsmerkmale der Straftat verwirklichen, also namentlich jeder einzelne geforderte Preis einen übermäßigen Gewinn enthalten. Es braucht dieser Gewinn aber nicht für jedes einzelne Geschäft zahlenmäßig festgestellt zu werden, es genügt, wenn die Summe der Gewinne aus allen im Fortsetzungszusammenhang begangenen Einzelgeschäften als übermäßig hoher Gewinn nachgewiesen wird. Über fahrlässiges fortgesetztes Delikt S. 123.

3. Mittäterschaft kann bei dem Fordern, sich Versprechen- und Gewährenlassen auch dann vorliegen, wenn der eine Mittäter vom erzielten Gewinn nichts erlangen will. Denn zur Täterschaft reicht es aus, wenn er durch seine Tat den Preis mit dem übermäßigen Gewinn einem anderen zukommen lassen will. Mittäterschaft der Gesellschafter liegt schon dann vor, wenn die einen als vollberechtigte Teilhaber der Gesellschaft die erforderliche Zustimmung zur Preisforderung des anderen Gesellschafters, abgegeben im Namen der Gesellschaft, erteilt haben. Diese nach BGB. § 709 Abs. 1 erforderliche Zustimmung geht über die bloße Genehmigung oder Verbindung im Sinne von § 1 Nr. 6 hinaus, RGStr. I 190/18, 3. VI. 18; IV 662/17, 31. V. 18.

Der Käufer, der sich freiwillig oder der Not gehorchend, herbeiläßt, den wucherischen Preis zu zahlen, ist nicht strafbar, RGStr. Recht 17, 401 Nr. 831; S. 588 Nr. 1109. Nicht ausgeschlossen ist, daß über die notwendige Teilnahme hinaus, die der den Kaufpreis bezahlende oder versprechende Käufer begeht, dieser sich noch einer strafbaren Beteiligung als Anstifter oder Gehilfe schuldig machen kann, RGStr. 51, 131 steht nicht entgegen, RGStr. 52, 3; Schweitzer DStrZ. 17, 72; a. M.: KG. DStrZ. 16, 421; BayObLG. JW. 16, 1029 Nr. 1. — Ebenso bleibt er nach § 12 der ReichsVO. v. 24. VI. 16 (RGBl. S. 581) und der BVO. gegen den Schleichhandel v. 7. III. 18 (RGBl. S. 112), sowie wegen Übertretung der Verordnungen kommandierender Generale, z. B. des württembergischen (S. 29), strafbar. Der Erwerb unerlaubt veräußerter Ware kann auch Hehlerei nach StGB. § 259 sein, RGStr. V MPPr. 17, 245. Durch Lieferung der Ware, die zum übermäßigen Preis verkauft werden soll, kann gleichfalls Beihilfe geleistet werden, BayObLG. DStrZ. 16, 260. Ebenso kann der Vermittler Beihilfe leisten, Recht 17, 555 Nr. 1060. Sie kommt aber nur in Frage, wenn er nicht selbst Täter ist, RGStr. DJZ. 17, 521. Dasselbe gilt vom Angestellten, RGStr. Recht 16, 544 Nr. 1007.

3. Zusammentreffen mit den Höchstpreisüberschreitungen, mit Verletzungen von Rationierungsvorschriften, mit Betrug, Recht 16, 456 Nr. 883, Wucher nach StGB. § 302e, den Vergehen nach § 1 Nr. 2—5, ist möglich. Ebenso mit dem Vergehen verbotenen Lebensmittelshandels v. 24. VI. 16 (RGBl. S. 581) und anderen Handelsverboten, wobei Idealkonkurrenz nach StGB. § 73 wie auch Realkonkurrenz nach StGB. § 74 möglich ist, RGStr. 49, 272; 51, 321. Insbesondere findet Idealkonkurrenz auch mit § 12 Nr. 2 dieser ReichsKVO. und UnlWG. § 4 statt, ferner mit § 1 BVO. v. 25. II. 16 (RGBl. S. 121), mit § 1 der VO. über Kleinhandel mit Garn v. 10. IV. 18 (RGBl. S. 181). Die Vorschriften in Nr. 6 und 7 des § 1 sind der in Nr. 1 (und 2) gegenüber nur subsidiärer Natur, RGStr. 51, 381. Dasselbe gilt von den Übertretungen nach § 2 der BVO. über den Aushang von Preisen in Verkaufsräumen des Kleinhandels v. 24. VI. 15 (RGBl. S. 353), nach § 5 Abs. 2, § 9 der VO. über Bier und bierähnliche Getränke v. 24. I. 18 (RGBl. S. 55).

C. Bürgerlichrechtliche Wirkungen.

Das Rechtsgeschäft des sich Versprechenlassens und sich Gewährenlassens in Verbindung mit dem Versprechen und Gewähren ist nicht nichtig, BGB. § 138 Abs. 2 nicht anwendbar, sofern der Käufer nicht selbst sich der strafbaren Beteiligung schuldig macht, OLG. Kiel LZ. 17, 1277. Das Verbot richtet sich nur gegen Verkäufer, nicht gegen Käufer, daher auch nicht BGB. § 134 anwendbar, RGZ. 60, 275; 78, 353. Ebenso wie bei der Überschreitung von Höchstpreisen aber (RGZ. 88, 250) ist der Preis soweit zu ermäßigen, daß er nur noch einen nicht übermäßigen Gewinn enthält, Menner JW. 17, 32; Bondi RuW. 16, 267; a. M. Matthießen LZ. 17, 1289, der nur dem Käufer einen Schadenanspruch aus BGB. § 823 Abs. 2 zubilligen will.

Bei Geltendmachung von konkreten oder abstrakten Schädenansprüchen des Käufers wegen Nichtlieferung oder Verzugs darf kein Verkaufspreis zugrunde gelegt werden, der einen übermäßigen Gewinn enthalten würde, RGZ. 90, 305. Vgl. A II 6 S. 55.

2. wer vorsätzlich für die Vermittlung von Geschäften über Gegenstände des täglichen Bedarfs oder des Kriegsbedarfs Vergütungen fordert, die unter Berücksichtigung der gesamten Verhältnisse einen übermäßigen Verdienst enthalten, oder solche Vergütungen sich oder einem anderen gewähren oder versprechen läßt;

1. Die Vorschrift lehnt sich an die von Nr. 1 an, die Vergütungen entsprechen den Preisen, der in ihnen enthaltene Verdienst entspricht dem übermäßigen Gewinn. Der Verdienst ist der Reingewinn, auf seine Bemessung und Bewertung sind die Grundsätze wie zu Nr. 1 entsprechend anzuwenden, insbesondere ist der Friedensverdienst (Begr. ungenau „Vergütung") zum Vergleich heranzuziehen. BGB. § 652 Abs. 2 ist zu beachten.

2. Die Natur der Vermittlung ist gleichgültig, es kann die Tätigkeit des Agenten, HGB. § 84, Reisenden, HGB. § 87, Mäklers, HGB. § 93, BGB. § 652, Kommissionärs, HGB. § 383, sein. Letztere ist Dienstvertrag über Geschäftsbesorgung, die der Vermittlung des Geschäfts gleichsteht. Daher erhält der Kommissionär auch eine Provision, HGB. § 396.

Nicht Vermittler im Sinne von Nr. 2 sind die sog. Kriegshandelsvermittler, die tatsächlich Eigenhändler sind. Bei diesen wird nur, weil ihre Tätigkeit wirtschaftlich nicht über die eines bloßen Vermittlers hinausgeht, für die Bemessung des ihnen zukommenden Reingewinns in dem geforderten Preis schätzungsweise der Verdienst in der Vergütung eines Vermittlers herangezogen, RGStr. 50, 261; 51 S. 106, 426.

3. Auch das Fordern usw. vom Gesetz nicht zugelassener Vergütungen fällt unter die Vorschrift, BGB. §§ 654—656.

4. Das Fordern von Vergütungen für Vermittlungen mit übermäßigem Verdienst für sich kann mit dem Fordern von Preisen, die einen übermäßigen Verdienst für einen anderen enthalten, Nr. 1, zusammentreffen, der Vermittler kann dabei auch nur als Gehilfe des Preisfordernden tätig werden. Danach richtet sich die Haftung nach § 7. Der im geforderten Preis enthaltene Gewinn des anderen ist von dem in der Vermittlungsvergütung enthaltenen Verdienst zu unterscheiden.

3. wer Gegenstände des täglichen Bedarfs oder des Kriegsbedarfs, die von ihm zur Veräußerung erzeugt oder erworben sind, in der Absicht zurückhält, durch ihre Veräußerung einen übermäßigen Gewinn zu erzielen;

1. Die Vorschrift bezieht sich zunächst nur auf Gegenstände, deren Bestimmung es ihrer Natur nach ist, veräußert und dadurch dem Verbraucher zugeführt zu werden, also auf Gegenstände des Handels. Als solche müssen sie erzeugt oder erworben worden sein. Wenn sie vom Erzeuger oder Erwerber angeschafft wurden, um sie zur eigenen oder der Angehörigen Versorgung zu verwenden, sind sie keine Gegenstände des Handels. Sie werden es aber von dem Zeitpunkt an, wo sie vom Besitzer dazu bestimmt werden. Dann tritt diese Bestimmung an die Stelle des Erwerbens und Erzeugens zur Veräußerung, auch wenn diese anfänglich noch nicht vorlag. Der Wortlaut der Vorschrift ist zu eng und muß dem Zwecke der Vorschrift gemäß in diesem Sinne verstanden werden.

Die weitere Voraussetzung ist, daß überhaupt eine rechtliche Möglichkeit des freien Handels mit diesen Gegenständen gegeben ist. Waren, die beschlagnahmt sind, die auf Grund von Monopolberechtigungen oder Vorkaufsrechten an Kriegsgesellschaften abzugeben sind, können, solange diese Rechte bestehen, nicht an die Verbraucher abgegeben werden. Nur die Zurückhaltung diesen gegenüber kommt in Betracht. Sobald aber die Berechtigten die Erklärung abgegeben haben, daß sie die Gegenstände nicht für sich beanspruchen, sondern dem freien Verkauf überlassen, z. B. ReichskVO. v. 5. VIII. 16 (RGBl. S. 914), sind sie wieder Gegenstände des freien Handels geworden.

2. Nicht fähig der Zuwiderhandlung sind Personen, die zum Handel mit den Gegenständen keine Erlaubnis haben, ReichskVO. v. 24. VI. 16 (RGBl. S. 581); v. 15. XI. 16 (RGBl. S. 1277); BVO. v. 23. X. 15 (RGBl. S. 603).

3. **Zurückhalten** bedeutet jedes Hemmen des der ordnungsmäßigen und verkehrsüblichen Zuführung der Ware an den Verbraucher dienenden Verfahrens; dieser Zuführung muß sie aber immer noch bestimmt bleiben. Daher fällt nicht unter die Bestimmung, wer sie gänzlich aus dem Handelsverkehr herausnimmt, etwa um sie für sich, seine Angehörigen oder Angestellten als Eigenversorger zu verwenden. Hierbei ist jedoch ein Handeln mit bedingtem Vorsatz der späteren Zuführung in den Handel bei günstiger Gelegenheit möglich. Nach Änderung des Vorsatzes dahin, die Ware dem Verkehr zuzuführen, ist nunmehr auch Zurückhalten der Ware wieder möglich. Ein Herausnehmen aus dem Verkehr kann auch unlautere Machenschaft sein. Wann ein solches Hemmen vorliegt, ist Frage des Einzelfalls. Vgl. Preuß. AusfAnw. v. 6. VIII./9. X. 15 (HMBl. S. 204, 271). Es kann aus dem Ansammeln von Vorräten geschlossen werden, sofern diese die Menge übersteigen, die im regelmäßigen Wirtschafts- und Geschäftsbetrieb zur allmählichen Versorgung des Marktes erforderlich sind und erst nach und nach abgegeben zu werden pflegen. Es kann schon aus dem unterlassenen Feilbieten und Anbieten, RGStr. I 595/17, 11. III. 18; LZ. 18, 609, wie aus dem Verweigern der Abgabe auf Verlangen der Käufer geschlossen werden. Dem Verweigern steht gleich, wenn die Abgabe an unzulässige Bedingungen, z. B. die Abnahme einer anderen Ware, geknüpft

wird, sog. Verbindungsgeschäft. Dagegen liegt ein Hemmen der Zuführung im ordnungsmäßigen Vertrieb nicht vor, wenn die Nichtabgabe an den Fordernden erfolgt zum Zweck gleichmäßiger Verteilung an die Kundschaft und um das Hamstern einzelner zu verhindern. Dasselbe gilt von den sog. Absatzkartells, Bacharach Recht 17, 148. Diese gleichmäßige Verteilung will ihrerseits auch die BVO. über die Errichtung von Preisprüfungsstellen und Versorgungsregelung v. 25. IX. 15 (RGBl. S. 607) § 5 Abs. 2 u. § 19, sowie die ErgänzungsVO. v. 4. XI. 15 (RGBl. S. 728) § 12 sicherstellen und verhüten, daß sich der Händler bei der von ihm bewirkten Verteilung seine Kunden aussucht und die Nachfragenden ungleichmäßig befriedigt. Diesen Vorschriften zuwider darf dann der Händler eine andere Verteilungsweise nicht vornehmen und die Abgabe der im Kleinverkauf üblichen Mengen an Verbraucher zu den angekündigten Preisen des vorgeschriebenen Preisverzeichnisses nicht verweigern. Für diese Waren darf er z. B. auch keine andere Regelung durch Markenausgabe vornehmen, die nur einen Vertrag über einen künftigen Vertragsschluß bedeutet, KG. 29. IX. 16, LZ. 16, 1562 Nr. 2. Tut er es, so verstößt er aber gleichwohl nur gegen diese Vorschriften, sein Tun braucht nicht darum schon ein Zurückhalten im Sinne der Bundesratsverordnung zu enthalten. Die Frage, ob der Händler die Ware, die er auf Bestellung für die Kunden bereits zurückgelegt, aber noch in seinem Gewahrsam hat, einem später Fordernden verkaufen muß, wird vom KG. 8. VIII. 16, DJZ. 16, 905, verneint, von OLG. Celle 9. IX. 16, DJZ. 17, 249, bejaht. Entscheidend ist die Reihenfolge der Bestellung, da die gleichmäßige Verteilung gesichert werden soll. Die bestellte Ware muß aber tatsächlich bereits vorhanden und abgesondert zurückgelegt, nicht mehr feilgehalten werden; Wagner DJZ. 17, 424. Vorausbestellungen für erst anzuschaffende Waren zählen nicht.

4. Das Zurückhalten ist nur strafbar, wenn es erfolgt **in der Absicht,** durch die spätere Veräußerung einen **übermäßigen Gewinn zu erzielen.** Diese Absicht braucht nicht verwirklicht worden zu sein, braucht auch nicht erreichbar gewesen zu sein; selbst wer

irrtümlich mit dem Zurückhalten das Ziel verfolgte, sich einen übermäßigen Gewinn zu verschaffen, handelt strafbar. Es wird das Unternehmen der Erlangung eines übermäßigen Gewinns verboten und als selbständige Straftat ausgestaltet. Es kommt also hier nur darauf an, ob der Gewinn, wie ihn der Täter sich vorstellte, übermäßig war, RGStr. 50, 144. Die Vorschrift hat die frühere Fassung, „um ... Gewinn zu erzielen" geändert, ohne damit eine sachliche Änderung vorzunehmen (Begr.). Beide Wendungen besagen auch dasselbe. Absicht ist nicht Beweggrund, sondern gleichbedeutend mit direktem Vorsatz. Es wird also der auf Gewinnerzielung gerichtete indirekte und generelle Vorsatz ausgeschlossen, zugleich aber bestimmt, daß er durch die Handlung zwar als Mittel verwirklicht werden sollte, aber nicht verwirklicht worden zu sein braucht. Ebenso bei Nr. 4.

5. Das Erfordern der Absicht, übermäßigen Gewinn zu erzielen, schließt die Möglichkeit einer fahrlässigen Begehung aus.

6. Die Absicht, den Preis zu steigern, wie in Nr. 5, ist nicht erforderlich, aber auch nicht ausreichend. Die verschiedenartige Regelung zwischen beiden Handlungsweisen ist ohne innere Berechtigung. Das Zurückhalten in dieser Absicht kann aber als unlautere Machenschaft erscheinen und dann Nr. 5 statt Nr. 3 anwendbar werden.

7. Das strafbare Zurückhalten der Ware kann mit dem nachfolgenden Fordern eines übermäßigen Gewinnes in sachlichem Zusammentreffen nach StGB. § 74 stehen. Der Umstand, daß nach einem einheitlichen vorgefaßten Plan gehandelt worden ist und das Zurückhalten der Ware das Mittel bilden sollte für das künftige Fordern eines übermäßigen Preises, schließt dies nicht aus, RGStr. 51, 4; RGStr. JW. 18, 183 Nr. 14. Die Wirkung des Zurückhaltens geht über die Erzielung eines übermäßigen Gewinns auch hinaus. Sowohl das Zurückhalten von Waren als das Fordern von Preisen mit übermäßigem Gewinn erzeugen je eine selbständige Gefahr allgemeiner Preissteigerung und bilden einen verschiedenen Gefahrenkreis. Auch mit den Vergehen zu Nr. 4 u. 5 kann die Zuwiderhandlung des Zurückhaltens zusammentreffen,

wenn der Vorsatz nicht nur auf Erzielung eines übermäßigen Gewinns, sondern auch auf Preissteigerung gerichtet ist.

8. Die Zuwiderhandlung ist ein Dauerdelikt. Die Beendigung tritt ein, wenn die Gegenstände aus dem Verkehr genommen oder veräußert worden sind, sowie wenn eine Verwirklichung des Vorsatzes der Zurückhaltung in dem Verhalten des Täters um deswillen nicht mehr liegt, weil er aufgegeben worden ist, z. B. die Gegenstände in Vergessenheit geraten sind. Der Zeitpunkt ist für die Möglichkeit, Beihilfe zu leisten, von Bedeutung.

9. Täter ist lediglich derjenige, der durch das Zurückhalten der Gegenstände für sich selbst einen übermäßigen Gewinn erzielt. Die Absicht, für einen anderen den Gewinn zu erzielen, vermag daher, anders als in Nr. 1 u. 2, nur die Annahme der Beihilfe zu begründen. Dagegen ist nicht erforderlich, daß der Gewinn gerade im Preise enthalten ist. Auch ein Kommissionär oder Vermittler, der die Gegenstände zurückhält, um eine übermäßig hohe Provision für sich zu erzielen, Nr. 2, begeht die Zuwiderhandlung aus Nr. 3; handelt er jedoch nur, um seinem Auftraggeber einen übermäßigen Gewinn aus dem gesteigerten Preis zu verschaffen, ist er Gehilfe.

4. **wer vorsätzlich den Preis für Gegenstände des täglichen Bedarfs oder des Kriegsbedarfs durch unlautere Machenschaften, insbesondere Kettenhandel, steigert;**

1. Die Vorschrift gibt § 11 der ReichskVO. v. 24. VI. 16 (RGBl. S. 581) und die übrigen Verordnungen über Kettenhandel wieder, erweitert sie jedoch auf alle GtB. und GKB. § 21 Abs. 2 Nr. 4—6 hebt daher die dort aufgeführten, nunmehr überflüssig gewordenen Verordnungen auf. Dies hat zur Folge, daß die Preissteigerung durch unlautere Machenschaften bei Luxusgegenständen nunmehr straffrei bleibt. Für diese Gegenstände ist also die neue Verordnung das mildere Gesetz. Die Vorschrift findet Anwendung auch auf Geschäfte, deren Abschluß an

sich nach anderen gesetzlichen Vorschriften verboten ist, RGStr. 50, 338.

2. Der Preis der Gegenstände muß **gesteigert** worden sein. Das verlangt nicht, daß allgemein die Preise in die Höhe gegangen sind, auch nicht, daß bei dem gehandelten Gegenstand ein höherer Preis gezahlt worden ist, vielmehr reicht es bereits aus, wenn ein höherer Preis als bisher gefordert wird im Sinne von Nr. 1. Schon das Fordern eines höheren Preises ist ein Steigern des Preises. Dieses Steigern muß aber bei Nr. 4 als Folge der unlauteren Machenschaften eingetreten sein, während bei der Zuwiderhandlung zu Nr. 5 es genügt, wenn die Absicht beim Handeln auf solche Preissteigerung gerichtet war. Die bloße Vornahme unlauterer Machenschaften reicht somit zur Vollendung der Straftat nicht aus, diese müssen die Ursache für die nachfolgende Preissteigerung geworden sein. Ist diese eingetreten, aber nicht als Folge der unlauteren Machenschaften, so liegt die Zuwiderhandlung nach Nr. 4 ebenfalls nicht vor, dagegen die nach Nr. 5. Ebensowenig wird der Tatbestand erfüllt, wenn der Preis nicht gesteigert, sondern bloß hochgehalten wird, während wiederum in Nr. 5 die Absicht ausreicht, den Preis hochzuhalten. Ein innerer Grund für die verschiedenartige Behandlung von Nr. 4 u. 5 ist nicht ersichtlich, ebensowenig die verschiedene Aufzählung von Beispielen für unlautere Machenschaften hier und dort. Daß in dem gesteigerten Preis ein übermäßiger Gewinn und überhaupt nur ein Gewinn enthalten sei, wird nicht erfordert.

3. Das verbotene Mittel für die Herbeiführung einer Preissteigerung ist die Anwendung **unlauterer Machenschaften.** Als nicht erschöpfende Beispiele hierfür führt Nr. 4 den Kettenhandel, Nr. 5 das Unbrauchbarmachen oder Vernichten von Vorräten, das Einschränken der Erzeugung oder des Handels an. Die Beispiele von Nr. 5 gelten auch für Nr. 4 und umgekehrt.

Der Begriff der unlauteren Machenschaften ist ein objektiver, er erfordert nicht notwendig ein vorsätzliches Handeln und das Bewußtsein der Unlauterkeit, es ist auch nicht ein sittlich verwerfliches Handeln erforderlich; a. M.: Bendixen HansRZ. 17; Heslenfeld DStrZ. 17, 29. Nach der Verordnung selbst ist fahrlässiges Handeln möglich. Im Wort Machenschaft liegt die Mißbilligung des angewendeten Mittels ausgedrückt, unlauter kennzeichnet das Mittel objektiv als das Gegenteil von lauteren,. d. h. die Zweckerreichung rein haltenden Mitteln. Es gibt keine lauteren Machenschaften. Indem der Handel die Verteilung und Zuführung der Ware vom Erzeuger an den Verbraucher übernimmt, übt er eine notwendige wirtschaftliche Funktion aus. Im Kriege vollends ist seine Aufgabe, die Ware so schnell und so billig als möglich an die Verbraucher zur Verteilung zu bringen, RGStr. 52, 30. Das bedeutet: sie in ihre örtliche Nähe zu schaffen und sie nach Zeit, Menge und Zahlungsbedingungen ihren Bedürfnissen anzupassen, RGStr. 51, 54. Aus dieser Aufgabe ist der Begriff der unlauteren Machenschaften zu entnehmen. Werden lediglich zur Herbeiführung dieses Ziels die hierzu dienlichen Mittel angewendet, so bleibt die Tätigkeit rein, lauter, werden dagegen andere Nebenzwecke verfolgt oder wird jenes Ziel nicht auf angemessenen Wegen zu erreichen gesucht, so wird die Tätigkeit nicht mehr rein erhalten als eine solche, die so schnell und so billig wie möglich die Ware dem Verbraucher zuführt, sondern durch die Vermengung mit anderer und anderen Zwecken dienenden Tätigkeit unrein, unlauter. Hiernach sind unlauter alle solche Mittel, die die Ware unter Berücksichtigung der Gemeinwirtschaft des Kriegs (RGStr. 52, 30) weder auf dem schnellsten noch auf dem billigsten Wege dem Verbraucher zuführen helfen. In Nr. 4 wird namentlich der billigste Weg betont, denn es wird vorausgesetzt, daß die unlautere Machenschaft geeignet sei, den Preis zu steigern. Eine bloße Verlängerung des Weges, ohne daß diese zugleich eine Verteuerung der Ware herbeiführte, würde sonach keine von der Verordnung betroffene unlautere Machenschaft sein. In der Regel bedeutet aber jede Verlängerung auch zugleich eine Verteuerung der Ware. Außer den in der Verordnung genannten Beispielen: Beiseiteschaffen von Waren, Beschädigen, Anwendung von Täuschungsmitteln, um die Abnehmer zur Bewilligung hoher Preise zu bestimmen, RGStr. in LZ. 18, 610; Überzahlung beim Einkauf, um sich ins Geschäft zu bringen, RGStr. 50, 128; Einkauf zu höheren Preisen im Ausland, als ZEG. bewilligt (Falck, Kettenhandel S. 111); öffentliche Versteigerungen, RGStr. in MPPr. 16, 206; versteckte Beteiligungsverhältnisse (Geschäft à conto commune), Abschiebung eines besonderen Gewinns an Einkaufsgenossenschaften, die als scheinbar unbeteiligte Organe auftreten; scheinbare Einrichtung mehrerer selbständiger Geschäftsbetriebe und Vortäuschung der Ausübung ganz verschiedener Gewerbetätigkeiten, nur um den Gewinn für jede einzelne in Rechnung stellen zu können, RGStr. IV 119/18, 10. V. 18; Abschluß eines Gesellschaftsvertrags zur Verschleierung des Gewinns, RGStr. V 545/17, 27. XI. 17; Zubilligung großer Tantiemen und Provisionen; das Verbandgeschäft, d. h. Verpflichtung zur Abnahme einer anderen Ware neben der verlangten. Sofern Gemeinden diese Verpflichtung auferlegen zu dem Zwecke, die ihnen obliegende Verteilung der Waren vorzunehmen und alsdann die gleiche Verpflichtung den von ihnen belieferten Kleinhändlern auflegen, kann das Verbandgeschäft auch eine wirtschaftlich nützliche Aufgabe erfüllen.

4. Kettenhandel ist nicht schon jeder Zwischenhandel, sondern nur der, der eine unlautere Machenschaft im oben geschilderten Sinne ist. Unlauter ist hiernach aber derjenige Zwischenhandel, der sich als eine unwirtschaftliche Vermehrung der Glieder einer Kette erweist, in der die Ware vom Erzeuger dem Verbraucher zugeführt wird, und durch diese unwirtschaftliche Einschiebung geeignet ist, eine Preissteigerung der gehandelten Ware herbeizuführen. Die Einschiebung der Handelstätigkeit erfolgt dann nicht im gemeinwirtschaftlichen Interesse, sondern nur in eigenwirtschaftlichem Interesse, RGStr. 50 S. 261, 270 (dort soll aber nicht der Begriff des Eigennutzes hervorgehoben werden); RGStr. 51, 54, 278; Falck S. 93; Lehmann S. 45; Obst in Zeitschr. f. Handelsw. 9. Jahrg. S. 237; Lilienthal ZtschrStW. 16, 204. — Nur in der Ausdrucksweise abweichend Alsberg S. 87 und

Wassermann RuW. 17, 121; Moses in DJZ. 17, 327. Der Kettenhandel verschiebt bloß die Ware von Hand zu Hand in gemeinwirtschaftlichem Leerlauf und enthält sie dadurch dem Verbraucher einmal länger vor, das andere Mal verteuert er sie ihm durch diese Zwischenkosten (Begr. der ReichsKVO. v. 24. VI. 16 bei Güthe u. Schlegelberger 3 S. 210, 215 ff.). Auch im regelmäßigen und berechtigten Handel der Friedenszeit gibt es einen Zwischenhandel mit Reihen von Kaufleuten, die am Absatz der Ware mitwirken. Soweit dabei ein arbeitsteiliges Zusammenwirken und für die Gemeinwirtschaft wertvolle Sonderleistungen vorliegen, fördert er die Zuführung der Ware an den Verbraucher und bleibt daher ein lauteres Mittel des Gesamthandels. Es liegt nur scheinbar eine Verlängerung des Wegs zum Verbraucher vor, in Wahrheit wird dadurch der Weg zu ihm überhaupt geschaffen, er erfüllt eine berechtigte wirtschaftliche Aufgabe. So namentlich, wenn dadurch die Ware einem Verbraucherkreis in gemeinwirtschaftlich berechtigter Weise zugeführt wird, der sie sonst nicht erhalten würde. Gemeinwirtschaftlich nicht berechtigt ist aber wieder eine solche Zuführung, wenn sie mit einer schädlichen Entziehung des anderen Kreises verbunden ist, RGStr. JW. 18, 183 Nr. 11. Auch unter den Kriegsverhältnissen kann ein solcher Zwischenhandel berechtigt sein, RGStr. 51 S. 54, 300. In der Regel freilich ist hier davon auszugehen, daß die Ware nur den Weg vom Erzeuger zum Großhändler, von diesem zum Kleinhändler und dann zum Verbraucher zu machen braucht und die Weitergabe an eine Person, die auf der gleichen Stufe den Handel betreibt, also von Großhändler zu Großhändler usw. hier nicht erforderlich ist, RGStr. 51, 300. Doch die besonderen Bedürfnisse des Verkehrs und die Art der Ware erheischen auch hier Abweichungen. Es ist aber dann besonders zu prüfen, ob durch sie noch eine gemeinwirtschaftlich nützliche Aufgabe im Verteilungsvorgange erfüllt wird. Hierbei ist auf die besonderen wirtschaftlichen Aufgaben zu sehen, die die einzelnen Handelspersonen zu erfüllen haben. So werden unter den Großhändlern (Grossisten) unterschieden: die Einfuhrhändler (Importeure), die den eigentlichen Großhändler, namentlich die Fabriken, erst mit Ware und Rohstoffen versorgen. Sie schlagen ganze Massen, Schiffsladungen um, handeln dabei vielfach aus Spekulation und üben mehr die Tätigkeit von Agenten aus. Nach ihnen stehen die Verteilungs- und Platzgroßhändler, die entweder entfernte Groß- oder Kleinhändler oder die am Ort wohnenden Kleinhändler mit Ware versorgen. Bei mehreren Großhändlern findet häufig eine Verteilung des Risikos statt. Die Platzgroßhändler haben die Aufgabe, zwischen anderen Großhändlern oder dem Importeur und einem zersplitterten Abnehmerkreis von Kleinhändlern die Verbindung aufrechtzuerhalten. Auch Hilfspersonen des Handels, wie Kommissionäre, Agenten, Makler haben besondere wirtschaftliche Aufgaben zu erfüllen. Im Kriege bedarf es freilich gerade dieser Hilfspersonen häufig nicht mehr, da die Warenknappheit die Zuführung an die Verbraucher ohne Unterstützung von Hilfskräften ermöglicht. Im allgemeinen ist für den Krieg überhaupt davon auszugehen, daß eher eine Abkürzung, nicht eine Einschiebung von Gliedern geboten ist. Unmittelbar verboten ist in § 3 der BVO. über Preisbeschränkung bei Verkäufen von Schuhwaren v. 28. IX. 16 (RGBl. S. 1077), daß der Großhändler an andere als an Kleinhändler, der Kleinhändler an andere als an Verbraucher absetzt. Diese Vorschrift ist jedoch generalpräventiver Natur und soll nicht lediglich gegen den unlauteren Zwischenhandel gemünzt sein. Über die verschiedenen Formen, in denen Kettenhandel auftritt, vgl. Hirsch u. Falk, Der Kettenhandel als Kriegserscheinung (2. Aufl.). Insbesondere ist Kettenhandel das Rückläufigmachen der Ware, die schon dem Verbraucher nähergebracht oder gar an ihn gelangt ist, um sie nochmals den Handelsweg ganz oder teilweise durchlaufen zu lassen und dadurch Gewinn zu erzielen und die Preise zu steigern, z. B. wenn der Großhändler beim Kleinhändler die Ware zurückkauft, um sie wiederum, nun aber zu den inzwischen gestiegenen Preisen, an Kleinhändler abzusetzen, BayObLG. DJ. 17, 1270; RGStr. 51, 302. Die bloße Aufhebung eines geschlossenen Kaufvertrags und die Rücknahme der Ware aus kaufmännisch und wirtschaftlich verständigen Gründen enthält aber nicht schon ein solches Rückläufigmachen zu gemeinwirtschaftlich unnützen Zwecken, RG. JW. 17, 938.

5. Erfolgt die Preissteigerung durch Anwendungen von unlauteren Machenschaften verschiedener Art oder durch deren wiederholte Anwendung, so liegt nur eine Zuwiderhandlung nach Nr. 4 vor, wenn sie sich auf dasselbe Einzelgeschäft, auf den Absatz derselben Ware oder Wareneinheit in einem Veräußerungsgeschäft beziehen. Diese Zusammenfassung ergibt der Wortlaut der Vorschrift, der von „unlauteren Machenschaften" spricht. Die Anwendung verschiedener unlauterer Mittel zur Erzielung des einen Erfolgs der Preissteigerung dieser Ware, der für alle derselbe ist, bedingt sonach keine Realkonkurrenz oder Idealkonkurrenz, sondern ist nur für die Strafzumessung von Bedeutung. Beim Kettenhandel kann die unwirtschaftliche Einschiebung als Zwischenglied sowohl dadurch erfolgen, daß jemand als Käufer unwirtschaftlich sich einschiebt, als daß er sich als Verkäufer einschiebt, wie auch, daß er nach beiden Seiten unwirtschaftlich dazwischentritt, z. B. der Großhändler kauft, statt vom Erzeuger oder Importeur, wieder vom Großhändler. Schon hierdurch macht er sich des Kettenhandels schuldig. Verkauft er dann statt an den Kleinhändler die im Kettenhandel erworbene Ware nochmals erst an einen Großhändler, so betätigt er von neuem den Akt des Kettenhandels. Beide Akte fallen aber unter die eine Zuwiderhandlung im Sinne von Nr. 4, RGStr. 51, 372. Sie sind auch ein historischer Vorgang, der von der Anklage nach StPO. § 263 ergriffen wird. Gleichwohl haben diese verschiedenen Betätigungsakte, wenn sie an verschiedenen Orten begangen sind, jeweilig nur den Begehungsort, wo sie verübt worden sind, StPO. § 7, es wird aber für sämtliche Akte ein Gerichtsstand nach StPO. § 13 gebildet. A. M. Schaeffer DStrafrZ. 16, 402.

6. Der Vorsatz muß direkt oder indirekt auf den Erfolg der Preissteigerung gerichtet, dieser mindestens als möglich eintretender Erfolg in den Willen aufgenommen worden sein. Hierzu gehört die Kenntnis von der Beschaffenheit der angewendeten Mittel,

also beim Zwischenhandel die Kenntnis von seiner Unwirtschaftlichkeit. Es genügt aber, daß der Täter die Unwirtschaftlichkeit *seiner* Einschiebungstätigkeit kennt. Die ganze Kette der unwirtschaftlichen Zwischenglieder braucht er nicht zu kennen, bewußtes und gewolltes Zusammenwirken mit ihnen wird nicht erfordert, RGStr. IV 643/17, 8. I. 18. Daß sie der Täter selbst als unlautere Machenschaften beurteilt, ist für den Vorsatz nicht erforderlich. Befindet sich der Täter schuldhaft im Irrtum über die Beschaffenheit der Mittel, so findet StGB. § 59 Abs. 2 Anwendung, da *fahrlässige* Zuwiderhandlung strafbar ist. Dagegen gehört für den Vorsatz, mit seinem Tun dem Verbot zuwiderzuhandeln, das Bewußtsein, daß dieses Verbot die von ihm angewendeten Mittel als unlautere Machenschaften beurteilt und umfaßt, insbesondere den verübten unwirtschaftlichen Zwischenhandel als Kettenhandel ergreift. Dann ist BVO. v. 18. I. 17 maßgebend.

7. *Täter* ist schon derjenige, der sich im Kettenhandel als Abkäufer oder Verkäufer *anbietet*, ein *Abschluß* des Vertrags braucht nicht erfolgt zu sein, OLG. Frankfurt a. M., MPPr. 17, 147. Die nachträgliche *Lieferung* eines im Kettenhandel geschlossenen Vertrags bildet keine selbständige strafbare Handlung. Beim Kettenhandel ist der Verkäufer, der unwirtschaftlich an einen gleichstehenden Abkäufer verkauft, und dieser Abkäufer, der unwirtschaftlich von einem gleichstehenden Verkäufer kauft, *jeder selbständiger Täter*. Es liegt eine notwendige Teilnahme zwischen beiden vor, aber keine Mittäterschaft oder Beihilfe.

8. *Zusammentreffen* mit der Zuwiderhandlung nach § 1 Nr. 1, 2 u. 3 und der Höchstpreisüberschreitung nach § 4 ist möglich, RGStr. 50, 273. A. M. KG. DStrZ. 18, 118. Dagegen ist die Zuwiderhandlung nach § 1 Nr. 5 der nach Nr. 4 gegenüber nur *subsidiär*, es findet kein Zusammentreffen statt, die Zuwiderhandlung nach Nr. 4 nimmt die nach Nr. 5 in sich auf, soweit die Absicht, die Preise zu *steigern*, nicht nur hochzuhalten, vorliegt. Subsidiär ist auch die Vorschrift in § 3 in Verbindung mit § 14 der BVO. über Preisbeschränkung bei Verkäufen von Schuhwaren v. 28. IX. 16 (RGBl. S. 1077). Vgl. oben unter 4. Beim

Zusammentreffen mit unerlaubtem Handel mit Lebens- und Futtermitteln liegt Idealkonkurrenz vor, ebenso beim Zusammentreffen mit Schleichhandel nach BVO. v. 7. III. 18 (RGBl. S. 112), sofern der Kettenhandel im Einschieben des Käufers besteht, denn beim Schleichhandel ist die Straftat der Erwerb zum Zwecke der Weiterveräußerung.

9. Die bürgerlichrechtliche Wirkung eines im Kettenhandel abgeschlossenen Geschäfts ist nicht die Nichtigkeit des Vertrags nach BGB. § 138, sondern entsprechend der Regel bei Nr. 1 die Herabsetzung des gesteigerten Preises auf den angemessenen Preis, wie er sich ohne das unwirtschaftliche Dazwischentreten des Kettenhändlers für den schuldlosen Abnehmer gestaltet haben würde; a. M. Hirsch-Falck S. 95, 96.

5. wer in der Absicht, den Preis für Gegenstände des täglichen Bedarfs oder des Kriegsbedarfs zu steigern oder hochzuhalten, Vorräte unbrauchbar macht oder vernichtet, ihre Erzeugung oder den Handel mit ihnen einschränkt oder andere unlautere Machenschaften vornimmt;

1. Sowohl nach Nr. 4 wie nach Nr. 5 bildet die Vornahme unlauterer Machenschaften das Mittel zur Herbeiführung einer Preissteigerung. Nach beiden Vorschriften muß sich daher der Wille auf die Herbeiführung dieser Steigerung durch die Vornahme unlauterer Machenschaften richten. Während aber nach Nr. 4 dieser Wille durch den Erfolg der Preissteigerung verwirklicht worden sein muß, braucht diese Verwirklichung nach Nr. 5 nicht eingetreten zu sein, es genügt vielmehr schon, wenn die unlautere Machenschaft als Mittel zur Verwirklichung des vom Willen weitergesteckten Zieles seiner Handlung vorgenommen worden ist. Die Zuwiderhandlung nach Nr. 5 ist also als Delikt schon im Stadium des Unternehmens der Zuwiderhandlung nach Nr. 4 vollendet; wie Nr. 3, RGStr. 50, 145. Hierbei besteht gegen Nr. 4 noch der Unterschied, daß das gesteckte Ziel nicht nur das Steigern,

sondern schon das Hochhalten des Preises zu sein braucht. Dies wird namentlich für die Übergangszeit wichtig (Begr.). Der hochgehaltene Preis braucht auch kein künstlich in die Höhe geschraubter zu sein, Hachenburg S. 857. In dem hochgehaltenen oder gesteigerten Preis braucht jedoch kein übermäßiger Gewinn enthalten zu sein.

2. „Andere unlautere Machenschaften" s. Nr. 4. Hierunter fällt auch das Zurückhalten der Nr. 3, auch wenn es nicht erfolgt, um einen übermäßigen Gewinn zu erzielen, ferner der Kettenhandel der Nr. 3.

Als besondere Beispiele werden aufgeführt:

a) Das Unbrauchbarmachen oder Vernichten von Vorräten. Unter Vorräten sind hier solche von GtB. oder GKB. zu verstehen, nicht notwendig aber gerade die, deren Preissteigerung herbeigeführt werden soll. So kann das Vernichten von Rohstoffen, z. B. Abbrennen von Getreidefeimen, geschehen, um die Fertigerzeugnisse, z. B. Mehl, Brot, zu verteuern. Sofern Gegenstände, die selbst nicht solche des täglichen Bedarfs oder Kriegsbedarfs sind, aber deren reichliches oder spärliches Vorhandensein mittelbar, wenn auch nur entfernt, auf den Preis von GtB. oder GKB. einzuwirken vermag, unbrauchbar gemacht oder vernichtet werden, kann immerhin darin die Vornahme von unlauteren Machenschaften liegen.

Der Begriff des Unbrauchbarmachens ist relativ; es wird erfordert das Unbrauchbarmachen zur Befriedigung des Bedürfnisses, für das der Gegenstand seiner Natur nach bestimmt ist. So kann ein Unbrauchbarmachen darin liegen, daß der Gegenstand zu Ersatzstoffen mit verwendet wird, während er unmittelbar selbst das Bedürfnis befriedigen kann. Wenn die Vorschrift das Unbrauchbarmachen oder Vernichten von „Vorräten" verlangt, so soll damit angedeutet werden, daß eine größere Menge von Gegenständen in Betracht kommen muß. Nicht nötig ist dagegen, daß sie so groß sein muß, daß sie allein schon den Preis irgendwie beeinflussen kann, es genügt vielmehr, daß dies möglich ist dann, wenn noch andere Mengen von anderer Seite vernichtet werden.

Es braucht nur die Gefahr solcher Wirkung durch die Vernichtung vergrößert zu werden. Die Zerstörung von Nahrungsmitteln kann Landesverrat nach StGB. §§ 89, 90 sein, RGStr. 51, 282.

b) Das Einschränken der Erzeugung oder des Handels. Es ist davon auszugehen, daß es im Kriege die soziale Pflicht der Gewerbetreibenden und Landwirte ist, GKB. und GtB. nach allen Kräften hervorzubringen und den Verbrauchern zuzuführen, um das Durchhalten zu ermöglichen. Die gemeinwirtschaftliche Stellung des Erzeugers und Händlers tritt im Kriege stärker als im Frieden hervor. Danach ist zu beurteilen, ob er sich einer Einschränkung schuldig macht. Nicht die im Frieden erzeugte und gehandelte Menge bildet hier den Maßstab, sondern diejenige, die er bei Anspannung aller Kräfte im Kriege unter Berücksichtigung seiner eigenen wirtschaftlichen Verhältnisse und Leistungsfähigkeit pflichtgemäß zu erzeugen und zu handeln vermag. Dies gilt namentlich auch den Ringen und Trusts gegenüber. Der Handel besteht nicht nur im Veräußern, sondern auch im Anschaffen der Ware. Daher findet eine Einschränkung des Handels auch statt, wenn der Händler es unterläßt, genügende Ware anzuschaffen, nicht nur, wenn er sie nicht feilhält oder sonst ihre Abgabe verweigert. Nicht unter die Verordnung fällt das völlige Einstellen der Erzeugung und des Handels. Es soll keine Zwangserzeugung und kein Zwang zur gewerblichen Tätigkeit begründet werden, wohl aber, sofern sie überhaupt ausgeübt wird, ihre Ausführung zum Wohle der Gemeinwirtschaft gewährleistet werden.

3. Die Vornahme der unlauteren Machenschaften kann auch erfolgen, um anderen Personen die Ausübung der Erzeugung und des Handels zu erschweren oder unmöglich zu machen, etwa durch Aufkäufe von Rohstoffen, ebenso um anderen Personen zu ermöglichen, die Preise für GtB. oder GKB. zu steigern. Der Täter braucht nicht selbst Händler oder Erzeuger zu sein. Auch eine Aufforderung, sich der eigenen Preiserhöhung anzuschließen, kann unlautere Machenschaft sein, RGStr. DJZ. 16, 241.

4. Absicht ist bestimmter Vorsatz. Die Fassung der ent-

sprechenden Vorschrift der früheren VO. v. 23. III. 16 § 5 Nr. 3 lautete „um den Preis zu steigern". Nach der Begr. ist hier die Änderung erfolgt, „um klarzustellen, daß der bloße Vorsatz der Preissteigerung zur Bestrafung nicht ausreicht". Diese Erklärung ist unklar, weil nicht ersichtlich ist, was unter „bloßem" Vorsatz zu verstehen ist. Tatsächlich ist auch hier nicht nötig, daß der Beweggrund des Handelns die Preissteigerung sein müsse, vielmehr genügt der „bloße Vorsatz", aber allerdings nicht der unbestimmte und allgemeine, sondern der bestimmte, auf das Ziel der Preissteigerung gerichtete Vorsatz, eben die Absicht, RGStr. 50, 273; 51 S. 29, 271; RGStr. LZ. 18, 610; JW. 18, 182. Der dolus indirectus oder generalis reicht nicht aus. KG. 16. XI. 17 DStrafrZ. 18, 118 hat das Reichsgericht hier durchaus mißverstanden. Diese Absicht braucht jedoch nicht Verwirklichung gefunden zu haben, auch nicht verwirklichungsfähig gewesen zu sein, es genügt, daß sie beim Täter vorhanden war, um seine strafrechtliche Schuld zu begründen.

5. Das Erfordern der absichtlichen Begehung des Unternehmens der Preissteigerung schließt auch hier die fahrlässige Begehung aus.

6. Da die Zuwiderhandlung nach Nr. 5 das Unternehmen der Preissteigerung durch unlautere Machenschaften darstellt, die Zuwiderhandlung nach Nr. 4 aber die vollendete Preissteigerung durch unlautere Machenschaften, so ist die Vorschrift der Nr. 5 der in Nr. 4 gegenüber subsidiär. Ist das Unternehmen zur Vollendung fortgeschritten, findet nur Nr. 4 Anwendung. Namentlich findet eine Konkurrenz auch dann nicht statt, wenn bei Beginn des Unternehmens erst die in Nr. 5 beispielsweise aufgezählten unlauteren Machenschaften, des weiteren dann aber noch das in Nr. 4 aufgezählte besondere Mittel des Kettenhandels angewendet worden ist. Denn diese Beispiele begründen nicht selbständige Straftaten, treffen vielmehr in dem zusammenfassenden Merkmale der unlauteren Machenschaften als gemeinsames Tatbestandsmerkmal zusammen.

Dagegen ist einheitliches Zusammentreffen mit den selbständigen

Straftaten der Nr. 1 u. 2 möglich, RGStr. 50, 273. Die Vorschrift der Nr. 5 schafft nicht einen Hilfstatbestand für den Fall des Fehlens des Tatbestandes der Nr. 1, wie KG. DStrafrZ. 18, 118 annimmt, vielmehr sind die Straftaten der Nr. 1 und der Nr. 5 je selbständige Gefährdungen für die allgemeine Preissteigerung. Dasselbe gilt für die Zuwiderhandlung nach Nr. 4; nur dieser ist Nr. 5 subsidiär.

6. wer vorsätzlich an einer Verabredung oder Verbindung teilnimmt, die eine nach den Nummern 1 bis 5 strafbare Handlung zum Gegenstande hat;

1. Die Verabredung oder Verbindung hat eine nach Nr. 1—5 strafbare Handlung dann zum Gegenstand oder — wie es in der BVO. v. 23. VI. 16 hieß — zum Zweck, wenn sich ihre Herbeiführung als der gewollte Erfolg der Verabredung und Verbindung darstellt, sie das Ziel des Handelns ist, zu dem sich die Teilnehmer der Verbindung oder Verabredung in ihr gegenseitig verpflichtet haben. Die Verabredung unterscheidet sich von der Verbindung im wesentlichen dadurch, daß jene nur auf Herbeiführung einer Einzelhandlung geht und sich dabei schon erschöpft, während diese eine Organisation und längere Dauer voraussetzt und eine Reihe solcher Handlungen zum Gegenstand hat. Die **vertragliche Verpflichtung** zur Vornahme einer der nach Nr. 1—5 strafbaren Handlung, die von dem anderen Teilnehmer an der Verabredung oder Verbindung übernommen wird, ist das Charakteristische an dem Delikt und dasjenige, was von bloßer Teilnahme an fremder Handlung oder von Mittäterschaft unterscheidet.

2. In erster Linie richtet sich die Vorschrift an solche von gleichstehender wirtschaftlicher Tätigkeit, die sich zu gemeinsamem Verhalten in bezug auf Preisforderungen für ihre Waren zusammengetan haben, also gegen Vereinigungen von Berufsgenossen, von Wettbewerbern, namentlich gegen Preiskartelle, sei es von Erzeugern, sei es von Händlern, nach denen nur nach Mindestpreisen verkauft werden soll. Ob diese Kartelle vor dem Inkrafttreten des Verbots geschlossen worden

sind oder nicht, ist belanglos. Sodann findet die Vorschrift auch Anwendung auf Verabredungen zwischen wirtschaftlich ungleiche Tätigkeit Ausübenden, wie zwischen Erzeugern und Händlern, sofern die letzteren von ersteren ihre Ware beziehen und dadurch in gewisser Abhängigkeit von ihnen sind. Der Erzeuger kann den Händler verpflichten, die Ware seinerseits nur zu einem bestimmten Mindestpreis abzugeben, wie bei sog. Markenartikeln. Der Erzeuger hat hier ebenso wie bei den Kartellen zwischen Mitbewerbern ein eigenes Interesse daran, daß der Preis auf einer bestimmten Höhe gehalten wird, da er dann ebenfalls seinen Verkaufspreis dem Händler gegenüber entsprechend hoch halten kann. Sofern er in der Erzeugung infolge gewerblichen Rechtsschutzes eine Monopolstellung einnimmt, ist er auch in der Lage, die Preise vorschreiben zu können. Aber auch bei anderen als Markenartikeln kann der Erzeuger unter Umständen ein solches eigene Interesse daran haben, daß die Ware zu einem bestimmt hohen Preis vom Händler abgegeben wird und daß sich ihm gegenüber dieser verpflichtet, diesen Preis zu fordern. Diese Verpflichtung aber ist immer erforderlich. Ein bloßes Inaussichtstellen eines solchen Verkaufspreises dem Händler gegenüber genügt nicht, BayObLG. JW. 17, 733. Hierzu Lehmann ebenda. Endlich kann überhaupt zwischen Personen ohne Rücksicht auf ihre wirtschaftliche Stellung zueinander eine Verabredung oder Verbindung dahin abgeschlossen werden, daß sich der eine dem anderen gegenüber verpflichtet, die Ware nur zu einem bestimmten Preise oder nicht unter einem solchen zu verkaufen. Auch hier wird diese Übernahme der Verpflichtung als Gegenleistung gegen eine vom Berechtigten zu gewährende Leistung erscheinen, dieser sonach ein eigenes Interesse daran haben, daß der Verkaufspreis in bestimmter vereinbarter Höhe gehalten wird. Dies findet sich bei Gesellschaftsverhältnissen irgendwelcher Art.

3. Teil nimmt an einer Verabredung oder Verbindung, wer einer bereits bestehenden beitritt und dieselben Verpflichtungen auf sich nimmt, wie sie den übrigen Teilnehmern obliegt, oder wer eine solche Verabredung oder Verbindung erstmalig

mit anderen abschließt und eingeht, RGStr. 51, 385. Immer aber muß aus solchem Vertrag der eine dem anderen gegenüber verpflichtet werden, eine der in Nr. 1—5 strafbaren Handlungen zu begehen. Die bloße Vereinbarung zu bewußtem und gewolltem künftigen Zusammenwirken im Sinne von StGB. § 47 ohne solche gegenseitige Verpflichtung ist keine Verabredung oder Verbindung nach Nr. 5. Nicht erforderlich ist, daß der Teilnehmer an dem Beschluß der Verbindung, eine der bezeichneten strafbaren Handlungen zu begehen, mitgewirkt hat, es genügt, daß er sich ihm unterwirft und den Verbandsgliedern gegenüber eine dem Beschluß entsprechende Verpflichtung übernimmt.

Bestimmungen eines Kartells über Preiserhöhungen der von den kartellierten Abnehmern bezogenen Lieferungen als Vertragsstrafe für den Fall, daß sie vertragswidrig von anderen, dem Kartell nicht zugehörigen Erzeugern bezogen haben, haben nicht eine der Handlungen der Nr. 1—5 zum Gegenstand, sondern nur den Zweck, die Vertragstreue zu sichern, fallen daher der Regel nach nicht unter die Vorschrift, Bacharach, RuW. 17, 146.

4. Wenn die Handlung der Nr. 1—5 ausdrücklich als strafbare bezeichnet wird, so hat dies seinen Grund darin, daß hervorgehoben werden soll, daß die nach den Sondervorschriften der §§ 2 u. 3 straffreien Handlungen nicht betroffen werden (Begr.).

5. Die Teilnahme kann auch fahrlässig begangen werden, Heslenfeld, ZStW. 17, 339.

6. Der Zuwiderhandlung nach Nr. 1 u. 2 gegenüber ist die Vorschrift nach Nr. 5 subsidiär, es findet daher keine Konkurrenz mit der Zuwiderhandlung nach Nr. 1 u. 2 statt, RGStr. 51, 387. A. M. Alsberg S. 94.

7. wer vorsätzlich zu einer nach den Nummern 1 bis 5 strafbaren Handlung auffordert, anreizt oder sich erbietet.

1. Die Vorschrift bedroht, wie unter Nr. 6, die Vorbereitung der in Nr. 1—5 aufgeführten Handlungen, RGStr. JW. 18, 181

Nr. 5. Auch hier ist die Handlung als strafbare um deswillen hervorgehoben worden, um die Aufforderung usw. zu den nach §§ 2 u. 3 straflosen Handlungen auszuscheiden. Fordert jemand den anderen auf, einen Preis von bestimmter Höhe zu verlangen in der irrtümlichen Annahme, in diesem Preise werde ein übermäßiger Gewinn erzielt, ist dieser Preis aber tatsächlich der angemessene Durchschnittspreis im Sinne von § 2 oder entspricht er einem behördlich festgesetzten Preis nach § 3, so liegt nur in der irrigen Vorstellung des Täters eine Zuwiderhandlung nach Nr. 7 vor, nicht in Wahrheit, es handelt sich also um ein strafloses Wahnvergehen (Putativdelikt). Das Auffordern und sich Erbieten, an einer der in Nr. 6 erwähnten Verabredungen oder Verbindungen teilzunehmen, wird in Nr. 7 nicht unter Strafe gestellt.

2. Auffordern ist das offene Bestimmenwollen zu einer Handlung, Anreizen die versteckte indirekte Einwirkung, jenes sucht mehr den Verstand, dieses mehr das Gefühl zu beeinflussen. Beim Auffordern hat daher der Aufgeforderte das Bewußtsein, aufgefordert zu werden, beim Anreizen meist nicht, ihm wird der Entschluß zu handeln unbewußt suggeriert. Das Anbieten eines Preises ist niemals ein Anreizen, braucht aber auch nicht notwendig ein Auffordern zu sein, diesen Preis zu verlangen, RGStr. JW. 17, 935. Sich erbieten bedeutet jede Erklärung, bereit zu sein, die bezügliche Handlung als Leistung oder Gegenleistung an einen anderen vornehmen zu wollen. Das sich Erbieten oder Anbieten der Leistung kann nur einem anderen gegenüber, der aber noch nicht bestimmt zu sein braucht, geschehen. Daher genügt auch ein Anbieten in öffentlichen Bekanntmachungen. Es kann auch in Form einer Bitte, z. B. den Preis zu gewähren, erfolgen, RGStr. JW. 18, 181 Nr. 5. Ein Erbieten liegt schon dann vor, wenn aus den Erklärungen der ernstliche Wille entnommen werden kann, über einen der Art und Gattung nach bezeichneten Gegenstand einen in seiner allgemeinen Gestaltung bestimmten Vertrag abzuschließen, RGStr. LZ. 15 S. 988, 890; JW. 15, 1206 Nr. 5.

3. Hat das Auffordern oder Anreizen Erfolg gehabt, so ist es

Anstiftung geworden und es kommt dann lediglich StGB. § 48 zur Anwendung. Ebenso subsidiär ist die Straftat des Erbietens gegenüber erfolgter Ausführung der angebotenen strafbaren Handlung, Konkurrenz ist ausgeschlossen.

4. Die Zuwiderhandlungen nach Nr. 7 können auch fahrlässig begangen werden. Der Täter ist sich schuldhaft nicht klar über die Bedeutung seiner Worte oder Handlungen, die objektiv ein Auffordern sind, über die Bedeutung seines Verhaltens, das objektiv anreizend wirkt. Ebenso kann er z. B. sich schuldhaft darüber irren, daß die von ihm angebotene Handlung z. B. das Fordern eines Preises die Erzielung eines übermäßigen Gewinnes zum Gegenstand hat.

(2) Ist die Zuwiderhandlung fahrlässig begangen, so ist auf Gefängnis bis zu einem Jahre und auf Geldstrafe bis zu fünfzigtausend Mark oder auf eine dieser Strafen zu erkennen.

1. Die Fahrlässigkeit kann darin bestehen, daß der Täter außer acht läßt, daß seine willentlich vorgenommene Tätigkeit einen Tatbestand verwirklicht, der objektiv ein solcher ist, der vom Gesetz verboten ist, oder daß er außer acht läßt, daß dieser als verursacht erkannte und gewollte Tatbestand ein verbotener ist. Eine Fahrlässigkeit in letzterer Hinsicht wird jedoch weder vom Reichsgericht noch von BVO. v. 18. I. 17 beachtet. Vgl. Einleitung 3.

2. Soll der von der Tätigkeit unmittelbar herbeigeführte Erfolg nur als Mittel zur Herbeiführung eines weiteren Erfolgs dienen, wie nach Nr. 3 und 5, so schließt der diesen weiteren Erfolg umfassende Wille notwendig eine unwillentliche Begehung der auf seine Verursachung gerichtete Tätigkeit aus. Die Zuwiderhandlungen nach Nr. 3 u. 5 können also nicht fahrlässig begangen werden.

3. Die fahrlässige Zuwiderhandlung begründet keine Rückfallstrafe nach § 5, auch keine Aberkennung der bürgerlichen Ehren-

rechte nach § 16, wohl aber die Einziehung nach § 7ff., die Beschlagnahme nach § 13, die Einziehung nach § 15, die öffentliche Bekanntmachung des Urteils nach § 17, auch die Anwendung der Vorschriften des § 18.

§ 2

Durchschnittspreis.

Für gleichartige Gegenstände, deren Gestehungskosten verschieden hoch sind, darf ein Durchschnittspreis gefordert werden, wenn er nachweislich auf den verschiedenen Gestehungskosten und den verschiedenen Mengen der in ihn einbezogenen Gegenstände beruht und unter Berücksichtigung der durchschnittlichen Gestehungskosten keinen übermäßigen Gewinn enthält.

1. Bei einheitlichen Warenposten, die aus einer Vermengung oder Vermischung vertretbarer Sachen gebildet werden und wobei diese Sachen erst einzeln zu verschiedenen Preisen aufgekauft worden sind, hat das Reichsgericht auch bisher die Zugrundelegung von Durchschnittsgestehungskosten bei der Preiskalkulation und demzufolge die Kalkulation von Durchschnittspreisen zugelassen. Verkaufsgegenstand ist dann der einheitliche Gesamtposten, auch wenn er wieder nur in einzelnen Partien abgegeben wird, Lobe, Preissteigerung S. 35. Zuweilen erstreckt sich die Einheitlichkeit auch nur auf die Anschaffung eines größeren Gesamtpostens, dann kommt nur für die Zugrundelegung des Einkaufspreises bei der Kalkulation der Durchschnittseinkaufspreis in Betracht, während im übrigen nachmals die angeschaffte Warenmenge in einzelne Posten zerlegt werden kann. Für diese tritt dann wieder die isolierte Gewinnberechnung ein. RGStr. IV 201/18, 7. V 18; II 495/16, 20. II. 17; RGStr. 50, 224; 49, 398; JW. 17, 553 Nr. 6. An diesen Grundsätzen der isolierten Gewinnberechnung an sich will auch die Vorschrift des § 2 nichts ändern.

Ihr Zweck ist vielmehr nur der, Anweisung für die Annahme eines einheitlichen Warenpostens bis zum Verkauf desselben zu geben, so daß auch die Bildung eines Durchschnittsverkaufspreises bei der allmählichen Veräußerung in verschiedenen Einzelposten möglich ist.

2. Ein solcher einheitlicher Warenposten ist keineswegs schlechthin das gesamte Warenlager eines Geschäfts, RGStr. II 495/16, 20. II. 17; a. M. KG. JW. 17, 491, insbesondere können nicht die Preise für Waren verschiedener Gattungen und aus verschiedenen Geschäftsabteilungen unter sich dahin ausgeglichen werden, daß die Verluste aus der einen Abteilung oder bei der einen Art Ware auf die andere übertragen werden. Die Zulassung von Durchschnittspreisen hat überhaupt nicht die Aufgabe, Verluste aus dem einen Einzelgeschäft bei dem andern auszugleichen. In dieser Hinsicht bleibt es bei den allgemeinen Regeln, wonach die Ausfälle nur durch Risikoprämien zu berücksichtigen sind; a. M. KG. JW. 18, 150 u. Kirchberger in Handelszeitung d. Berl. Tagebl. Nr. 363 v. 18. VII. 18.

3. Die Voraussetzungen für einen Durchschnittsverkaufspreis sind hiernach:

a) Gleichartigkeit der Gegenstände. Die Gleichartigkeit setzt voraus, daß die Gegenstände nicht bloß von ähnlicher, sondern von gleicher Art sind, sowohl was ihren Stoff, ihre Form, als ihre Ausführung und ihren Verwendungszweck betrifft. Insbesondere ist eine minderwertige Ware nicht mit anderen guten Waren zusammenzuwerfen, es ist deshalb nicht angängig, Ware aus gutem Stoff und guter Ausführung, wie sie im Frieden hergestellt wurde, mit Waren aus minderwertigem Stoff und minderwertiger Ausführung, wie sie im Kriege häufig hergestellt wird, oder gar mit Ersatzware zu einem einheitlichen Warenposten zusammenzutun. Das hieße dem Betrug Tür und Tor öffnen und die schlechtere Kriegsware unter dem Schein guter Friedensware verkaufen zu lassen. Wo im Frieden schon der ehrbare Kaufmann eine solche Durchschnittsberechnung nicht vornahm, und das geschah nicht bei

Waren verschiedener Qualitäten, ist dies auch durch den Krieg nicht erlaubt worden. Ebenso wie Waren gleicher Qualität und Güte so sind auch nur Warenposten von gleicher Quantität Waren gleicher Art i. S. der VO. Wenn Waren nur in bestimmten Mengen und Einheiten verkauft werden dürfen, wie z. B. Garne nach BVO. über den Kleinhandel mit Garnen v. 10. IV. 18 (RGBl. S. 181), GtB. nach BVO. über äußere Kennzeichnung von Waren v. 18. V. 16 (RGBl. S. 380), so können nur für gleiche Mengen und Einheiten Durchschnittspreise gebildet werden.

b) Zusammenfassung der Gegenstände zu einem einheitlichen Warenposten durch den Erzeuger oder Händler zu dem Zwecke, die Gegenstände zu einem einheitlich kalkulierten Preise zu verkaufen. Dies steht in des Kaufmanns Belieben, er braucht nicht Durchschnittspreise anzusetzen, sondern kann bei der isolierten Gewinnberechnung für jeden einzelnen Gegenstand bleiben. Denn die Folge muß bei den Durchschnittspreisen in Kauf genommen werden, daß zwar die billiger eingekauften Waren zu höheren, die teurer eingekauften Waren aber zu niedrigeren Preisen verkauft werden, als es bei gesonderter Preisfestsetzung zulässig wäre. Der Durchschnittspreis darf ja nicht dadurch gebildet werden, daß für alle Gegenstände gleichmäßig der auf Grund der höchsten Gestehungskosten kalkulierte höchste Verkaufspreis festgesetzt wird, RGStr. 52, 7. Will er die Durchschnittspreise jedoch berechnen, so müssen diese sich auf einen festumgrenzten Kreis mit einer bestimmten Menge solcher Gegenstände beziehen, denn nur dann sind diese in ihn einbezogen und beruht er auf ihnen. Mit jedem Hinzutritt eines neuen Gegenstandes zu der Menge, die die Grundlage für den Durchschnittspreis abgab, muß daher ein neuer Durchschnittspreis gebildet werden, der nun auch den neuhinzutretenden Gegenstand mit einbezieht. Dieses Erfordernis allein wird der Bildung eines Durchschnittspreises häufig hindernd entgegentreten, jedenfalls ist die Durchführung bei ständiger Auffüllung eines Warenlagers von Gegenständen gleicher Art nur so möglich, daß immer nur größere Mengen angesammelt und dem einheitlichen Warenposten, für den der Durchschnittspreis gebildet wird, hinzugefügt werden.

c) Ist die Zusammenfassung der Menge von Gegenständen zu einer bestimmten Einheit erfolgt, so sind ihre durchschnittlichen Gestehungskosten zu ermitteln. Diese Gestehungskosten setzen sich aus denselben Faktoren zusammen, wie zu § 1 Nr. 1 dargelegt, nämlich aus der Summe des Einkaufspreises, der besonderen Unkosten, der anteiligen allgemeinen Geschäfts- und Betriebsunkosten, Kapitalzinsen, Risikoprämie und Unternehmerlohnes und werden in der Regel durch einen entsprechenden Zuschlag zu dem Einkaufspreis ausgedrückt. Die Verordnung nimmt ausdrücklich auf den Durchschnitt der Gestehungskosten, nicht nur der Einkaufspreise Bezug und die Begründung erblickt in deren Spannung mit dem Verkaufspreise den Unternehmergewinn. Was die Verordnung unter Gestehungskosten versteht, wird in der Begründung zu § 1 Nr. 1 ausgeführt. Es kann nicht angenommen werden, daß sie in § 2 damit einen anderen Begriff als dort verbindet. Der Durchschnitt dieser Gestehungskosten aber ist nicht die Mitte des niedrigsten und des höchsten Betrages, und namentlich nicht der Durchschnitt zwischen dem Einkaufspreis bei Anschaffung des Lagers und dem Einkaufspreis der letzten Warenanschaffung vor der in Betracht kommenden Verkaufspreisbestimmung, wie das KG. meint, JW. 17, 491; dagegen auch Hirsch, Beitr. z. Kommunalen Kriegswirtsch. 17 Nr. 47. Vielmehr ist, wie die VO. ausdrücklich hervorhebt, immer die Menge zu berücksichtigen.

Beispiel:

für	800 kg	Inlandsgemüse betragen die Gestehungskosten für das Kilogramm . . .	16 ₰	= 128 ℳ
	200 „	Auslandsware kostet das Kilogramm	45 „	= 90 „
	1000 kg			218 ℳ

der Durchschnitt also 21,80, rund 22 ₰ das Kilogramm, nicht die Hälfte von 16 + 45 = 61, also nicht 30,5 ₰ Hirsch a. a. O. Kommen später weitere Mengen von 400 kg Inlandsgemüse zu 20 ₰ das Kilogramm hinzu, so sind aus

	800 kg =	128 ℳ
	200 „ =	90 „
und	400 „ =	80 „

die neue Summe 1400 kg = 298 ℳ und daraus die neuen durchschnittlichen Gestehungskosten von 21,3 ₰ zu bilden. „Der Unterschied zwischen den so gefundenen durchschnittlichen Gestehungskosten und dem geforderten Durchschnittsverkaufspreise stellt dann den in diesem Durchschnittsverkaufspreis enthaltenen Unternehmerreingewinn dar. Für die Beurteilung, ob er übermäßig groß ist, gelten genau die gleichen Grundsätze wie in den übrigen Fällen des § 1 Nr. 1." (Begr.) Hierbei ist es gleichgültig, ob für diese Gegenstände bereits im Frieden die Berechnung nach durchschnittlichen Gestehungskosten und der Ansatz eines Durchschnittsverkaufspreises üblich war, da die Höhe des Reingewinnes hiervon nicht beeinflußt wird.

4. Ausgeschlossen ist die Vornahme einer Durchschnittsberechnung nach § 2 im Falle der BBO. über die äußere Kennzeichnung von Waren v. 18. V. 16 (RGBl. S. 380), wenn der Reichskanzler bei GtB. die Anbringung von Angaben über den Kleinhandelspreis vorgeschrieben hat, § 1. Nach § 2 darf dann der Preis für diese Gegenstände, die zum Weiterverkauf unter Festsetzung eines Kleinverkaufpreises geliefert worden sind, nachträglich nicht erhöht werden. Damit ist aber auch für diese Gegenstände die nachträgliche Bildung eines Durchschnittsverkaufpreises durch den Händler unterbunden, soweit dadurch eine Erhöhung des festgesetzten Kleinverkaufpreises eintreten würde. Die nur für gewisse vom Reichskanzler bezeichneten Gegenstände geltende Sondervorschrift ist durch § 2 der BO. v. 8. V. 18 nicht aufgehoben worden, lex posterior generalis non derogat legi speciali.

5. Daß nach Art. I § 1 der BBO. zur Abänderung der BO. über den Handel mit Gänsen v. 2. V. 18 (RGBl. 371) lebende Gänse nur nach Stückzahl verkauft werden dürfen, schließt im übrigen die Berechnung von Durchschnittspreisen nicht aus. Dasselbe gilt für § 3 der BBO. über Fleischbrühwürfel und deren Ersatzmittel v. 25. X. 17 (RGBl. S. 969).

§ 3

Festgesetzte Preise.

Eine Zuwiderhandlung gegen die Vorschriften des § 1 Nr. 1, 2 liegt nicht vor, wenn Höchstpreise oder von einer zuständigen Behörde festgesetzte Preise oder Vergütungen eingehalten werden.

1. Die Vorschrift wiederholt nicht den Grundsatz der BVO. i. d. F. v. 22. VIII. 15 Art. II (RGBl. S. 514), wonach die ganze BVO. gegen übermäßige Preissteigerung v. 23. VII. 15 (RGBl. S. 467) „auf Gegenstände, für die Höchstpreise festgesetzt sind, keine Anwendung findet". Danach war neben der Höchstpreisüberschreitung jede Verurteilung wegen übermäßiger Preissteigerung ausgeschlossen. Jetzt hat nur die Einhaltung der festgesetzten Preise die Wirkung, daß eine Zuwiderhandlung nach Nr. 1 u. 2 und damit gegebenenfalls auch Nr. 6 u. 7, nicht vorliegt; sonach schließt die Überschreitung dieser Preise, insbesondere der Höchstpreise, daneben die Bestrafung auch wegen übermäßiger Preissteigerung nicht aus, und die Bestrafung nach Nr. 3—5 wird überhaupt nicht berührt.

2. Die Vorschrift will einen Ersatz bieten für das abgelehnte Verlangen des Handelstandes, den Marktpreis als maßgebend für die Angemessenheit des Preises anzuerkennen. Diesem Verlangen kann der Gesetzgeber nicht nachkommen, „da ein normaler Marktpreis unter den gegenwärtigen Kriegsverhältnissen nur noch in Ausnahmefällen besteht. Dem Verlangen soll aber Rechnung getragen werden bei Waren, die einer **behördlichen Preisregelung** unterliegen, denn auf diesem Gebiete übernimmt die Behörde die bei freiem Marktverkehr dem Gegeneinanderwirken von Angebot und Nachfrage obliegende Aufgabe, den nach Lage der Verhältnisse angemessenen Preis zu bestimmen. Die so von der Behörde geregelten Preise können unbedenklich wie ordnungsmäßig entstandene Marktpreise behandelt werden, es kann also bei Innehaltung dieser Preise auf die Nachprüfung des im Einzelfall erzielten

Gewinns ohne Schädigung der Allgemeinheit verzichtet werden." (Begr.) Hieraus ergibt sich klar die Stellung des Gesetzgebers. Wie schon das RG. bisher angenommen hatte, konnte bei einem auf normaler Marktlage entstandenen Marktpreis in der Regel davon ausgegangen werden, daß der in ihm enthaltene Reingewinn nicht übermäßig sei, daß sich deshalb die Nachprüfung auf Grund der Gestehungskosten, wie sie das RG. vorgenommen hat, nur für die sog. Notmarktlage erforderlich mache. (Vgl. zu § 1 S. 68.) Diese auf Grund tatsächlicher Würdigung ruhende Regel nun wird hier vom Gesetzgeber **zur Rechtsregel** erhoben. Die behördlich oder gesetzlich festgesetzten Preise gelten als auf normaler Marktlage entstandene Marktpreise und bei **solchen wird von Rechts wegen angenommen, daß sie keinen übermäßigen Gewinn enthalten.** Eine Zuwiderhandlung nach § 1 Nr. 1 und 2 „liegt daher nicht vor". Wird dieser behördlich festgesetzte, als angemessen hinzunehmende Preis aber nicht eingehalten, so entfällt diese gesetzliche Vermutung für die Angemessenheit des im Preise enthaltenen Gewinnes und es ist dieser nunmehr ohne Rücksicht auf die Berechnungsvorschriften, die für den behördlich festgesetzten Preis gegeben sind, nach den zu § 1 dargelegten Grundsätzen festzustellen (vgl. zu § 1 S. 73).

Dem Satz der Begr.: „erstreckt sich die behördliche Festsetzung nur auf einzelne der für die Preisbildung maßgebenden Posten oder auf Teile davon, so ist die Vorschrift nur auf diesen Teil der Preiskalkulation anwendbar," darf nicht die Bedeutung beigelegt werden, als sei diese behördliche Sonderregelung von einzelnen preisbildenden Faktoren nun ohne weiteres auch auf die Preisberechnung und Festsetzung der hier maßgebenden Faktoren anwendbar, wenn der Fall des Einhaltens des behördlich festgesetzten Preises nach § 3 nicht vorliegt und daher nach den allgemeinen Regeln der übermäßige Gewinn festzustellen ist. So bestimmt z. B. BVO. über Preisbeschränkungen bei Verkäufen von Web-, Wirk- und Strickwaren v. 30. III. 16 (RGBl. S. 214) in § 1, daß diese Waren zu keinem höheren Preis verkauft werden dürfen als dem, den der Verkäufer bei Gegenständen und Verkäufen gleicher oder ähnlicher Art innerhalb der Kriegszeit — also vom 1. VIII. 1914 ab — bis vor dem 1. II. 1916 zuletzt nachweislich erzielt oder als Verkaufspreis festgesetzt hat. Daraus darf nicht gefolgert werden, daß nun bei Berechnung des übermäßigen Gewinnes bei diesen Gegenständen nicht der im allgemeinen von gleichartigen anderen Geschäften im Frieden gezogene angemessene Reingewinn den Maßstab für den Vergleich mehr abgebe, sondern der Reingewinn den Maßstab bilde, der in dem vor dem 1. II. 1916 vom Verkäufer festgesetzten Preis enthalten sei. Das Gegenteil ergibt im übrigen schon § 2, der selbst davon ausgeht, daß der nach § 1 eingehaltene Preis unangemessen hoch sein kann. Ebensowenig sind die vom RK. erlassenen Richtlinien für die Schiedsgerichte (ZBlfdDtschR. 1916, 82) für die Berechnung des übermäßigen Gewinnes nach § 1 maßgebend, Alsberg u. Peschke, Das Kriegsrecht des Bekleidungsgewerbes S. 52.

3. Eine **gesetzliche oder behördliche Preisregelung** findet auf folgenden Grundlagen statt:

I. a) Auf Grund des Höchstpreisges. v. 4. VIII. 14 a. F.,
   1. durch die Landeszentralbehörden und die von diesen bestimmten Behörden für GtB. u. GKB.;
 b) der abändernden BVO. v. 28. X. 14 (RGBl. S. 458)
   2. durch den Bundesrat für GtB. und GKB.;
 c) der abändernden BVO. v. 17. XII. 14 (RGBl. S. 516)
   3. durch den Bundesrat für andere Gegenstände; geschehen z. B. durch BVO. über Höchstpreise f. Metalle v. 31. VII. 16 (RGBl. S. 865);
 d) der abändernden BVO. v. 22. III. 17 (RGBl. S. 253)
   4. durch den Bundesrat, den Reichskanzler oder die von ihm benannten Behörden; § 5 soweit diese nicht Höchstpreise festsetzen, durch die Landeszentralbehörden oder die von ihnen bestimmten Behörden. Diese Höchstpreise bleiben in Kraft bis BR. oder RK. ihrerseits Preise festsetzen.

II. Auf Grund der nach § 3 des Ermächtigungsges. v. 4. VIII. 14 erlassenen BVO. über Errichtung von Preisprüfungsstellen und die Versorgungsregelung v. 25. IX. 15 (RGBl. S. 607)

5. durch die Gemeinden mit Zustimmung der Landeszentralbehörden oder der von ihnen bestimmten Behörden, z. B. der Preisprüfungsstellen, für Gegenstände des notwendigsten Lebensbedarfs, § 12. Strafe: 6 Monate Gefängnis oder 1500 ℳ Geld, § 17.

III. Auf Grund der nach § 3 des Ermächtigungsges. v. 4. VIII. 14 erlassenen BVO. über Kriegsmaßnahmen zur Sicherung der Volksernährung v. 22. V. 16 (RGBl. S. 401)

6. durch den Reichskanzler. Er kann nach § 2 Bestimmungen über Preise von Lebensmitteln, Rohstoffe und andere Gegenstände, die zur Lebensmittelversorgung erforderlich sind, desgleichen über Futtermittel sowie Rohstoffe und andere Gegenstände, die zur Viehversorgung erforderlich sind, treffen.

7. Der RK. kann diese Befugnisse durch das Kriegsernährungsamt ausüben, § 4 in Verbindung mit RKVO. v. 21. V. 16 (RGBl. S. 402). Strafen: 1 Jahr Gefängnis, 10000 ℳ Geld, Einziehung. Die Strafdrohung wird besonders bei der Höchstpreisfestsetzung erlassen, Höchstpreisges. findet keine Anwendung.

8. Der Reichskanzler hat aber weiter auch gemäß § 2 andere Stellen mit der Festsetzung von Preisen beauftragt, so

in ReichskanzlerVO. über Gemüse, Obst und Südfrüchte v. 3. IV. 17 (RGBl. S. 307) und 19. VIII. 17 (RGBl. S. 723) § 4 die Reichsstelle für Gemüse und Obst (Verwaltungsabteilung);

in ReichskanzlerVO. über die Verarbeitung von Obst v. 5. VIII. 16 (RGBl. S. 911) §§ 2, 6 die Kriegsgesellschaft für Obstkonserven und Marmeladen m. b. H., die hiervon z. B. in Bek.

v. 14. VIII. 16 (Reichsanzeiger Nr. 191) Gebrauch gemacht hat. Diese hat den Vertrieb durch BVO. v. 18. V. 16 (RGBl. S. 391) übertragen erhalten. Infolge des erschwerten Bezugs der Rohstoffe aus dem Ausland sind überall, wo Knappheit eine vorsichtig geordnete Bewirtschaftung mit behördlicher Regelung erwünscht sein läßt, Aktiengesellschaften und G. m. b. H. auf behördliche Anregung mit Hilfe der beteiligten Industrien geschaffen worden, um in gemeinnütziger Weise jene Erzeugnisse oder Rohstoffe gemeinschaftlich zu beziehen, zu verteilen und zu verwerten (Denkschr. Nachtrag II 38, IV, 30). Solcher Gesellschaften bedient sich hier der Reichskanzler auch zur Preisfestsetzung.

IV. Daneben kann unmittelbar nach § 3 des Ermächtigungsges. v. 4. VIII. 14 (RGBl. S. 327)

9. der Bundesrat durch besondere Verordnung selbst Preise festsetzen, so in BVO. über Benzin v. 27. V. 16 (RGBl. S. 426), worin er angeordnet, daß „§ 6 Höchstpreisges. entsprechende Anwendung findet";

10. oder andere Behörden und Stellen in diesen mit der Festsetzung betrauen, so z. B. geschehen

in BVO. über Brotgetreide und Mehl v. 29. VI. 16 (RGBl. S. 613), worin er die Kommunalverbände beauftragt, für Backwaren Einheitspreise festzusetzen und die Übertretung dieser Vorschrift mit besonderer Strafe bedroht;

in BVO. über Käse v. 13. I. 16 (RGBl. S. 1175), worin er zwar in Fassung v. 20. X. 16 (RGBl. S. 1179) selbst Höchstpreise festgesetzt, aber die Landeszentralbehörden ermächtigt, Zuschläge zu den Großhandelspreisen festzusetzen und anordnet, daß die Preise „Höchstpreise nach Höchstpreisges. sind", überdies den Reichskanzler ermächtigt, „zur Berücksichtigung veränderter Gestehungskosten die Höchstpreise zu ändern", § 2;

in BBO. betr. private Schwefelwirtschaft v. 13. XI. 15 (RGBl. S. 761), worin er den Reichskanzler mit der Festsetzung von Höchstpreisen beauftragt und anordnet, daß „Höchpreisges. entsprechende Anwendung findet". Der RK. ist dem Auftrag in RKBO. v. 28. XI. 16 (RGBl. S. 1210) nachgekommen;

in BBO. über Regelung der Wildpreise v. 24. VIII. 16 (RGBl. S. 950), nach der der Reichskanzler Preise festsetzen kann, die Landeszentralbehörden hiervon Abweichungen anordnen können, für die wieder der Reichskanzler die Höchstgrenze bestimmen kann. Die Landeszentralbehörden können ihrerseits wieder andere Behörden (des Niederlassungsortes des Verkäufers) beauftragen. Die festgesetzten Preise sind Höchstpreise nach dem Höchstpreisges.;

in BBO. über Regelung der Preise für Schweinefleisch v. 14. II. 16 (RGBl. S. 99), worin die Landeszentralbehörden oder die von ihnen bestimmten Stellen, z. B. Gemeinden, Kommunalverbände, Gemeindevorstand, Viehhandelsverbände, Abweichungen von Höchstpreisen treffen können, Abweichungen nach oben aber nur mit Zustimmung des Reichskanzlers.

Die Überschreitung der Preise wird nicht als Höchstpreisüberschreitung, sondern mit Gefängnis bis 6 Monate oder 1500 ℳ Geld bestraft;

in BBO. über Futtermittel v. 5. X. 16 (RGBl. S. 1108), worin bestimmt wird, daß die Bezugsvereinigungen zu den vom RK. festgesetzten Einheitspreisen bei der Veräußerung ihrerseits einen Zuschlag von 3 % nehmen dürfen, daß die Landeszentralbehörden die weiteren Zuschläge feststellen, die die Weiterverkäufer erheben dürfen und daß ferner die empfangenden Stellen (Kommunalverbände usw.) ihren Abnehmern die Bedingungen und Preise für ihre Weiterveräußerung vorschreiben dürfen;

in BVO. über Druckpapier v. 18. IV. 16 (RGBl. S. 306), worin der Reichskanzler ermächtigt wird, die erforderlichen Maßnahmen zu treffen, was dieser durch Errichtung einer Reichsstelle für Druckpapier in VO. v. 31. VII. 16 (RGBl. S. 863) getan hat. Diese Reichsstelle setzt nach § 2 die Preise für das zum Druck der Tageszeitungen bestimmte Druckpapier fest. Die Nichteinhaltung dieser Preise wird nicht nach Höchstpreisges., sondern gemäß § 6 mit 6 Monaten Gefängnis oder 10000 ℳ Geld bestraft;

in BVO. v. 27. X. 16 (RGBl. S. 834), durch die eine Reichssackstelle errichtet worden ist; der Reichskanzler kann die Preise bestimmen, zu denen diese die von ihr übernommenen Mengen abzugeben hat, die Reichssackstelle wiederum ist ermächtigt, Bestimmungen zu erlassen über die den einzelnen Händlern zu gewährenden Vergütungen und über die Preise, zu denen die von ihr zum Vertrieb freigegebenen Säcke von den Händlern abgegeben werden dürfen;

in BVO. über Fleischversorgung v. 27. III. 16 (RGBl. S. 199) wird bestimmt, daß die Landeszentralbehörden Preise festsetzen können. Durch AusfVO. haben diese die Festsetzung wieder Kommunalverbänden übertragen und diese weiter der Einkaufs- und Verwertungsgenossenschaft für Fleisch, RGStr. 50, 379;

in BVO. über die Errichtung von Herstellungs- und Betriebsgesellschaften in der Schuhindustrie v. 17. III. 17 (RGBl. S. 236) wird nach §§ 2 und 5 dem Überwachungsausschuß die Befugnis gegeben, Verkaufspreise festzusetzen.

V. Endlich kann auf Grund des Preuß. BelZustGes. v. 4. VI. 51 § 9b in Verbindung mit RV. Art. 68 und des Bayr. Ges. über den Kriegszustand v. 5. XI. 12 Art. 4 Nr. 2

11. der oberste Militärbefehlshaber selbständig Preise festsetzen, außerdem auch nach § 4 des BelZustGes. an Stelle und im Umfang der bürgerlichen Behörden.

4. Die Preise müssen als verbindliche Norm für den Veräußerer festgesetzt sein, sei es allgemein, sei es im Einzelfalle. Dies findet statt bei den unter 3 genannten Preisfestsetzungen, gleichviel, ob die Preise als Höchstpreise bezeichnet sind oder nicht. Auch die Festsetzung eines Einheitpreises wirkt nicht nur dahin, daß er nicht unterschritten, sondern auch nicht überschritten werden darf, so VO. des Kriegsernährungsamts über Preise für Butter v. 25. VIII. 17 (RGBl. S. 731). Dagegen grenzt die Festsetzung von Mindestpreisen, wie in BVO. über Ausschank und Verkauf von Branntwein und Spiritus (RGBl. S. 183), nur nach unten, nicht nach oben ab, kommt sonach hier nicht in Betracht. Ferner gehören hierher die schon in Friedenszeiten erlassenen Taxen und Preisfestsetzungen, z. B. die Preisberechnungsvorschriften für Arzneimittel, RGStr. V 317/17, 10. VII. 17. Keine verbindliche Norm für den Veräußerer enthalten diejenigen Richtpreise und Grundpreise, die nur Normen für die Behörden aufstellen, nach denen diese die Preisfestsetzungen vorzunehmen haben, z. B. BVO. über Regelung der Butterpreise v. 22. X. 15 (RGBl. S. 689) in Verbindung mit RKVO. v. 24. X. 15 (RGBl. S. 705); BVO. v. 28. X. 15 über Regelung der Kartoffelpreise (RGBl. S. 711), RGStr. IV 298/16, 30. V. 16. Solange dies nicht geschehen ist, sind noch keine Preise im Sinne von § 3 festgesetzt, RGStr. JW. 17, 170 Nr. 9; RGStr. 51, 1. Dasselbe gilt von den von den Preisprüfungsstellen herausgegebenen Richtpreisen und Richtsätzen. Sie haben nur Bedeutung eines autoritativen Gutachtens ohne Einhaltungszwang. Hierher gehören auch die Richtlinien, die z. B. das preußische Kriegsministerium (Kriegsamt) unter dem 24. V. 17, für die Preise von elektrischen Einrichtungen herausgegeben hat. Dagegen enthalten

die von der Gutachterkommission für Schuhwarenpreise nach § 9 der BVO. über Preisbeschränkungen bei Verkäufen von Schuhwaren v. 28. IX. 16 (RGBl. S. 1077) aufgestellten Richtsätze allerdings eine den Einhaltenden schützende Preisfestsetzung, wie sich auch aus § 1 der genannten Verordnung ergibt, und erst recht die vom Schiedsgericht getroffene Feststellung des angemessenen Preises für den Kleinhandel, § 14 Nr. 5. So auch Alsberg und Peschke, Das Kriegsrecht des Bekleidungsgewerbes S. 53. Auch die Übernahmepreise der Behörden bei Zwangslieferungen oder der Kriegshandelsgesellschaften in Ausübung ihres Vorkaufsrechts sind keine Normen, die die Verkäufer bei ihrem freien Absatz der Waren binden. OLG. Breslau, LZ. 18, 864. Nur ausnahmsweise wird in § 14 der ReichskanzlerVO. über den Verkehr mit Stroh oder Häcksel aus der Ernte 1918 (RGBl. S. 475) bestimmt, daß der auf Grund von § 13 festgesetzte Übernahmepreis ausdrücklich als Höchstpreis im Sinne des Höchstpreisges. beim Verkauf des nach § 11 nicht der Absatzbeschränkung unterliegenden Strohes gelten soll. Vgl. Spitzauer, Bayr. RpflZ. 16, 197. Auch die BVO. über Preisbeschränkungen bei Verkäufen von Web-, Wirk- und Strickwaren v. 30. III. 16 (RGBl. S. 214) stellt in § 1 keine solche Preisfestsetzung auf, wenn sie bestimmt, daß die Waren zu keinem höheren als dem dort bezeichneten Preise verkauft werden dürfen. Denn diese Schranke will nicht den Anspruch erheben, daß der ihn einhaltende Preis ein angemessener sei, wie sich aus § 2 ergibt, der ausdrücklich unterstellt, daß der Preis „obwohl er sich in diesen Grenzen hält, unangemessen hoch ist". Damit entfällt aber die Wirkung des § 3, die von der Angemessenheit eines festgesetzten Preises ausgeht. Im übrigen handelt es sich in § 1 auch nicht um einen behördlich festgesetzten Preis, sondern um einen tatsächlich vom Verkäufer festgesetzten, dessen zeitliche Bestimmung nur in § 1 getroffen wird. Dasselbe gilt für die BVO. über Preisbeschränkungen bei Verkäufen von Spinnstoffen, Garnen und Fäden v. 8. II. 17 (RGBl. S. 111).

Rein private, ausschließlich den Vermögensinteressen der Erzeuger und Händler dienende Preisvereinbarungen, wie sie z. B. in der Apotheker-Spezialitätentaxe sich finden, sind keine behördlichen Preisfestsetzungen und fallen nicht unter die Ausnahme von § 3; RGStr. V 317/17, 10. VII. 17. Ebensowenig ist die vertragsmäßige Vereinbarung zwischen einer amtlichen Stelle und einem Verkäufer über den Preis eine behördliche Feststellung des Preises.

5. Ohne Belang ist es, ob der Preis als Verkaufspreis ziffermäßig in seiner Höhe bestimmt ist oder ob er erst auf Grund von bestimmten Grundpreisen und zugelassenen Zuschlägen berechnet werden muß, z. B. Zuschläge zum Großhandelspreis, wobei wieder mehr oder weniger bestimmt die Berechnungsart vorgeschrieben sein kann. Immer aber muß als Ergebnis ein zahlenmäßig bestimmter Höchstpreis oder Einheitspreis ermittelt werden können. RGStr. 51, 419. Ist auf einen „Großhandelspreis" Bezug genommen, ohne daß ein unbestreitbar feststehender Großhandelspreis nachweisbar ist, so fehlt die sichere Grundlage, Alsberg S. 23. Bedenklich RGStr. JW. 15, 1445.

6. Die Festsetzung des Preises wirkt nur örtlich, persönlich und sachlich für das bestimmt bezeichnete Gebiet und die bestimmte Warenart. Sonach berührt die Feststellung von Kleinhandelspreisen nicht die Preise des Großhandels und umgekehrt, also auch nicht Verkäufe an Bäcker, die das Mehl verbacken, RGStr. Recht 15, 451 Nr. 784, die Preise für Fertigerzeugnisse nicht die Preise für Rohstoffe und umgekehrt, z. B. bei BVO. über Höchstpreis für Kupfer v. 10. XII. 14, RGStr. IV 336/16, 22. IX. 16, die Preise für einen bestimmten Bezirk, z. B. den Amtskreis der festsetzenden Behörde, nicht die Preise für einen anderen Bezirk. Wie es für Höchstpreisfestsetzungen anerkannt ist, werden auch bei den anderen behördlichen Festsetzungen von Preisen alle Gegenstände getroffen, die sich in dem Bezirk befinden, für den der Höchstpreis festgesetzt ist, ohne Rücksicht auf den Ort des Vertragsschlusses (Begr.), RGStr. 50, 202. Nach Lehmann JW. 17, 168 kumulativ auch der Ort, in den sie abzuliefern sind. Ins-

besondere kann eine Behörde nicht über ihre örtliche Zuständigkeit hinaus auch „für auswärts" Abgabe zu Höchstpreisen anordnen, RGStr. JW. 16, 1346. Ausnahmsweise bestimmt BVO. über Abänderung der Preise für künstliche Düngemittel und Mischungen von Kunstdünger v. 28. VIII. 17 (RGBl. S. 819) in Art. I einen Höchstpreis im Gebiet des Empfängers der Ware.

7. Eine Festsetzung von Preisen unter Überschreitung der sich aus den unter 3 genannten Verordnungen und den hierzu gehörigen landesrechtlichen Ausführungsverordnungen ergebenden Zuständigkeit ist ungültig und daher nicht geeignet, die Ausnahme des § 3 zu begründen, RGStr. JW. 15, 1442 Nr. 1. Der gute Glaube an die Gültigkeit vermag jedoch nach StGB. § 59 oder BVO. v. 18. I. 17 zu entschuldigen. Bedenklich ist deshalb die Annahme des Reichsgerichts, daß in den Preisfestsetzungen die gesetzliche Grundlage, auf der sie beruhen, nicht angezogen zu werden braucht, RGStr. Recht 15, 613 Nr. 1138. Die Nachprüfung ist solchenfalls für das Publikum unmöglich. Dagegen ist vom Gericht nicht nachzuprüfen, ob der Höchstpreis angemessen festgesetzt ist, RGStr. JW. 15, 1442, 1444. Recht 17, 399 Nr. 817, auch nicht, ob die internen Kompetenz- und Dienstvorschriften Beachtung gefunden haben, RGStr. I 537/17, 28. I. 17. Die Form der Verkündung richtet sich nach der Behörde und der für diese vorgeschriebenen Formen bei ihren Erlassen, RGStr. JW. 15, 1372 C 2. Maßgebend für die Bedeutung der Festsetzung ist deren Wortlaut, wie er im Verkehr allgemein verstanden wird, nicht eine abweichende Absicht der Behörde, RGStr. Recht 16, 195 Nr. 401.

2. Höchstpreisüberschreitung.

§ 4

1. Im Gegensatz zu den Vorschriften gegen übermäßige Preissteigerung beziehen sich die über Höchstpreisüberschreitung auf alle Gegenstände, für die Höchstpreise festgesetzt sind, also nicht nur auf GtB. oder GKB. Dieser Erweiterung steht die Einschränkung gegenüber, daß nach § 4 die Überschreitung

nur der Höchstpreise getroffen wird, die **auf Grund des Höchstpreisgesetzes** v. 4. VIII. 14 und der späteren Abänderungsverordnungen zu diesen Gesetzen auf Grund des § 3 des Ermächtigungsgesetzes erlassen worden sind oder die in anderen Verordnungen, die Höchstpreise festsetzen, ausdrücklich als **Höchstpreise im Sinne des Höchstpreisgesetzes** bezeichnet werden (Begr.), was entweder in der Wendung geschieht: „das Höchstpreisges. findet entsprechende Anwendung" oder „die Preise sind Höchstpreise nach Höchstpreisges.", „gelten als Höchstpreis" oder ähnlich, z. B. BVO. über Bier und bierähnliche Getränke v. 24. I. 18 (RGBl. S. 55). Hiernach ist bei jeder Höchstpreisüberschreitung zuvörderst zu prüfen, ob die Feststellung des Höchstpreises auf Grund des Höchstpreisges. als eine dieses ausfüllende Verwaltungsnorm ergangen oder der Höchstpreis doch wenigstens einer solchen gleichgestellt und auf seine Überschreitung das Höchstpreisges. anwendbar erklärt worden ist. Aus der den Preis festsetzenden Behörde ist dies nicht erkennbar. Die Übersicht zu § 3 zeigt, daß dieselbe Behörde auf Grund noch verschiedener anderer BVO. ermächtigt ist, Höchstpreise festzusetzen. Für deren Überschreitung gelten dann die besonders hierfür angedrohten Strafen (RGStr. 50, 362; Recht 17, 588 Nr. 1105) und alle die an die Zuwiderhandlung nach § 4 angeknüpften Rechtsfolgen entfallen für sie.

2. Es gibt Höchstpreise für den Großhandel und Höchstpreise für den Kleinhandel. Die Verordnungen, die bei ihren Festsetzungen danach unterscheiden, bestimmen dabei zugleich, was sie unter Großhandel und unter Kleinhandel verstehen. Der Begriff des Kleinhandels ist kein im Verkehr und der Rechtsprache festumgrenzter, RGStr. 50, 1. Immer gilt diese Begriffsbestimmung aber nur für die Regelung im Sinne der besonderen Verordnung. So kann z. B. unter Kleinhandel der Gewerbebetrieb eines Speisewirts, der ein Handelsgewerbe ist, unter Umständen nicht mit getroffen werden sollen, RGStr. 50, 1. Selbst bei den vom Bundesrat erlassenen Verordnungen ist der Begriff je nach dem Gegenstande verschieden. Ist eine solche Bestimmung nicht erfolgt, so ist unter Kleinhandel die Ab-

gabe unmittelbar an den Verbraucher anzusehen, nicht ist Kleinhandel als „Handel" im technischen Sinne aufzufassen. Vgl. auch AusfBest. des preuß. Min. f. Handel u. Gewerbe v. 4. VIII. 14 Nr. 1 (DRA. Nr. 182). In der Ausführungsanweisung desselben Ministeriums v. 23. XII. 14 Art. 14 wird auch von „Kleinverkehr" gesprochen. RGStr. JW. 15, 1447; RGStr. IV 828/15, 21. III. 16. Ist eine Höchstpreisfestsetzung getroffen worden, ohne zwischen Erzeuger und Hersteller, Großhändler und Kleinhändler zu unterscheiden, so gilt die Festsetzung unterschiedslos, RGStr. JW. 15, 1373/74 C 5.

(1) Wegen Höchstpreisüberschreitung wird mit Gefängnis und mit Geldstrafe bis zu zweihunderttausend Mark oder mit einer dieser Strafen bestraft:

1. wer vorsätzlich höhere Preise als die Höchstpreise im Sinne des Gesetzes, betreffend Höchstpreise, fordert, oder sich oder einem anderen gewähren oder versprechen läßt;

1. Nach dem früheren Höchstpreisges. war die Überschreitung des Höchstpreises sowohl beim Erwerber wie beim Veräußerer strafbar. Diese Regelung ist als unbillig empfunden worden, hat sich auch kriminalpolitisch als unzweckmäßig erwiesen. Daher ist die Änderung in Anlehnung an die Vorschrift des § 1 Nr. 1 erfolgt. Es wird hiernach — unter der alleinigen Ausnahme der Nr. 2 — nach der Verordnung nun nicht mehr der Erwerber als solcher bestraft. In Kraft bleiben jedoch etwaige entgegenstehende Anordnungen des obersten Militärbefehlshabers, die dieser nach § 9 b des Preuß. BelZustGes. v. 4. VI. 51 erlassen hat, so die jetzt noch gültige Anordnung des Württemb. Stellv. Generalkommandos in Stuttgart v. 14. VII. 15 § 1, wonach bestraft wird, „1. wer beim gewerbsmäßigen Einkauf von GtB. unverhältnismäßig hohe Preise bietet, wenn nach den Umständen des Falles die Absicht anzunehmen ist, die Preissteigerung oder Hinaufsetzung bestehender Höchstpreise herbeizuführen."

Auch von anderen Vorschriften, die bei der Gewährung des übersteigenden Höchstpreisbetrages verletzt werden, entbindet die Regelung der Nr. 1 den Erwerber nicht, so z. B. nicht von den Vorschriften über die Rationierung der Lebensmittel. Selbstverständlich muß er bei einer Weiterveräußerung auch seinerseits den Höchstpreis einhalten (Begr.). Im übrigen ist der Tatbestand des Forderns, sich oder einem andern Gewähren- oder Versprechenlassens der gleiche, wie zu § 1, es kann deshalb auf das dort Ausgeführte verwiesen werden. Hervorzuheben ist, daß auch hier das Verbleiben bei der Forderung oder das sich Versprechen- und Gewährenlassen strafbar macht, wenn der Täter ursprünglich bei Stellung des Preises guten Glaubens war, dann aber erfahren hat, daß er den Höchstpreis überschreitet, RGStr. JW. 17, 110 Nr. 8, Recht 15, 347.

2. Der festgesetzte Höchstpreis ist bindend und darf durch irgendwelche Zuschläge, sofern sie nicht ausdrücklich gestattet sind, wie z. B. in BVO. v. 8. XI. 15 § 9 und ReichskanzlerVO. v. 12. II. 16 Art. III (RGBl. S. 93), RGStr. 51, 171, nicht überschritten werden. Der Höchstpreis schließt insbesondere die Vergütung für die vertragsmäßig und verkehrsüblich vom Veräußerer zu übernehmenden Nebenleistungen ein, RGStr. III 404/16, 12. II. 17. Daher ist auch der Warenumsatzstempel im Höchstpreis inbegriffen. Etwaige neue von der Ware zu tragenden Steuern können nur durch Erhöhung des Höchstpreises seitens des Gesetzgebers ausgeglichen werden. Es ist im einzelnen Fall zu prüfen, inwieweit der Höchstpreis Nebenleistungen einschließt oder nicht, z. B. Versendungskosten, RGStr. IV Recht 17, 399 Nr. 815. Zuweilen ist hierüber ausdrücklich Bestimmung getroffen, so in § 2 der BVO. über Höchstpreise für Erzeugnisse der Kartoffeltrocknerei usw. v. 16. IX. 15 (RGBl. S. 558) mit Änderung v. 5. XI. 16 (RGBl. S. 1261). Der Höchstpreis darf auch nicht durch irgendwelche Machenschaften umgangen werden, RGStr. LZ. 15, 1154; BayObLG. LZ. 17, 1269; z. B. durch Fordern des Höchstpreises für mindergewichtige oder minderwertige Ware, als die ist, für die er bestimmt ist, RGStr. Recht 15, 402 Nr. 689, RGStr. JW. 15, 1206 Nr. 6; S. 1447. Das bloße Herstellen ohne Feilhalten

enthält aber noch kein Fordern, RGStr. SächsArch. 16, 33; durch Verkauf nach Gesamtgewicht bei mehreren Gegenständen. Nicht das Durchschnittsgewicht, sondern das wirkliche Gewicht des einzelnen Gegenstandes ist hier für die Preisberechnung maßgebend, RGStr. JW. 17, 110 Nr. 8; nach Einheitspreis, RGStr. Recht 17, 400 Nr. 821; durch hohen Fuhrlohn oder Vereinbarung einer geldwerten Nebenleistung anderer Art als den nominellen Kaufpreis, RGStr. DJZ. 15, 590; Recht 15, 347 Nr. 576; JW. 15, 1204 Nr. 3a; Recht 15, 614 Nr. 1145; BayObLG. JW. 16, 1208 Nr. 2; durch Verkauf von Gegenständen verschiedener Art, die teils mit Höchstpreisen, teils ohne Höchstpreise sind, zu einem Einheitspreise nach Gewicht, RGStr. JW. 16, 1202 Nr. 19; Recht 17, 400 Nr. 821. Verkauf von Malz, das erst aus Gerste, für die Höchstpreis besteht, herzustellen ist, RGStr. JW. 16, 341 Nr. 11; Eingehung eines Scheingesellschaftsvertrags für Versprechen eines den Höchstpreis überschreitenden Betrags, RGStr. 51, 297, eines besonderen Kaufvertrags über eine andere Ware, RGStr. Recht 15, 614 Nr. 1145. Es ist jedoch bei Zuwendungen neben dem Kaufpreis zu prüfen, ob diese zugleich als Entgelt für die Lieferung und Überlassung der Ware gegeben sind oder zur Erzielung eines anderen Erfolges, namentlich wenn sie ohne rechtliche Verpflichtung geschehen. Letzterenfalls sind sie nicht Teil des Preises, so z. B. Schmiergelder an die Angestellten, Geschenke, um den Veräußerer zu künftigen Leistungen geneigt zu machen, sofern sie nicht zugleich Bedingung für die gegenwärtige Leistung sind, RGStr. 50, 385; 51, 17.

3. Für die Höhe der Überschreitung entscheidet der Unterschied zwischen dem Höchstpreis und dem geforderten, versprochenen oder gewährten Preis, nicht der dem Verkäufer aus der Überschreitung zufließende und verbleibende Reingewinn, RGStr. 50, 301; 51, 171. RGStr. Recht 17, 399 Nr. 816.

4. Eine vorsätzliche Überschreitung erfordert die Kenntnis von dem Bestehen eines Höchstpreises. Dies wird vom RG. dann anerkannt, wenn die Festsetzung des Höchstpreises nur die Ausfüllung der Blankettvorschrift des Höchstpreisgesetzes ist, da es diese im Verwaltungswege getroffenen Anordnungen nicht als

Bestandteile des Höchstpreisges. erachtet, RGStr. 49, 1; RGStr. IV 534/15, 8. X. 15; I 303/15, 14. VI. 15. Beruht die Unkenntnis auf Fahrlässigkeit, so findet StGB. § 59 Anwendung. Dasselbe muß natürlich gelten, wenn die Verordnung selbst die Höchstpreise festsetzt und ihre Übertretung mit der Strafe des Höchstpreisges. bedroht, wie es dort geschieht, wo die Verordnung die Höchstpreise als solche im Sinne des Höchstpreisges. erklärt. Da hier aber die Ausfüllung des Höchstpreisges. durch ein Gesetz geschieht, liegt nach der Rechtsprechung des Reichsgerichts keine außerstrafgesetzliche Regelung durch eine Verwaltungsvorschrift vor; es ist dann nicht StGB. § 59 sondern BBO. 18. I. 17 für die Beachtlichkeit des Irrtums maßgebend. Ebermayer, GruchotsBeitr. 59, 1085. Über die hieraus folgenden mißlichen Verschiedenheiten Lobe, Rechtsirrtum LZ. 16 S. 641, 718.

Maßgebend sind folgende Erwägungen: Der einen Höchstpreis überschreitende Preis ist der Gegenstand des Forderns, sich Gewähren- oder Versprechenlassens. Man kann nur etwas fordern, etwas sich gewähren oder versprechen lassen; ohne die genaue Bestimmung dieses Etwas ist das Fordern usw. gegenstandslos. Das Verbot, höhere Preise als „Höchstpreise" zu fordern, entbehrt daher ebenfalls zunächst noch der hinreichenden Bestimmtheit, mit konkretem Inhalt wird es erst durch den bestimmten Höchstpreis erfüllt, insofern dadurch aus der ganz unbestimmten Anzahl von Forderungen eine bestimmte ausgeschieden wird und die sämtlichen über den Höchstpreis liegenden Preise getroffen werden. In diesem Sinne ist das in § 4 ausgesprochene Verbot, Höchstpreise zu überschreiten, ein Blankettgesetz, weil der Inhalt des Verbots erst noch durch anderweite Anordnung bestimmt und dadurch der Gegenstand des Verbots erst noch geschaffen werden muß, nicht bereits in § 4 selbst bezeichnet wird. Nicht ist es aber ein Blankettgesetz in dem Sinne, daß es nur die Strafdrohung für eine außerhalb des Gesetzes liegende, von anderer Stelle aus zu erlassende Norm gibt. Vgl. auch Alsberg S. 125. Diese Norm ist vielmehr schon in § 4 zum Ausdruck gelangt, aber sie ist selbst eine Blankettnorm.

Gehört dasjenige, was gefordert wird — hier ein Preis, der relativ durch seine Beziehung zu einem andern Preis, dem Höchstpreis, bestimmt wird — unmittelbar zum Inhalt des Forderns selbst, so ist er mit diesem ein Tatumstand, der das Tatbestandsmerkmal der Straftat bildet. Ebenso ist aber der zum Vergleich genommene Höchstpreis ein solcher Tatumstand im Sinne von StGB. § 59. Er ist der außerhalb des Verbots stehende Umstand, auf den das verbotene Fordern bezogen wird, um ihm einen bestimmten Inhalt zu geben. Wie dieser Höchstpreis zustande gekommen ist und auf Grund welcher gesetzlichen Befugnisse ihn diese oder jene Stelle erlassen hat, ist für seine Eigenschaft, ein Tatumstand nach StGB. § 59 zu sein, dabei ganz bedeutungslos. Er bleibt ein Tatumstand, gleichviel wie er geschaffen worden ist. Daß er auf mancherlei Weise festgesetzt werden kann, zeigen die Ausführungen zu § 3. Hier kommen lediglich die Höchstpreise in Betracht, die auf Grund des Höchstpreisgesetzes von den in diesem bevollmächtigten Stellen erlassen worden sind, und außerdem die Höchstpreise, die auf Grund anderer Ermächtigungen als dem Höchstpreisgesetz erlassen, aber zugleich als Höchstpreise im Sinne des Höchstpreisgesetzes erklärt worden sind.

Die Höchstpreise, die auf Grund der in § 1 des Höchstpreisgesetzes erteilten Ermächtigung erlassen sind, sind zweifellos durch Verwaltungsanordnungen geschaffen, die außerhalb des in § 4 enthaltenen Verbots der Überschreitung bestehen. Aus diesem Grunde werden sie auch, wie erwähnt, vom Reichsgericht als dem StGB. § 59 unterfallende Tatumstände angesehen. Der richtige Grund ist aber nicht, daß sie als Verwaltungsvorschriften erlassen sind, sondern daß sie eben einen der in StGB. § 59 vorausgesetzten Tatumstände für die Zuwiderhandlung bilden, deren Kenntnis zum Vorsatz gehört. Die Höchstpreise, die auf Grund anderer gesetzlicher Ermächtigungen erlassen worden sind, sei es auf Grund des § 3 des Ermächtigungsges. vom Bundesrat in Form von Verordnungen, die als Gesetze gelten und zugleich selbst das Verbot ihrer Überschreitung bei Strafe aussprechen, sei es auf Grund von gesetzlichen Ermächtigungen, die nur zum Erlaß von Verwaltungsanordnungen befugen, aber ebenfalls selbst das Überschreiten mit Strafe bedrohen, sind jedoch nichts anderes als Tatumstände im Sinne von StGB. § 59. Demgegenüber greift hier das Reichsgericht zu Unrecht auf seine Präsumtion zurück, daß die Kenntnis der Gesetze vorausgesetzt werde und infolgedessen die Kenntnis der Höchstpreise, die durch Verordnungen auf Grund des § 3 des Ermächtigungsges. erlassen wurden, ebenfalls präsumiert werden müsse, weil diese Verordnungen die Kraft gesetzlicher Maßnahmen haben. Denn diese Präsumtion, die den Inhalt von Gesetzen ohne weiteres als vorhanden annimmt und einen Irrtum hierüber nicht beachtet, paßt — von ihrer Verfehltheit im übrigen abgesehen — auf Tatumstände der Handlung überhaupt nicht und widerspricht direkt der Vorschrift des StGB. § 59, wonach die Kenntnis von Tatumständen nachgewiesen und die Unkenntnis beachtet werden muß. Ein Unterschied wird dort aber danach nicht gemacht, ob dieser Tatumstand, wie hier der Höchstpreis, durch eine gesetzliche Anordnung oder eine Verwaltungsanordnung geschaffen worden ist. An der Natur des Höchstpreises, für die Zuwiderhandlung nach § 4 der vorliegenden Verordnung einen Tatumstand zu bilden, ändert dieser Entstehungsgrund nicht das geringste. Hiernach ist zur Strafbarkeit wegen vorsätzlicher Zuwiderhandlung nach § 4 die Kenntnis und das Verständnis der bestehenden Höchstpreisfestsetzung nach StGB. § 59 immer erforderlich, gleichviel wie und wo diese Festsetzung erfolgt, ob sie durch Gesetz oder Verordnung erlassen ist. Es genügt bedingter Vorsatz. Hierzu ist erforderlich, daß der Täter das Bestehen der Höchstpreise als möglich in seine Vorstellung aufgenommen hat und daß sein Wille darauf gerichtet war, gegebenenfalls die Festsetzungen zu überschreiten. Hätte er bloß mit dem Bestehen der Höchstpreise rechnen müssen, kümmerte er sich aber hierum nicht, so liegt nur Fahrlässigkeit vor; RGStr. Recht 17, 587 Nr. 1103; 320 Nr. 611. Der Irrtum des Täters, er mache sich einer Überschreitung des Höchstpreises schon ohne Zuschlag strafbar, ist ohne

Belang und begründet keine Höchstpreisüberschreitung, RGStr. 51, 419.

5. Eine im Fortsetzungszusammenhang begangene Überschreitung des einen Höchstpreises ist möglich auch beim Fordern verschiedener den Höchstpreis überschreitender Preise, RGStr. I 131/18, 13. V. 18; RGStr. 50, 88; 51 S. 171, 307; IV 36/17, 16. II. 17. Wenn mehrere Höchstpreise, die nacheinander festgesetzt worden sind, übertreten werden in der allgemeinen Absicht, hoch zu verkaufen und es darauf ankommen zu lassen, ob eine Höchstpreisüberschreitung stattfindet oder nicht, so liegt regelmäßig keine fortgesetzte Handlung vor, RGStr. 44, 396; IV 124/16, 26. V. 16, sondern nur die Absicht, das Vergehen immer wieder zu wiederholen, RGStr. JW. 16, 1131 Nr. 27. So auch, wenn erst Tatbestand der BVO. v. 23. VII. 15, dann Tatbestand der ReichskanzlerVO. v. 24. VII. 16 verwirklicht wird, RGStr. IV 652/17, 7. XII. 17. Die Annahme einer fortgesetzten Handlung ist nach der Ansicht des Reichsgerichts davon abhängig, daß dem Täter das Bestehen des Höchstpreises bekannt ist. Ist es ihm unbekannt, so handelt er nicht vorsätzlich und damit entfällt nach der Rechtsprechung des Reichsgerichts und der gem. M. auch die Möglichkeit der Annahme einer fortgesetzten Handlung, RGStr. I 73/18, 3. VI. 18; 38, 56; 39, 221; 41 S. 48, 89, 96; 44, 223; 46, 17. Die Verneinung eines in Fortsetzungszusammenhang fahrlässig begangenen Delikts kann jedoch nicht aufrechterhalten werden. Vgl. auch RGStr. V 1155/10, 3. III. 11; 803/13 3. II. 14; III 336/16, 23. X. 16 in JW. 17, 47 und hierzu Liszt ebenda und Feisenberger in ZtschrStW. 17, 533. Nach letzterem liegt fahrlässige fortgesetzte Handlung vor, wenn eine Mehrheit von Handlungen durch einheitlichen Vorsatz und Zeit zusammengehalten werden und die Vornahme der äußeren zeitlich zusammenhängenden Einzelhandlungen unter dem Einfluß einer und derselben von vornherein bestehenden und jeweils fortwirkenden Fahrlässigkeit erfolgt. Die Möglichkeit ist aber nicht hierauf zu beschränken. Wer vorsätzlich durch einen Tätigkeitsakt eine isoliert stehende Hütte in Brand steckt, in der schuldhaft irrigen Meinung, sie sei seine eigene, macht sich der

fahrlässigen Brandstiftung nach StGB. §§ 308, 309 schuldig. Wer vorsätzlich durch eine Gabe Gift jemandem Nachteile an der Gesundheit zufügen will, und schuldhaft irrig die Gabe so stark nimmt, daß er tötet, tötet fahrlässig, wenn auch nur StGB. § 229 Abs. 2 zur Anwendung kommt. Statt durch einen Akt können die vorsätzlich gewollten Erfolge der Inbrandsetzung der Hütte und der Gesundheitsbeschädigung des Menschen nun auch stoßweise durch eine Reihe unselbständiger Akte in Verwirklichung des einen vorausgefaßten Vorsatzes der Inbrandsetzung und der Gesundheitsbeschädigung hervorgerufen werden — also durch eine in Fortsetzungszusammenhang stehende Handlung. Der durch sie herbeigeführte nicht gewollte weitere Erfolg, die Inbrandsetzung einer fremden Hütte, die Tötung, müssen aber gleichwohl zur Fahrlässigkeit zugerechnet werden. Ebenso vermag die schuldhafte Unkenntnis des Verbots bei sonst vorsätzlicher Begehung die Annahme der Fahrlässigkeit der Zuwiderhandlung zu begründen, gleichviel ob die vorsätzliche Begehung in einem Akt oder stoßweise durch unselbständige Tätigkeitsakte erfolgte. Die als unselbständig gewollten und in die Erscheinung getretenen Teilakte einer einzigen im Fortsetzungszusammenhang begangenen Handlung werden nicht dadurch zu selbständigen Einzelhandlungen, daß der über den gewollten Erfolg der Handlung hinaus weiter verursachte Erfolg oder die mit der Handlung verübte Zuwiderhandlung gegen ein Verbot schuldhaft nicht vorausgesehen, also fahrlässig herbeigeführt wurde. Diesen Grundsätzen gemäß kann, wer sich schuldhaft in Unkenntnis über das Vorhandensein eines Höchstpreises befindet, vorsätzlich ein Gesamtwarenlager nach und nach zu bestimmt hohen Einzelpreisen verkaufen, die den Höchstpreis überschreiten, und er handelt dann sowohl in Fortsetzungszusammenhang als fahrlässig bei der Zuwiderhandlung nach Nr. 1. Das gleiche gilt, wenn jemand sich über die Zulässigkeit von Zuschlägen schuldhaft irrt, seine Handlung aus tatsächlichem oder rechtlichem Irrtum nicht für eine solche des Kleinverkaufs hält, für den, wie er weiß, Höchstpreise festgesetzt sind, die Höchstpreisfestsetzung auf andere Gegenstände bezieht, RGStr. IV 534/15, 8. X. 15; IV 409/15, 15. X. 15 usw.

6. Überschreitung von Höchstpreisen kann mit der übermäßigen Preissteigerung nach § 1 Nr. 1 im Sinne von StGB. § 73 einheitlich zusammentreffen, RGStr. 50, 361; ebenso mit Betrug, RGStr. III 2/17, 26. II. 17, mit verbotenem Lebensmittelhandel, RKBO. v. 24. VI. 16/29. VII. 16 (RGBl. S. 861), mit Übertretung der BBO. über Zeitungsanzeigen v. 16. XII. 15 (RGBl. S. 827) u. a. Dagegen findet kein einheitliches Zusammentreffen statt mit verbotener Einfuhr nach ReichskanzlerBO. v. 15. XI. 15 in Verbindung mit BBO. v. 22. X. 15. Die Einfuhr ist nach Zeit, Ort und Gegenstand verschieden von der Preisforderung. Der Umstand, daß beide Handlungen einem Entschluß entsprungen und einen einheitlichen Wirtschaftsvorgang darstellen, ist hierzu noch nicht ausreichend. Die Einfuhr ist das selbständige strafbare Mittel zur Begehung der Höchstpreisüberschreitung, RGStr. 32, 137; 44, 28; 51, 250. Dasselbe gilt für das Zusammentreffen mit dem Schleichhandel nach BBO. v. 7. III. 18 (RGBl. S. 112), bei dem nur der Erwerb zur Weiterveräußerung strafbar ist. Subsidiär ist die Vorschrift in § 2 der BBO. über den Aushang der Preise in Verkaufsräumen des Kleinhandels v. 24. VI. 15 (RGBl. S. 353).

7. Der Anwendung der Verordnung steht der Umstand nicht entgegen, daß es sich um ein schon an sich verbotenes Geschäft handelt, etwa nach BBO. v. 28. VI. 15, RGStr. III 48/17, 26. II. 17; RGStr. 50, 338, nach BBO. v. 26. III. 15 (RGBl. S. 183) verbotener Ausschank von Branntwein usw.

8. Nach der Verordnung ist die Straffreiheit des Erwerbers, der den einen Höchstpreis übersteigenden Preis verspricht oder gewährt, nur hinsichtlich der Höchstpreise in Abänderung der bisherigen gesetzlichen Regelung angeordnet worden, die auf Grund des Höchstpreisgesetzes erlassen oder als Höchstpreise im Sinne dieses Gesetzes erklärt worden sind. Bei der Überschreitung der Höchstpreise auf Grund der zahlreichen andern Verordnungen (vgl. zu 3) verbliebe es hiernach nach dem Wortlaut bei dem bisherigen Rechtszustand, daß das Zuwiderhandeln gegen die Höchstpreisfestsetzung, ihr Überschreiten auch vom

Erwerber begangen werden kann, RGStr. 49, 8. Damit würde aber eine unerträgliche Verschiedenheit des Rechtszustandes geschaffen, zumal es oft reine Zufallssache ist, ob ein Höchstpreis auf Grund des Höchstpreisges. oder andrer ermächtigenden Verordnungen erlassen wird. Aus der Begr., wonach die Änderung „aus Erwägungen der Billigkeit und der Zweckmäßigkeit" getroffen worden ist, muß deshalb gefolgert werden, daß in der Vorschrift des § 4 Nr. 1 (und ebenso Nr. 2) der **allgemeine Rechtsgedanke** zwar nur für den vorliegenden Fall der Regelung der Überschreitung der Höchstpreise des Höchstpreisges. gesetzgeberische Gestaltung gefunden hat, in Wahrheit aber für alle Höchstpreisüberschreitungen, gleichviel auf welcher gesetzlichen Grundlage die Höchstpreise beruhen, Geltung haben soll. Denn Billigkeit und Zweckmäßigkeit sprechen nicht für die Beschränkung auf das Höchstpreisges., sondern für Ausdehnung **auf alle Höchstpreise.** Die entsprechende Anwendung des § 4 Nr. 1 (und Nr. 2) auf sie ist daher geboten. Sie ist auch zulässig, da die Analogie nicht dazu verwendet wird, vom Gesetz straflos gelassene Handlungen wegen der Rechtsähnlichkeit mit strafbaren unter Strafe zu nehmen, was gegen StGB. § 2 Abs. 1 verstoßen würde, sondern umgekehrt, sie straflos zu lassen, Lobe, JW. 18, 391 ff.

9. Bei den **bürgerlich-rechtlichen Wirkungen** der Höchstpreise ist zu unterscheiden:

a) Verträge, die unter der Geltung des Höchstpreises geschlossen sind, sind bei Überschreitung des Höchstpreises nicht nichtig, sondern der Überpreis wird lediglich gestrichen, RGZ. 88, 250; RGZ. II 2. XII. 16, JW. 17, 354; Oertmann, Privatrechtl. Folgen der Überschreitung von Höchstpreisen, JW. 17, 255 ff.; GesuR. 18, 516; Hachenburg LZ. 15, 15; Schneider, RuW. 15, 8. — A. M. Mayer, Privatrecht des Kriegs, S. 30; Busch DJZ. 16, 127; Bloch, Höchstpreisüberschreitung und Überteuerung im Privatrecht.

b) Verträge, die vor Festsetzung des Höchstpreises geschlossen, aber noch nicht erfüllt sind (laufende Verträge), bleiben, sofern nicht gesetzlich ein anderes bestimmt ist, an sich gültig, der Käufer wie der Verkäufer haben aber ein Rücktrittsrecht. Denn nach dem Inkrafttreten des Höchstpreises darf der Überpreis nicht gefordert oder angenommen, im Falle des § 4 Nr. 2 auch nicht gewährt werden. Gundlach, DJZ. 16, 188; Mayer a. a. O. S. 30. — Goldmann nimmt unrichtig an, daß Käufer Überpreis zahlen muß, JW. 16, 828; RGZ. II LZ. 15, 1509; OLG. Dresden SächsArch. 16, 397.

Ausnahmsweise wird in einzelnen Verordnungen die Aufhebung des noch nicht erfüllten Vertrags verfügt, so z. B. BVO., betreffend Saatkartoffeln, v. 6. I. 16 (RGBl. S. 5) § 7; BVO. über Höchstpreise für Rüben v. 26. X. 16 (RGBl. S. 1204) § 2.

Besondere Vorschriften trifft die BVO., betreffend Einwirkung von Höchstpreisen auf laufende Verträge, v. 11. XI. 15 (RGBl. S. 758) für die in ihr aufgeführten Gegenstände, wie Butter usw. Spitzauer, Höchstpreise und deren Einwirkung auf laufende Verträge in Bayr. RpflZ. 16, 195.

c) In Zwangsversteigerungen darf nur bis zum Höchstpreis geboten werden. Wenn mehrere gleichzeitig den Höchstpreis bieten, ist niemand der Höchstbietende und hat niemand ein Recht auf den Zuschlag. A. M. Schunter, Bayr. RpflZ. 15, 129, der Erwerb zu Miteigentum annimmt. Aber auf ein solches ist der Wille des Bietenden nicht gerichtet.

2. wer vorsätzlich beim Erwerbe für Zwecke der Weiterveräußerung mit Gewinn höhere Preise als die Höchstpreise (Nr. 1) gewährt oder verspricht;

1. Die Vorschrift enthält eine Ausnahme von der in Nr. 1 aufgestellten Regel, daß der Erwerber, der den höheren Preis lediglich verspricht oder zahlt, straffrei bleiben soll. Diese Straffreiheit soll nur dem zugute kommen, der für sich oder andre die vom Veräußerer geforderten Preise notgedrungen zahlt. Das ist nicht der Fall, wer zum Zwecke der Weiterveräußerung mit

Gewinn erwirbt und zu diesem Behufe die übersteigenden Preise zahlt oder verspricht.

2. Gewinn ist Reingewinn aus der Weiterveräußerung im Sinne von § 1. Ein Erwerb zur Weiterveräußerung unter bloßer Deckung der Unkosten fällt nicht unter die Vorschrift. Ebensowenig kommt ein sonstiger Vermögens- oder anderer Vorteil in Betracht, der als weitere mittelbare Folge des Erwerbes und der Weiterveräußerung eintritt, so z. B. wenn ein Fabrikant, der lohnende Aufträge hat und an diesen verdient, für seine Arbeiter unter Überschreitung der Höchstpreise Waren kauft und sie zum Selbstkostenpreis, mit einem Zuschlag zur Deckung der Unkosten, an die Arbeiter abgibt. Dagegen ist es gleichgültig, ob der Gewinn aus der Weiterveräußerung der unverarbeiteten oder der verarbeiteten Sache gezogen wird. Deshalb werden auch Gastwirte von der Ausnahme getroffen.

3. Das Versprechen und Gewähren höherer Preise muß beim Erwerb für Zwecke der Weiterveräußerung erfolgen. Unter Erwerb ist hier der ganze auf die Erlangung der Ware gerichtete Vorgang zu verstehen, nicht nur die körperliche Übergabe, sondern schon die sie vorbereitende obligatorische Vertragsverhandlung. Denn namentlich bei dieser wird das Versprechen in der Regel abgegeben.

4. Bereits beim Erwerbe muß die Absicht bestehen, die Sache mit Gewinn weiterzuveräußern. Daher fällt nicht unter die Vorschrift, wer den Entschluß zur Weiterveräußerung erst nachdem er die Sache erworben hat, faßt. Eine dahingehende bloße Ausrede schützt natürlich nicht. Bei einem Gewerbetreibenden, der mit Waren gleicher Art handelt, besteht jedenfalls die gegründete Vermutung, daß der Erwerb im Handelsgewerbe erfolgt.

Nicht zum Zwecke der Weiterveräußerung erwirbt z. B. die Hausfrau, die nur zum Bedarf der Familie einkauft.

Nicht zum Zwecke der Gewinnerzielung, wennschon zum Zwecke der Weiterveräußerung, erwirbt der Fabrikherr, der für seine Arbeiter die Lebensmittel unter bloßer Deckung der Unkosten abgibt, die Gemeindeverwaltung, die für Versorgung der

Bevölkerung, gemeinnützige Konsumvereine, die lediglich zur Versorgung ihrer Mitglieder ohne eigne Gewinnerzielung Ware unter Überschreitung des Höchstpreises erwerben.

5. Ist der Käufer strafbar, kann er den gezahlten Mehrbetrag nach BGB. § 817 Abs. 2 nicht vom Verkäufer zurückfordern. Er ist aber, sofern nur der Fall der Nr. 2 vorliegt, nicht Teilnehmer an der Tat des Verkäufers im Sinne von § 7, deshalb findet gegen ihn keine Einziehung des dem Verkäufer zugeflossenen Gewinnes statt.

6. Wie für Nr. 1 gilt auch für Nr. 2, daß der **allgemeine Rechtsgedanke** darin Ausdruck gefunden hat, es solle nunmehr der Käufer überhaupt nur noch unter den besonderen in Nr. 2 genannten Voraussetzungen gegen Überschreitung von Höchstpreisen strafbar sein. Deshalb ist auch Nr. 2 entsprechend auf die Übertretung der Höchstpreise anwendbar, die auf Grund anderer Vorschriften als dem Höchstpreisges. erlassen oder nicht den Übertretungen dieser gleichgestellt sind.

7. Mit dem Schleichhandel nach BVO. v. 7. III. 18 (RGBl. S. 112) kann, anders als zu Nr. 1, zeitliches Zusammentreffen nach StGB. § 73 stattfinden. Strafbarer Ankauf und späterer Verkauf unter Überschreitung von Höchstpreisen bilden zwei selbständige Handlungen nach StGB. § 74, auch wenn ersterer das Mittel für die Ermöglichung des letztern sein sollte.

3. wer vorsätzlich an einer Verabredung oder Verbindung teilnimmt, die eine nach Nr. 1, 2 strafbare Handlung zum Gegenstande hat;

4. wer vorsätzlich zu einer nach Nr. 1, 2 strafbaren Handlung auffordert, anreizt oder sich erbietet.

Vgl. hierzu die Ausführungen zu § 1 Nr. 6 u. 7. Zu 3 ist hervorzuheben, daß die Verabredung auch zwischen Erwerber und Veräußerer dahin gehen kann, gegen Überzahlung des Höchstpreises Waren abzulassen.

(1) Ist die Zuwiderhandlung fahrlässig begangen, so ist auf Gefängnis bis zu einem Jahre und auf Geldstrafe bis zu fünfzigtausend Mark oder auf eine dieser Strafen zu erkennen.

Daß die Höchstpreisüberschreitung auch fahrlässig begangen werden konnte, war schon bisher von der Rechtsprechung — entgegen vereinzeltem Widerspruche im Schrifttum — angenommen worden.

§ 5

Strafe des Rückfalls.

(1) Wer wegen vorsätzlicher Zuwiderhandlung gegen die Vorschriften der §§ 1 oder 4 oder die entsprechenden früheren Strafvorschriften mit Gefängnis bestraft worden ist, darauf abermals eine solche Handlung begangen hat und wegen derselben mit Gefängnis bestraft worden ist, wird, wenn er wieder eine solche Handlung begeht, mit Zuchthaus bis zu fünf Jahren, bei mildernden Umständen mit Gefängnis nicht unter einem Monat bestraft. Daneben ist auf Geldstrafe bis zu fünfhunderttausend Mark zu erkennen.

(2) Die Bestimmungen des Abs. 1 finden Anwendung, auch wenn die früheren Strafen nur teilweise verbüßt oder ganz oder teilweise erlassen sind.

1. Die Vorschrift lehnt sich an die Bestimmungen des StGB. §§ 244, 245 an. Die vorausgegangenen Straftaten müssen ebenfalls wie die neubegangenen vorsätzlich verübt sein.

2. Die Rückfallstrafe soll eintreten, ohne Rücksicht darauf, ob die vorausgegangenen Verurteilungen wegen vorsätzlicher Zuwiderhandlung gegen die neuen Bestimmungen über Preistreiberei oder auf Grund der entsprechenden bisherigen Strafvorschriften erfolgt sind.

Die bisherigen Strafvorschriften ergeben sich aus den in § 21 Abs. 2 aufgehobenen Vorschriften mit folgenden Maßgaben:

§ 1 Nr. 1 entspricht dem § 5 Nr. 1 der BVO. v. 23. III. 16 gegen übermäßige Preissteigerung (RGBl. S. 186).

„ 2 hat keine entsprechende Vorschrift im frühern Recht.

„ 3 entspricht dem § 5 Nr. 2.

„ 4 entspricht nicht dem § 5 Nr. 3, sondern dem § 11 der ReichskanzlerVO. v. 24. VI. 16 (RGBl. S. 581), der BVO. über Kettenhandel in Textilien und Textilfaserstoffen v. 8. II. 17 (RGBl. S. 112), dem § 9 Abs. 1 Nr. 2 der BVO. über den Handel mit Arzneimitteln v. 22. III. 17 (RGBl. S. 270), dem § 9 Abs. 1 Nr. 2 der BVO. über den Handel mit Tabakwaren v. 28. VI. 17 (RGBl. S. 563).

„ 5 entspricht im allgemeinen § 5 Nr. 3.

„ 6 entspricht dem § 5 Nr. 4.

„ 7 entspricht dem § 5 Nr. 5.

§ 4 „ 1 entspricht dem § 6 Nr. 1 des Höchstpreisges., der gegenüber § 4 Nr. 1 der weitere ist.

„ 2 entspricht dem § 6 Nr. 1, der gegenüber dem neuen § 4 Nr. 2 ebenfalls der weitere ist.

„ 3 und Nr. 4 haben keine entsprechende Vorschrift im früheren Recht.

3. Es ist aber belanglos, ob die Vorstrafe wegen § 1 oder § 4 Nr. 1 oder einer andern Zuwiderhandlung dieser Paragraphen erfolgt ist, jede Bestrafung wegen einer dieser Zuwiderhandlungen begründet die Rückfallstrafe wegen jeder Zuwiderhandlung einer Vorschrift nach § 1 Nr. 1—7 und § 4 Nr. 1—4.

4. § 1 Nr. 4 entspricht nicht auch dem § 3 der BVO. über Preisbeschränkungen bei Verkäufen von Schuhwaren v. 28. IX. 16 (RGBl. S. 1077). Diese Vorschrift ist präventivpolizeilicher Natur und verbietet schlechthin den Verkauf des Großhändlers an jemand andern als den Kleinhändler usw., ohne Rücksicht darauf, ob sich der Verkauf als Kettenhandel und unlautere Machenschaft darstellt oder nicht.

5. Neben der Freiheitsstrafe **ist stets** auf Geldstrafe zu erkennen. Es **kann** ferner StGB. § 31 und § 32 und § 15 dieser VO. angewendet werden.

6. Eine Ausdehnung der Vorschrift über die Strafen des Rückfalls auf andre Höchstpreisüberschreitungen, als die in § 4 genannten, ist nicht zulässig, StGB. § 2 Abs. 1 steht hier entgegen.

§ 6

Haftung des Betriebsinhabers.

(1) Der Inhaber eines Betriebs, in dem ein Angestellter oder eine sonst in dem Betriebe beschäftigte Person eine nach den §§ 1, 4, 5 strafbare Handlung begangen hat, wird mit Gefängnis bis zu einem Jahre und mit Geldstrafe bis zu fünfzigtausend Mark oder mit einer dieser Strafen bestraft, wenn er es unter Vernachlässigung seiner Aufsichtspflicht unterlassen hat, den Täter von der Begehung der strafbaren Handlung abzuhalten.

(2) Dem Inhaber des Betriebs steht derjenige gleich, welchem die Leitung oder Beaufsichtigung des Betriebs oder eines Teiles desselben übertragen ist.

1. Die Vorschrift ist, wie z. B. auch UWGes. § 4 Abs. 2 und verschiedene Steuergesetze, dem § 151 der GewO. nachgebildet. Die Handlung des Angestellten braucht aber nicht wie dort mit Wissen oder Vorwissen des Geschäftsherrn begangen zu sein, es genügt vielmehr, daß dieser in Vernachlässigung seiner Aufsichtspflicht **unterlassen** hat, den Täter von der Begehung der strafbaren Handlung abzuhalten. Diese Verletzung der Aufsichts- und Hinderungspflicht kann vorsätzlich und fahrlässig durch Nichthandeln begangen werden. Die Straftat ist ein **Unterlassungsvergehen**. Geboten ist die **andauernde** Beaufsichtigung und Überwachung des Angestellten und sofortiges tatkräftiges Eingreifen, um die

Begehung, d. h. den Beginn und die Vollendung einer nach §§ 1, 4, 5 strafbaren Handlung zu verhindern. Die Pflicht des Abhaltens begreift nicht nur eine Einwirkung auf die Person des Angestellten in sich, sondern schlechthin jede Tätigkeit, die eine Begehung der Straftat verhindert. Die Handlungspflicht endet mit der vollendeten Begehung der Straftat durch den Angestellten.

2. Voraussetzung ist einmal, daß der Angestellte oder die sonst den Betrieb beschäftigte Person Täter gewesen ist. RGStr. 50, 307; 51 S. 18, 28. Der Angestellte kann auch bloß Gehilfe sein, nur darf die Beihilfe nicht gerade dem Inhaber oder Leiter geleistet worden sein. Dann kommt die Vorschrift nicht zur Anwendung. Weiter ist Voraussetzung, daß der Inhaber des Betriebs nicht selbst Täter, sei es auch nur mittelbarer, durch seine Angestellten handelnder Täter gewesen ist, RGStr. III 465/16, 13. V. 18, ebensowenig wenn er sich der Anstiftung, Beihilfe oder Mittäterschaft an der Zuwiderhandlung des Angestellten schuldig gemacht hat. Auf eine Anweisung kann sich der Angestellte nicht berufen. Insbesondere wird er durch den Dienstvertrag nicht verpflichtet, solche Weisungen seines Dienstherrn zu befolgen, mittels deren von ihm die Begehung strafbarer Handlungen verlangt wird, RGStr. IV 662/17, 31. V. 18.

Die Vorschrift des § 6 ist subsidiärer Natur, sie soll nur ergänzend eintreten, wo die Bestimmungen des Strafgesetzbuches über Teilnahme versagen. Für die Anwendung der GewO. § 151 Abs. 1 ist neben dieser Vorschrift kein Raum mehr, da jener durch die erschöpfende Regelung des § 6 ersetzt ist.

3. Zu den Personen, die im Betrieb beschäftigt sind, gehört auch die Ehefrau, wenn sie auf Grund ihrer sich aus BGB. § 1356 Abs. 2 ergebenden Verpflichtung zu Arbeiten im Geschäfte des Mannes tätig wird, RGStr. JW. 15, 1208 Nr. 10; RGStr. 51, 215. Die Beschäftigung der Angestellten und sonstigen Personen muß im Betrieb erfolgen, das bloße Tätigwerden für den Betrieb genügt nicht. Der Geschäftsherr muß ein Aufsichts- und Leitungs-

recht ausüben, die Personen müssen ihrer Stellung nach verpflichtet sein, dessen allgemeinen Weisungen nachzukommen.

Der selbständige Vermittler, Geschäftsagent, Mäkler gehört nicht zu diesen Personen.

§ 7

Einziehung des Gewinns und Überpreises.

(1) Neben der Strafe ist bei vorsätzlicher oder fahrlässiger Zuwiderhandlung gegen § 1 Nr. 1, 2 oder § 4 Nr. 1 ein Betrag einzuziehen, der in den Fällen des § 1 Nr. 1, 2 dem erzielten übermäßigen Gewinn oder Verdienst, in den Fällen des § 4 Nr. 1 dem über den Höchstpreis erzielten Erlös entspricht; Täter und Teilnehmer haften als Gesamtschuldner. Auf die Einziehung kann auch durch Strafbefehl erkannt werden.

1. Eines der wichtigsten Mittel zur Bekämpfung der Preistreiberei bildet die Herausgabe des unrechtmäßigen Erwerbs. Die bisherige gesetzliche Regelung suchte das auf dem Wege zu erreichen, daß die Strafe um das Doppelte des Reingewinnes oder Überpreises bemessen wurde; doch griff dies nicht durch und versagte z. B. bei fahrlässiger Zuwiderhandlung. Deshalb schreibt jetzt die Verordnung die Einziehung ohne Ausnahme sowohl bei **fahrlässigen** als bei **vorsätzlichen** Zuwiderhandlungen vor, und ist nicht ins Ermessen des Richters gestellt, sondern muß stets neben der Strafe im richterlichen Strafurteil ausgesprochen werden. Nur im objektiven Verfahren des § 10 ist die Einziehung zugelassen. Wenn außerdem bestimmt wird, daß die Einziehung auch durch Strafbefehl erkannt werden kann, so kommt dieser gemäß Art. II Nr. 2 des Ges. zur Vereinfachung der Strafrechtspflege v. 21. X. 17 (RGBl. S. 1037) zur Anwendung.

2. **Gegenstand der Einziehung** ist bei der Zuwiderhandlung nach § 1 Nr. 1 der Geldbetrag in Höhe des erzielten übermäßigen

Reingewinns, wie er nach dem dort Erläuterten zu berechnen ist; bei Zuwiderhandlungen nach § 1 Nr. 2 der Geldbetrag in Höhe des erzielten übermäßigen Verdienstes, im Falle des § 4 Nr. 1 ein Geldbetrag in Höhe des über den Höchstpreis erzielten Erlöses, nicht etwa des erzielten Gewinnes, RGStr. 50, 385; 51, 17. In derselben Weise wird die Einziehung bei der im wiederholten Rückfall verübten Preistreiberei nach § 5 vollzogen. Eingezogen wird ein Geldbetrag, der diesen Gewinnen und Überpreisen entspricht. Besteht die Gegenleistung, die den übermäßigen Gewinn, Verdienst oder den über den Höchstpreis erzielten Erlös enthält, nicht in Geld, sondern, wie z. B. beim Tausch, in einem andern Gegenstand oder einer andern Leistung, so ist der Geldwert zu ermitteln, den der darin enthaltene Gewinn hat, nötigenfalls im Wege freier Schätzung, und dieser ist einzuziehen. Bei der Bemessung ist § 8 zu beachten.

3. Die Einziehung ergreift nur den tatsächlich **erzielten** Gewinn, Verdienst oder Überpreis, kann also nur dann stattfinden, wenn die ihn enthaltenen Preise und Vergütungen gewährt, nicht schon, wenn diese bloß gefordert oder versprochen worden sind.

4. Die Einziehung richtet sich gegen den **Täter** und **Teilnehmer.** Täter ist auch der mittelbare Täter, Teilnehmer ist der Anstifter, der Mittäter und der Gehilfe. Nicht ist Begünstigung im Sinne des StGB. Teilnahme außer im Falle des StGB. § 257 Abs. 3. Teilnehmer ist nicht der Erwerber nach § 4 Nr. 2, vielmehr liegt dort nur notwendige Teilnahme an der Zuwiderhandlung des Veräußerers vor, die in diesem besonderen Falle zu einer selbständigen Straftat erhoben worden ist. Da der Käufer aber den Überpreis nicht erzielt, sondern nur der Verkäufer, haftet er auch nicht als Gesamtschuldner. Die Teilnahme an einer Verabredung oder Verbindung nach § 1 Nr. 6 und § 4 Nr. 3 ist eine zur selbständigen Straftat erhobene Vorbereitungshandlung, noch keine Teilnahme an einer solchen, vgl. RGStr. 49, 211. Teilnehmer ist auch nicht der Inhaber oder Leiter eines Betriebes im Falle des § 6.

5. Aus der **Gesamthaftung** von Täter und Teilnehmer folgt, daß hier der Gewinn auch von denjenigen Teilnehmern eingezogen werden kann, denen er nicht zugeflossen ist. Erzielt im Sinne der Vorschrift hat auch er ihn. Der Gewinn kann aber ebenfalls nach den Grundsätzen der Gesamthaftung nur einmal eingezogen werden. Soweit die Einziehung von Erfolg gewesen ist, wird der mithaftende Gesamtschuldner frei.

6. Da die Einziehung nicht eine Einzelsache betrifft, erfolgt sie nicht nach den Vorschriften der StPO. § 477, sondern in entsprechender Anwendung von StPO. § 495 nach den Vorschriften über die Vollstreckung der Zivilurteile. Es ist somit bei Nichteintreibbarkeit des Gewinnes nicht etwa dieser in eine Freiheitersatzstrafe umzuwandeln, vielmehr gelten sämtliche Vorschriften der Zivilprozeßordnung über die Zwangsvollstreckung von Geldforderungen, auch ZPO. § 850.

7. Die **rechtliche Natur** der Einziehung ist bestritten. Teils wird ihr Strafcharakter schlechthin und immer verneint, z. B. Nissen, Die Einziehung; J. Goldschmidt, Vgl. Darst. IV; Beling, Die Lehre vom Verbrechen; teils wird er allgemein behauptet, Glücksmann, Die Rechtskraft der strafproz. Entsch. über Einziehung. Andere unterscheiden danach, wen die Einziehung trifft und sehen sie bald als Strafe, bald als polizeiliche Maßregel an, RGStr. 14, 161; 46, 131; 50, 395. Die Begr. zu BBO. betr. einige Kriegsverordnungen ergänzende Vorschriften usw. v. 22. III. 17 (RGBl. S. 255) sieht in der Einziehung ein „wirksames Mittel, um den Schuldigen zu treffen", geht also augenscheinlich auch von der Natur einer Strafe aus, wenn sie gegen den Täter gerichtet ist (Nordd. Allg. Ztg. v. 25. III. 17 S. 83). Die Einziehung nach § 7 gegen den Täter oder Teilnehmer als Strafe aufzufassen, liegt nahe, zumal sie bei ihnen an Stelle der nach dem Doppelten des übermäßigen Gewinnes zu berechnenden Strafe getreten ist. Gleichwohl kann der Einziehung gegen die Täter und Teilnehmer nach Abs. 1 kein andrer Charakter innewohnen, als der Einziehung gegen die andern Personen der Abs. 2—4. Die Einziehung ist eine einheitliche Rechtseinrichtung, gleichviel, gegen wen sie statt-

findet. Die gegen die in Abs. 2—4 genannten Personen gerichtete Einziehung aber kann nicht den Charakter einer Strafe haben, da sie nicht an der Straftat beteiligt sind. Wenn daher das Übel, das dem Täter oder Teilnehmer mit der Entziehung des Gewinnes oder Überpreises zugefügt wird, als Nebenwirkung willkommen bleibt, so ist doch auch bei ihm nicht der Hauptzweck der Einziehung die Zufügung eines Übels, sondern die Entziehung eines sittlich und wirtschaftlich mißbilligten Vermögensvorteils, der auf Kosten der Allgemeinheit erlangt wurde und lediglich aus diesem Grunde wieder der Allgemeinheit, dem Reiche, zugeführt werden soll. Das ergibt gerade die Vorschrift, daß auch dann, wo eine Bestrafung des Täters oder Teilnehmers ausgeschlossen ist, gleichwohl im objektiven Verfahren die Einziehung noch statthaft ist. Das wäre unmöglich, wenn sie eine Strafe bedeuten sollte. Die Vorschrift wird von dem Grundsatz beherrscht, für den übermäßigen Gewinn jeden, dem er wirtschaftlich zugute gekommen ist, haftbar zu machen (Begr. zu § 7), den übermäßigen Gewinn unter allen Umständen für den Staat einzuziehen (Begr. zu § 10). Dies trifft in gleicher Weise für die Täter und Teilnehmer, wie für andere Personen zu, denen der Gewinn durch die Tat oder durch spätere Zuwendungen zugeflossen ist. Hiernach wird in § 7 lediglich ein öffentlich-rechtlicher Herausgabeanspruch eigener Art — auch keine polizeiliche Maßregel, wie nach StGB. § 40 — geschaffen, dessen Geltendmachung nicht als Strafe, sondern als anderweite Folge einer Straftat den Strafgerichten übertragen ist und mittels der ordentlichen Strafklage neben dem Strafanspruch aber ebensowohl auch ohne den Strafanspruch gemäß § 10 im objektiven Verfahren durchzuführen ist.

8. Soweit es sich um die Einziehung gegen Täter und Teilnehmer handelt, so kann auf sie auch im Strafbefehl erkannt werden. Das soll nicht heißen, daß, wenn das Strafverfahren mittels Strafbefehls erledigt wird, es hier im Gegensatz zu der Erledigung durch Urteil in das Ermessen des Richters gesetzt sei, ob er die Einziehung verfügen will oder nicht, sondern es soll gesagt werden, daß der Umstand, daß statt des Urteils ein Straf-

befehl ergeht, die nach wie vor obligatorische Anordnung der Einziehung nicht hindert. Ges. zur Vereinfachung der Strafrechtspflege v. 21. X. 17 (RGBl. S. 1037). Gegen die in Abs. 2 u. 3 genannten Personen kann dagegen die Einziehung nicht im Strafbefehl ausgesprochen werden.

9. Über die Person des **Täters** oder **Teilnehmers** und über sein Unterworfensein unter das Einziehungsrecht des Staats ist **stets im Urteil oder Strafbefehl zu entscheiden,** entweder nur dem Grunde nach unter Vorbehalt des Verfahrens über die Höhe des Betrags nach § 11, oder gleichzeitig und der Regel nach auch über die Höhe des einzuziehenden Betrags. Anders gegenüber den Personen in Abs. 2.

(2) Soweit der übermäßige Gewinn oder Verdienst oder der über den Höchstpreis erzielte Erlös einer anderen Person als dem Täter oder dem Teilnehmer durch die Tat zugeflossen ist, kann für den einzuziehenden Betrag auch diese Person als Gesamtschuldner haftbar gemacht werden.

1. Die Vorschrift gibt die Möglichkeit, außer dem Täter und Teilnehmer auch **die an der Begehung der Straftat nicht beteiligten Personen,** die also weder Täter noch Teilnehmer im Sinne von Abs. 1 sind, haftbar zu machen, soweit ihnen der übermäßige Gewinn durch die Tat selbst zugeflossen ist. Während gegen den Täter oder Teilnehmer — abgesehen von der Ausnahme in Abs. 5 — die Einziehung verfügt werden muß, ist sie hier nur nach dem Ermessen des Richters zugelassen. „Da die Haftbarmachung dritter Personen sich vielfach dadurch erübrigen wird, daß die Einziehung beim Täter oder Teilnehmer Erfolg verspricht, ist sie nicht zwingend vorgeschrieben. Von der Befugnis wird das Gericht nach freiem Ermessen Gebrauch zu machen haben, es ist für die Anordnung insbesondere nicht vorausgesetzt, daß Schwierigkeiten bei der Durchführung der Einziehung gegen den Täter oder Teilnehmer zu erwarten sein müssen."

(Begr.). Das Gericht kann zunächst den Wohlhabendsten in Anspruch nehmen.

In erster Linie kommen die Inhaber eines geschäftlichen Unternehmens in Betracht, die durch die Preistreibereien ihrer Angestellten oder der sonst im Betrieb beschäftigten Personen, oder durch die ihrer selbständigen Vertreter, Vermittler, Agenten, Mäkler übermäßige Gewinne oder Überpreise erzielen. Damit werden insbesondere auch die juristischen Personen, die Aktiengesellschaften, Gesellschaften m. b. H., aber ebenso die offenen Handelsgesellschaften getroffen, deren Direktoren, Vorstände, oder deren Gesellschafter Preistreibereien verüben und dadurch einen übermäßigen Gewinn erzielen, der unmittelbar dem Vermögen der vertretenen Person oder Gesellschaft zufließt. Endlich richtet sich die Vorschrift gegen alle Personen, die sei es durch Vertrag, sei es durch Gesetz in einer derartigen Gemeinschaft stehen, daß ihnen der Erwerb der Personen, mit der sie diese Gemeinschaft bilden, unmittelbar zu einem Anteil oder zu gesamter Hand zufließt, so namentlich bei Ehegatten, die in Gütergemeinschaft oder in anderen güterrechtlichen Verhältnissen leben, nach denen der Erwerb gemeinsam wird, bei Erbengemeinschaften usw.

2. Die Person, der durch die Tat der Gewinn zufließt, ist sowohl mit anderen Personen, denen er mit zugeflossen ist, als mit dem Täter oder Teilnehmer **gesamtschuldnerisch** für die Einziehung des Gewinns verhaftet. Die **Haftung** ist für sie — abweichend vom Täter oder Teilnehmer nach Abs. 1 — aber von vornherein **beschränkt auf den Betrag**, der ihr von dem übermäßigen Gewinn, Verdienst oder Erlös tatsächlich **zugeflossen** ist. Im übrigen gilt für sie das gleiche, wie für die Gesamthaftung des Teilnehmers gegenüber dem Täter. Auch hier wird der eine Gesamtschuldner durch die Zahlung des anderen Gesamtschuldners frei.

3. Die Entscheidung darüber, **welcher Person** durch die Tat der Gewinn zugeflossen ist, kann hier, anders als in Abs. 1, ebenso wie die Höhe des Betrags dem **besonderen Verfahren** des § 11 vorbehalten werden. Da diese Person nicht als Täter

oder Teilnehmer in Betracht kommt, ist sie nicht Angeklagte; es ist daher ausgeschlossen, daß ein Schuldausspruch durch ein Urteil gegen sie ergeht. Die Frage der Haftbarkeit macht sie zwar hinsichtlich der Einziehung zur Beteiligten am Strafverfahren, aber nur soweit eben die Haftbarkeit in Betracht kommt, nicht hinsichtlich der Straftat selbst. Vgl. § 9 letzter Satz.

4. Die Einziehung hat hier zweifellos keinen Strafcharakter. Das ergibt auch die Begr., die eine Anfechtung der Zuwendungen auf dem bürgerlichen Rechtswege zuläßt und erklärt, es entspreche der Billigkeit, daß der Empfänger der Vermögenszuwendung deren Wert an die Allgemeinheit wieder herausgibt. Die Einziehung hat mangels anderweiter Regelung in derselben Form zu erfolgen, wie die Einziehung nach Abs. 1, nämlich nach StPO. § 495 im Wege der Zwangsvollstreckung nach ZPO.

5. Die Einziehung kann nur in einem Urteil oder in dem besonderen Verfahren des § 12, nicht im Strafbefehl ausgesprochen werden, § 11 Abs. 3 Satz 2.

(3) Ebenso kann haftbar gemacht werden, wer nach der Tat aus dem Vermögen einer der im Abs. 1, 2 bezeichneten Personen eine Zuwendung erhalten hat, wenn ihm die Zuwendung in der Absicht, die Einziehung zu vereiteln, gemacht wurde und er dies zur Zeit des Erwerbes wußte oder den Umständen nach annehmen mußte, oder wenn ihm die Zuwendung unentgeltlich gemacht wurde. Unter den gleichen Voraussetzungen kann als Gesamtschuldner jeder weitere Empfänger der Zuwendung oder ihres Wertes haftbar gemacht werden. Die Haftung ist auf den Wert der Zuwendung zur Zeit des Empfanges beschränkt. Der gutgläubige Empfänger einer unentgeltlichen Zuwendung haftet nur insoweit, als er durch sie noch bereichert ist.

1. „Die Gefahr, daß die Einziehung des erzielten übermäßigen Gewinnes durch unlautere Schiebungen der Personen vereitelt wird, gegen die sich die Maßnahmen des Abs. 1 und 2 richten, ist sehr groß. Um ihr zu begegnen, ist in § 13 die Beschlagnahme von Vermögensstücken des Beschuldigten zur Sicherung der Einziehung zugelassen. Auch die Vorschriften der Konkursordnung §§ 29 bis 42 und des Gesetzes betr. Anfechtung von Rechtshandlungen eines Schuldners außerhalb des Konkursverfahrens bieten gewisse Handhaben, solchen unlauteren Machenschaften entgegenzutreten. Allein der in diesen Vorschriften vorgezeichnete Weg ist umständlich. Deshalb wird in Abs. 3 neben diesen bezeichneten Anfechtungsvorschriften wahlweise ins Ermessen des Richters die Einziehungsbefugnis auch gegenüber den Personen gegeben, die nicht durch die Tat, sondern **nach der Tat** aus dem Vermögen der in Abs. 1 und 2 bezeichneten Personen eine Zuwendung erhalten haben." (Begr.) Hierbei wird unterschieden, ob die Personen unmittelbar die Zuwendungen vom Täter, Teilnehmer (Abs. 1) oder den durch die Tat bereicherten sonstigen Personen (Abs. 2) erhalten haben, oder ob sie erst wieder mittelbar die Zuwendungen durch diese bereicherten Personen (Abs. 3 Satz 1) als weitere Empfänger erhielten (Abs. 3 Satz 2).

2. Die **unmittelbaren Empfänger** der Zuwendungen seitens der in Abs. 1 u. 2 genannten Personen (der Täter und Teilnehmer, sowie der durch die Tat Bereicherten) haften, wenn entweder

a) der Geber die Zuwendung **entgeltlich** machte in der Absicht, die Einziehung bei ihm zu vereiteln, und der Nehmer dies zur Zeit des Erwerbs wußte oder den Umständen nach annehmen mußte. Die Vorschrift lehnt sich an KO. § 31 Nr. 1 u. 2 an. Beim Geber genügt, daß die Zuwendung in der bezeichneten Absicht gemacht wurde; daß die Vereitelung der Einziehung tatsächlich eingetreten ist, wird nicht erfordert. (Begr.) Das Bewußtsein hiervon muß beim Nehmer zu der Zeit vorhanden sein, wo er die Sache erhielt. Später erworbene Kenntnis macht nicht haftbar. Das „Annehmen müssen" ist in demselben Sinne auszulegen, wie bei StGB. § 259, bloße Fahrlässigkeit reicht nicht aus (Begr.), oder b) wenn ihm die Zuwendung **unentgeltlich** gemacht wurde. Diese Vorschrift lehnt sich an KO. § 32 an. Hier kann der Erwerber auch gutgläubig sein.

Es soll an Stelle des nach diesen konkursrechtlichen und außerkonkursrechtlichen Vorschriften zulässigen Anfechtungsverfahrens durch die Vorschrift unmittelbar die Einziehung der auf dieser Grundlage erworbenen Zuwendungen aus einem rechtlich und sittlich gemißbilligten Vermögenserwerb ermöglicht werden. Daß die Zuwendungen gerade aus diesem gemißbilligten Vermögensbestandteil herrühren, wird in den Fällen zu a und b rechtlich unterstellt, für die Haftbarkeit bedarf es eines besonderen Nachweises nach dieser Richtung aber nicht; es genügt, daß die Zuwendungen überhaupt aus dem Vermögen einer solchen Person gemacht worden sind, die zu den in Abs. 1 u. 2 genannten Personen gehört.

3. **Die weiteren Empfänger** sind diejenigen, die erst von den unter 2 genannten Personen oder von anderen, die ihnen selbst gleichstehen, die Zuwendungen erhielten. Sie haften wie diese, wenn sie unter denselben Voraussetzungen die Zuwendungen bekamen. Voraussetzung der Haftung eines weiteren Empfängers der Zuwendung ist demgemäß eine ununterbrochene Kette von Vormännern der in Abs. 2 oder Abs. 3 genannten Personen, von denen jeder bei entgeltlichem Erwerb wegen Bösgläubigkeit oder wegen unentgeltlichen Erwerbs als Gesamtschuldner neben dem Täter oder Teilnehmer haftbar gemacht werden kann. Der gutgläubige Erwerber einer entgeltlichen Zuwendung haftet nicht. Sobald also der unmittelbare Vormann oder sämtliche unmittelbare Vormänner gutgläubig sind, hört die Belastung mit der Herausgabepflicht auf und die von ihnen vorgenommenen Zuwendungen können nicht mehr eingezogen werden, selbst wenn der spätere Nachmann ihre Herkunft kennen sollte. Sofern ein Vormann in der Kette ist, der eine unentgeltliche Zuwendung als gutgläubiger Erwerber erhielt, wird an dem Umfange der Haftung der Nachmänner nichts geändert. Die Beschränkung von dessen Haftung auf die noch bestehende Bereicherung ist eine

höchstpersönliche Vergünstigung und schränkt nicht zugleich die Haftung seiner Nachmänner auf die Bereicherung ein, wenn sie mehr als diese aus dessen Vermögen erworben haben.

4. Die Haftung der unmittelbaren wie der weiteren Empfänger der Zuwendung oder ihres Wertes ist auf den **Wert der Zuwendung zur Zeit des Empfanges** beschränkt. Die Zuwendung braucht nicht in Geld zu bestehen, sondern kann auch in geldwerten Gegenständen aus dem Vermögen der in Abs. 1 u. 2 genannten Personen erfolgt sein. Es findet sonach keine gesamtschuldnerische Haftung wegen des ganzen übermäßigen Gewinns, wie bei den Personen in Abs. 1, noch eine Haftung auf den tatsächlich zugeflossenen Betrag aus dem Gewinn statt, wie bei den Personen unter Abs. 2, sondern eine weitere Beschränkung auf den Wert zur Zeit des Erwerbes der Zuwendung. Spätere Steigerung des Wertes der zugewendeten Grundstücke, Wertpapiere, Goldsachen, Kunstgegenstände usw., die mit dem Gewinn angeschafft wurden, bleiben also unberücksichtigt.

5. Im Falle der **unentgeltlichen Zuwendung** an einen gutgläubigen Erwerber endlich tritt noch eine weitere Beschränkung der Haftung insoweit ein, als dieser **nur bis zur Bereicherung** haftet, also nur bis zu dem Betrag, um den er zu der Zeit, als er in Anspruch genommen wird, noch bereichert ist.

6. Die Einziehung kann gleichfalls nur im Urteil oder in dem besonderen Verfahren des § 12, nicht im Strafbefehl, ausgesprochen werden, § 11 Abs. 3 Satz 2.

(4) Die Haftung für den einzuziehenden Betrag geht auf den Erben über.

1. „Der Grundsatz, daß für den übermäßigen Gewinn jeder, dem er wirtschaftlich zugute kommt, haftbar gemacht werden kann, läßt es nicht angezeigt erscheinen, auf die Haftung zu verzichten, wenn der Schuldner gestorben ist. Deshalb ist angeordnet, daß die **Haftung auf die Erben** übergeht" (Begr.). Die Herausgabepflicht auf Grund des staatlichen Einziehungsanspruches ist also eine Nachlaßverbindlichkeit nach BGB. § 1962 und es kommen alle Vorschriften über die Erbenhaftung und deren Beschränkung zur Anwendung. Die Haftung geht selbstverständlich nur in dem Umfange auf die Erben über, zu dem der Erblasser bei seinem Tode selbst noch haftete.

2. Auch soweit die Einziehung gegen die Erben der Täter oder Teilnehmer (Abs. 1) geht, kommt nicht StGB. § 30 und RO. § 226 Abs. 2 Nr. 2 zur Anwendung (die Auffassung JW. 18, 394 wird insoweit aufgegeben). Denn es handelt sich nicht um Vollstreckung einer Geldstrafe gegen die Täter oder Teilnehmer in deren Nachlaß, sondern um die **selbständige Haftung der Erben** lediglich aus dem Grunde, weil ihnen infolge der Erbschaft ein rechtlich und wirtschaftlich zu mißbilligender Gewinn zugeflossen ist. Wenn daher der Täter oder Teilnehmer stirbt, bevor das gegen ihn ergangene Urteil rechtskräftig geworden ist, liegt der Fall nicht anders, als wenn von vornherein die Verfolgung oder Verurteilung einer bestimmten Person nicht ausführbar ist. Es finden dann die Vorschriften der §§ 10ff. Anwendung.

Dasselbe gilt für die Erben der übrigen in Abs. 2 u. 3 erwähnten Personen.

(5) Von der Einziehung kann wegen Geringfügigkeit des einzuziehenden Betrags abgesehen werden.

1. Diese Anordnung ist getroffen, um unnötiger Belastung der Behörden mit zwecklosen Erhebungen vorzubeugen. Die Entscheidung hierüber hat aber immer die erkennende, zur Anordnung der Einziehung befugte Behörde, nicht die Vollstreckungsbehörde zu treffen. Es ist also entweder im Urteil oder im zugelassenen Strafbefehl (im Falle des Abs. 1) oder in dem die Einziehung anordnenden Bescheid des besonderen Verfahrens des § 12 darüber zu befinden.

2. Im übrigen gilt für die sämtlichen Haftpflichtigen, daß der einzuziehende Betrag im ganzen nur einmal einzuziehen ist. Soweit er vom Täter oder vom Teilnehmer oder einer der neben ihnen haftbaren Personen eingezogen ist, werden die übrigen befreit.

3. Auf die zivilrechtlichen Ansprüche der durch die Zuwiderhandlungen nach § 1 Nr. 1 u. 2 und § 4 Nr. 1 Geschädigten hat diese in öffentlichem Interesse erfolgende Einziehung keinen Einfluß.

§ 8

Anrechnung des anderweit eingezogenen Betrags.

Auf den bei vorsätzlicher oder fahrlässiger Zuwiderhandlung gegen § 1 Nr. 1 einzuziehenden Betrag ist derjenige Betrag anzurechnen, welcher wegen derselben Preisforderung von einem zuständigen Schiedsgerichte zugunsten des Reichs eingezogen worden ist.

1. Der besonderen Regelung hinsichtlich der Preisbemessung sind folgende Gegenstände unterstellt:

a) BBO. über Preisbeschränkungen bei Verkäufen von Web-, Wirk- und Strickwaren v. 30. III. 16/14. IX. 16 (RGBl. S. 214, 1022) § 3a;

b) BBO. über Preisbeschränkungen bei Verkäufen von Seilerwaren v. 21. VI. 16 (RGBl. S. 545) § 1;

c) BBO. über Preisbeschränkungen bei Verkäufen von Spinnstoffen, Garnen und Fäden v. 8. II. 17 (RGBl. S. 111) § 1;

d) BBO. über Preisbeschränkungen bei Verkäufen von Schuhwaren v. 28. IX. 16/19. VII. 17 (RGBl. 16, 1077; 17, 637) § 6 Abs. 2;

e) BBO. über Preisbeschränkungen bei metallischen Produkten v. 31. VII. 16 (RGBl. S. 868) § 3 Abs. 3;

f) BBO. über Silberpreise v. 19. VI. 17 (RGBl. S. 505) Art. 4 Abs. 2;

g) BBO. über Goldpreise v. 8. II. 17 (RGBl. S. 117) § 7.

Die Schiedsgerichte haben auf Anrufen der Vertragsparteien die Angemessenheit der geforderten Preise nachzuprüfen und die Befugnis, wenn sich dabei ergibt, daß die Preise und der in ihnen erzielte Gewinn unangemessen hoch ist, vom Inhaber des Geschäfts zugunsten des Reiches einen Betrag einzuziehen, der dem Überpreis aller in diesem Geschäftsbetrieb in den Verkehr gebrachten Waren der betreffenden Art entspricht, und zwar erstreckt sich bei Schuhwaren, Metallen und metallischen Produkten die Einziehung auf den Überpreis aller überhaupt in Verkehr gebrachten Waren, bei den übrigen Gegenständen ist sie auf die Waren beschränkt, die während der letzten drei Monate in Verkehr gebracht worden sind.

Die Berechnung des übermäßigen Gewinnes oder Überpreises, die vom Schiedsgericht vorgenommen wird, ist aber selbst dann für den Strafrichter nicht bindend, wenn in den Richtlinien und Preisfestsetzungen eine strafbefreiende Preisfestsetzung im Sinne von § 3 enthalten ist (vgl. die Ausführung zu § 3), sobald auch nur dieser festgesetzte Preis überschritten worden ist. Vielmehr ist der übermäßige Gewinn nach den für § 1 Nr. 1 maßgebenden Grundsätzen ausschließlich zu berechnen, ohne Rücksicht auf etwa abweichende Berechnungsweisen in den genannten Verordnungen.

Es decken sich sonach nicht notwendig der der Einziehung unterliegende Betrag des übermäßigen Gewinnes nach § 1 Nr. 1 in Verbindung mit § 7 dieser Verordnung und der bereits vom Schiedsgericht bei demselben Geschäft eingezogene Betrag nach jenen Verordnungen. Dieser Fall liegt jedoch nur dann vor, wenn vorher vom Schiedsgericht die Einziehung bezüglich aller in Verkehr gebrachten Waren stattgefunden hat und unter diese auch die Ware bereits fällt, wegen der die Einziehung des übermäßigen Gewinnes in Frage kommt. Solchenfalls ist der Betrag festzustellen, der auf diese Ware bereits vom Schiedsgericht mit eingezogen worden ist und dann auf den nach § 7 einzuziehenden Betrag anzurechnen. Es soll damit eine doppelte Einziehung vermieden werden.

2. Diese Anrechnung hat auf den einzuziehenden Gewinn oder Übererlös, den die Täter oder Teilnehmer erzielt haben, zu erfolgen und es ist demzufolge der einzuziehende Betrag unter Berücksichtigung der Anrechnung entsprechend festzusetzen. Da-

durch kommt die Anrechnung auch den in Abs. 2—4 genannten Personen zugute.

§ 9

Verfahren bei der Einziehung.

Soll für den einzuziehenden Betrag neben dem Täter oder dem Teilnehmer eine andere Person haftbar gemacht werden (§ 7 Abs. 2 bis 4), so ist sie, soweit dies ausführbar erscheint, unter Mitteilung des Beschlusses über die Eröffnung des Hauptverfahrens zur Hauptverhandlung zu laden. Sie kann alle Befugnisse ausüben, die einem Angeklagten zustehen, sich auch durch einen mit schriftlicher Vollmacht versehenen Verteidiger vertreten lassen. Durch ihr Nichterscheinen wird das Verfahren und die Urteilsfällung nicht aufgehalten. Die Rechtsmittel gegen das Urteil, soweit es die Einziehung betrifft, stehen auch ihr zu.

Es handelt sich hier, im Gegensatz zu § 10, um die Einziehung gegen Dritte in einem Strafverfahren gegen die Täter und Teilnehmer.

Nach RGStr. 34, 388 gilt die Vorschrift von StPO. § 478 Abs. 2, der die vorliegende nachgebildet ist, für Fälle des StGB. § 42, nicht aber, wenn die Einziehung nicht selbständig, sondern in einem gegen einen bestimmten Angeklagten gerichteten Strafverfahren erkannt wird. Dies wird als unbillig empfunden, deshalb soll den Personen, die nach § 7 Abs. 2—4 die Einziehung von Vermögen zu gewärtigen haben, die Möglichkeit gegeben werden, sich zur Wahrnehmung ihrer Rechte an der Hauptverhandlung gegen den Täter oder Teilnehmer zu beteiligen. Die Art der Beteiligung entspricht StPO. § 478 Abs. 2 u. 3 und § 479 (Begr.).

Die Einlegung von Rechtsmitteln kann nicht wegen der Verurteilung der Täter oder Teilnehmer, sondern nur wegen der Haftbarmachung erfolgen, die den in § 7 Abs. 2—4 genannten Personen auferlegt worden ist. Sie steht selbstverständlich auch dem Staatsanwalt zu.

§ 10

Objektives Einziehungsverfahren.

(1) Auf die im § 7 vorgesehene Einziehung kann selbständig erkannt werden, wenn die Verfolgung oder Verurteilung einer bestimmten Person nicht ausführbar ist.

(2) Auf das Verfahren finden die Vorschriften des § 477 Abs. 1 und des § 478 Abs. 1 der Strafprozeßordnung Anwendung.

(3) Die Personen, gegen welche die Einziehung sich richtet, sind, soweit dies ausführbar erscheint, zu dem Termine zu laden; die Vorschriften des § 478 Abs. 3 und des § 479 der Strafprozeßordnung finden Anwendung.

1. Die Regelung ist ein Ausfluß des Grundsatzes, den übermäßigen Gewinn unter allen Umständen für den Staat einzuziehen, auch dann, wenn aus irgendwelchen Gründen eine Bestrafung und Verurteilung nicht erfolgen kann. Die an StGB. § 42 sich anlehnende Vorschrift über das **objektive Einziehungsverfahren** findet daher Anwendung sowohl wenn gegen den Täter oder Teilnehmer des § 7 Abs. 1 die Einziehung verfügt werden soll, aber ein tatsächlicher oder rechtlicher Grund vorliegt, der seine Verfolgung oder Verurteilung hindert, als auch wenn die in § 7 Abs. 2—4 genannten anderen Personen haftbar gemacht werden sollen (Begr.). Gegen diese ist ja die Verfolgung und Verurteilung, da sie weder Täter noch Teilnehmer sind, von Rechts wegen ausgeschlossen. Sofern die Einziehung gegen diese anderen Personen des § 7 Abs. 2—4 verfügt werden soll, steht neben dem

objektiven Verfahren des § 10 auch noch das besondere Verfahren des § 11 zur Verfügung. Vgl. die Erläuterung hierzu.

2. Das Verfahren ist dasselbe wie bei der Einziehung körperlicher Gegenstände (Begr.).

3. Das objektive Verfahren gegen die in § 7 Abs. 2—4 genannten Personen hat zur Voraussetzung, daß gegen die Täter oder Teilnehmer des Abs. 1 ein Urteil oder Strafbefehl auf Strafe erkannt hat oder gegen diese das objektive Verfahren auf Einziehung nach § 10 ergangen ist. Denn die Haftung dieser Personen tritt immer erst dann ein, wenn die Zuwiderhandlung nach § 1 Nr. 1 u. 2 oder nach § 4 Nr. 1 rechtskräftig feststeht, diese Feststellung aber kann in dem objektiven Verfahren gegen die anderen Personen nicht getroffen werden.

4. Auch in dem Falle der Einziehung gegen die in § 7 Abs. 2 bis 4 genannten Personen ist vom Staatsanwalt der Antrag bei dem Gerichte zu stellen, das für den Fall der Verfolgung einer bestimmten Person nach Abs. 1 zuständig wäre.

§ 11

Besonderes Verfahren.

(1) Kann in den Fällen der §§ 7, 10 über die Höhe des einzuziehenden Betrags oder darüber, ob eine andere Person als der Täter oder der Teilnehmer für den einzuziehenden Betrag haftbar zu machen ist, nicht ohne Verzögerung des Verfahrens entschieden werden, so kann die Entscheidung hierüber im Urteil einem besonderen Verfahren vorbehalten werden.

(2) Auch ohne solchen Vorbehalt kann die Haftung einer anderen Person als des Täters oder des Teilnehmers für den nach dem Urteil einzuziehenden Betrag in dem besonderen Verfahren ausgesprochen werden.

(3) Die Festsetzung des einzuziehenden Betrags kann

auch im Strafbefehle dem besonderen Verfahren vorbehalten werden. In dem besonderen Verfahren ist auch dann zu entscheiden, wenn gegen den Täter oder den Teilnehmer ein Strafbefehl erlassen wird und eine andere Person für den einzuziehenden Betrag haftbar gemacht werden soll (§ 7 Abs. 2 bis 4).

1. Das besondere Verfahren hat zur notwendigen Voraussetzung, daß eine auf Einziehung lautende Entscheidung gegen die Täter und Teilnehmer vorliegt, denn es muß zunächst die Zuwiderhandlung nach § 1 Nr. 1 u. 2 und § 4 Nr. 1 feststehen. An diese schließt sich als ein Nachverfahren das besondere Verfahren an.

Das besondere Verfahren soll zwei verschiedenen Zwecken dienen: der Festsetzung der Höhe des einzuziehenden Betrags und der Feststellung der Haftung anderer Personen als der Täter und Teilnehmer.

a) Die **Höhe des einzuziehenden Betrages** kann bereits im Urteil oder Strafbefehl festgesetzt werden, es ist jedoch zugelassen, die Feststellung des Betrages, für den gehaftet wird, einem besonderen Nachverfahren zu überweisen. Dies kann geschehen, sofern es sich gegen Täter oder Teilnehmer handelt, in einem auf Strafe lautenden Urteil oder in einem Strafbefehl, aber auch in einem lediglich die Einziehung anordnenden Urteil, das im objektiven Verfahren nach § 10 gegen Täter oder Teilnehmer ergangen ist. Es kann die Feststellung der Höhe des Betrages, mit dem gehaftet wird, aber auch in dem gegen andere Personen als den Täter oder Teilnehmer ergehenden Urteil des objektiven Verfahrens nach § 10 vorbehalten werden. Das Urteil und der Strafbefehl entscheiden solchenfalls gleichsam dem Grunde nach, während über den Betrag die Entscheidung im Nachverfahren ergeht. Über die Höhe des einzuziehenden Betrages gibt es sonach nur ein vorbehaltenes Nachverfahren. Der Gesetzgeber ist bei dessen Zulassung von der Ansicht ausgegangen, „daß die ziffermäßige Feststellung des übermäßigen

Gewinnes vielfach umfangreiche Erörterungen erfordere, insbesondere eine eingehende und zeitraubende Nachprüfung der einschlägigen Geschäftsbücher und Geschäftspapiere unter Zuziehung von Sachverständigen, und daß die Vornahme solcher Beweiserhebungen in der Hauptverhandlung häufig auf Schwierigkeiten stoße" (Begr.). Inwieweit diese Erwägungen zutreffen, steht dahin. Für die Feststellung der Höhe des übermäßigen Gewinnes nach § 1 Nr. 1 u. 2 mag ihnen eine gewisse Berechtigung zukommen, für die Feststellung des den Höchstpreis überschreitenden Erlöses keinesfalls. Aber auch zum Zweck dieser Feststellung ist das Vorbehaltsverfahren gemäß dem allgemeinen Hinweis auf § 7 zugelassen, wie auch aus § 14 ausdrücklich erhellt.

Voraussetzung für den Vorbehalt des besonderen Verfahrens über die Höhe des übermäßigen Gewinnes oder Übererlöses über den Höchstpreis ist jedoch immer, daß die Höhe des einzuziehenden Betrages nicht ohne Verzögerung des Strafverfahrens erfolgen kann. Ohne diese Verzögerungsgefahr hat das Vorbehaltsverfahren keine Berechtigung. Ob diese Gefahr im Einzelfalle vorliegt, hat ausschließlich der Tatrichter nach pflichtgemäßem Ermessen zu entscheiden. Hierbei ist zu beachten, daß die Tatsache, daß überhaupt ein übermäßiger Gewinn oder Übererlös vorliegt, für die Schuldfrage und die annähernde Höhe des Gewinnes in der Regel für das Strafmaß ohnehin immer festgestellt werden muß. Die Möglichkeit des Nachverfahrens über die Höhe darf nicht zu unsorgfältiger Feststellung der Schuld führen. Vor allem darf die Entscheidung über die Berechtigung des Ansatzes der einzelnen preisbildenden Faktoren, wie z. B. eines Risikos, eines Unternehmerlohns usw. nicht dem Nachverfahren überlassen werden. Hiernach wird für die Anwendung des Vorbehaltverfahrens zwecks Festsetzung der genaueren Höhe über die schon für die Schuld und Straffestsetzung im Strafverfahren notwendige Genauigkeit hinaus auch beim übermäßigen Gewinn selten, beim Erlös über den Höchstpreis kaum jemals ein Bedürfnis vorliegen.

b) Die **Haftbarmachung einer anderen Person** als des

Täters oder Teilnehmers. Hier hat das besondere Verfahren eine größere innere Berechtigung, da die Feststellungen hierüber für das Urteil gegen den Täter oder die Teilnehmer nach Schuld und Strafe ohne Bedeutung sind. Ihre Aussonderung aus dem Hauptverfahren gegen jene ist daher meist zweckmäßig. Voraussetzung ist, daß der einzuziehende Betrag des Gewinns oder Übererlöses selbst bereits im Urteil oder Strafbefehl gegen den Täter oder Teilnehmer nach seiner Höhe festgestellt ist und nur noch in Frage kommt, welche andere Person neben dem Täter oder Teilnehmer für ihn noch haftbar ist, oder daß die Einziehung gegen den Täter oder Teilnehmer wenigstens im objektiven Verfahren nach § 10 festgesetzt worden ist. Dagegen dient das Verfahren zugleich notwendig zur Feststellung der Höhe der Zuwendung, mit der die andere Person für den einzuziehenden Betrag haftet.

Das besondere Verfahren zu diesem Zweck kann sein ein vorbehaltenes und ein ohne Vorbehalt selbständig eingeleitetes.

Der Vorbehalt kann nur in einem Urteil gegen die Täter oder Teilnehmer ausgesprochen werden. Dieses Urteil kann auf Strafe lauten oder auch nur im objektiven Verfahren nach § 10 die Einziehung anordnen. In einem Strafbefehl gegen Täter oder Teilnehmer ist, anders als zu a, ein Vorbehalt zur Feststellung der Haftung anderer Personen nicht zulässig. Ist daher ein Strafbefehl ergangen, so hat zur Herbeiführung der Haftung dieser anderen Personen als der Täter und Teilnehmer nur das selbständige, vorbehaltlose besondere Verfahren einzutreten. Das selbständige Nachverfahren kann eintreten, wenn im Urteil kein Vorbehalt gemacht worden ist. Diese Regelung ist notwendig, denn die Haftbarkeit anderer Personen kann z. B. sich erst nach dem Urteil ergeben, namentlich in den Fällen des § 7 Abs. 3 u. 4. Auch es hat aber immer ein Urteil, das den einzuziehenden Betrag festsetzt, zur Voraussetzung, sei es, daß es gegen Täter und Teilnehmer auf Strafe lautet, sei es, daß es gegen sie im objektiven Verfahren des § 10 die Einziehung anordnet. Im übrigen ist das vorbehaltene und das nichtvorbehaltene selbständige besondere Verfahren durchaus das gleiche. Ausgeschlossen wird das selbständige Nachverfahren des § 11 zur Festsetzung der Haftung anderer Personen als des Täters oder Teilnehmers, wenn diese Festsetzung bereits in dem gegen sie ebenfalls zulässigen objektiven Verfahren des § 10 getroffen worden ist.

2. Nicht erforderlich ist, daß die Personen, gegen die das Nachverfahren gerichtet ist, zu dem vorausgegangenen Hauptverfahren oder Verfahren nach § 10 geladen waren. Das Nachverfahren selbst bietet ihnen ausreichende Gelegenheit, ihre Rechte geltend zu machen. Es ist ein dem objektiven Verfahren des § 10 selbständig an die Seite tretendes gleichwertiges Verfahren.

§ 12

(1) In dem besonderen Verfahren (§ 11) trifft der Staatsanwalt die erforderlichen Ermittlungen. Nach Eintritt der Rechtskraft der Entscheidung, welche die Einziehung anordnet, setzt er den einzuziehenden Betrag fest und gibt den Bescheid denjenigen Personen durch Zustellung bekannt, gegen welche die Einziehung sich richtet.

(2) Der Bescheid muß mit Gründen versehen sein und die Eröffnung enthalten, daß er vollstreckbar wird, wenn der Betroffene nicht binnen zwei Wochen nach der Zustellung die gerichtliche Entscheidung beantragt. Der Antrag ist bei dem Staatsanwalt oder bei dem Gerichte, das in erster Instanz entschieden hat, schriftlich oder zu Protokoll zu stellen.

(3) Beantragt der von dem Bescheide Betroffene die gerichtliche Entscheidung, so entscheidet das Gericht durch Beschluß. Gegen den Beschluß findet sofortige Beschwerde statt.

(4) Wird ein Antrag auf gerichtliche Entscheidung

innerhalb der im Abs. 2 Satz 1 bestimmten Frist nicht gestellt oder der gestellte Antrag als unzulässig verworfen, so erlangt der Bescheid des Staatsanwalts die Wirkung eines rechtskräftigen Urteils. Die Vollstreckung erfolgt auf Grund einer mit der Bescheinigung der Vollstreckbarkeit versehenen beglaubigten Abschrift des Bescheids des Staatsanwalts; die Bescheinigung erteilt der Gerichtsschreiber des Gerichts, das in erster Instanz entschieden hat.

1. Das besondere Verfahren bildet kein Nachverfahren vor dem erkennenden Gericht, es ist vielmehr zunächst ein außergerichtliches und dem **Staatsanwalt** als einer Verwaltungsbehörde übertragen, gleichviel, ob das Urteil vom Landgericht oder Schöffengericht ergangen oder ein Strafbefehl erlassen worden ist. Der Amtsanwalt ist zur selbständigen Durchführung des besonderen Verfahrens nicht befugt (Begr.). Der Staatsanwalt hat seine Ermittelungen durch Vernehmung von Zeugen und Sachverständigen in gleicher Weise zu treffen, wie bei Vorbereitung einer öffentlichen Klage, StPO. §§ 159 ff., nur handelt es sich hier nicht um Ermittelungen zur Erbringung hinreichenden Verdachts, sondern zur Erbringung von Beweis und tatsächlichen Feststellungen. Die Ermittelungen können bereits vor Eintritt der Rechtskraft der Entscheidung, die die Einziehung anordnet, vorgenommen werden. Der Staatsanwalt ist im übrigen bei ihrer Vornahme an eine besondere gesetzliche Frist nicht gebunden. Doch ist in dem Vorbehalt des Urteils der amtliche Auftrag zu erblicken, diese Ermittelungen und die Feststellungen der Höhe des Betrags oder der haftenden Personen unverzüglich vorzunehmen. Soweit ein selbständiges besonderes Verfahren ohne Vorbehalt im Urteil in Frage kommt, ist dessen Durchführung in das pflichtgemäße Ermessen des Staatsanwalts gestellt. Solange der öffentlichrechtliche Anspruch des Staats auf Einziehung nicht verjährt ist, kann das besondere Verfahren stattfinden. Die Verjährung beginnt mit der Rechtskraft des Urteils, das nach § 7 oder

§ 10 die Einziehung des übermäßigen Gewinns oder des den Höchstpreis übersteigenden Erlöses anordnet, denn erst dann entsteht der Anspruch des Staats auf Herausgabe gegen den Täter oder Teilnehmer sowie gegen die anderen in § 7 Abs. 2—4 genannten Personen. Ist im Falle des § 7 Abs. 3 die Zuwendung erst nach der Rechtskraft dieses Urteils erfolgt, so läuft die Verjährungsfrist auch erst von diesem Zeitpunkt ab. Die Dauer der Verjährung ist dieselbe, wie bei jedem anderen öffentlichrechtlichen Leistungsanspruch des Staats.

2. Nach Abschluß der Ermittelungen erläßt der Staatsanwalt einen **Bescheid**, in dem die Höhe des einzuziehenden Betrags festgesetzt wird, sofern das Nachverfahren diesem Zwecke diente, oder in dem er die Personen bezeichnet, die neben dem Täter oder Teilnehmer für den einzuziehenden Betrag haften, unter gleichzeitiger Feststellung der Höhe des Betrags mit dem nach der Zuwendung, ihren Wert oder der noch bestehender Bereicherung gehaftet wird. Soweit es sich um Feststellung der Höhe des übermäßigen Gewinns handelt, darf sich die Feststellung nicht in Widerspruch mit der des vorausgegangenen Urteils setzen. Wenn dort z. B. festgestellt ist, daß der Einkaufspreis einer gewissen Zeit maßgebend ist, gewisse Unkosten nicht zu berücksichtigen sind, der Gewinn nicht höher als der eines Vermittlers sein darf usw., so ist das Nachverfahren daran gebunden.

Der Bescheid darf erst erlassen werden, nachdem das Urteil rechtskräftig ist. Er muß mit Gründen versehen sein, die strengeren Erfordernisse der StPO. § 266 sind aber für sie nicht maßgebend. Die weiteren notwendigen Angaben entsprechen der Vorschrift der StPO. § 459 Abs. 2 bei Verwaltungsbescheiden, die Anfechtungsfrist ist jedoch auf zwei Wochen von der Zustellung ab ausgedehnt. Wird von ihr kein Gebrauch gemacht oder der Antrag vom Gericht als unzulässig verworfen, weil er verspätet gestellt oder nicht in der erforderlichen Form eingereicht ist, so wird der Bescheid rechtskräftig und erlangt die Wirkung eines richterlichen Urteils, aus dem nunmehr nach StPO. § 495 die Vollstreckung stattfindet.

3. Jeder vom Bescheid Betroffene, also jeder der durch die festgesetzte Höhe des einzuziehenden Betrags beschwert wird und jeder, der als eine andere in § 7 Abs. 2—4 genannte Person bezeichnet wird, die aus den erhaltenen Zuwendungen für den einzuziehenden Betrag haftet, kann den Antrag auf gerichtliche Entscheidung selbständig stellen. Die Antragsfrist beträgt zwei Wochen. Der Antrag ist entweder schriftlich oder zu Protokoll zu stellen und kann beides sowohl beim Staatsanwalt als bei dem Gericht, das „in erster Instanz", d. h. bei dem Gericht, das das erste Sachurteil gefällt und die Einziehung angeordnet hat, geschehen. Mit diesem Antrag verliert der staatsanwaltschaftliche Bescheid seine Wirkung. Während bei den übrigen Strafbescheiden der Verwaltungsbehörden der Antrag auf gerichtliche Entscheidung aber die Wirkung hat, daß nunmehr die Untersuchung in das ordentliche Hauptverfahren vor den erkennenden Richter gebracht wird, besteht hier die Besonderheit, daß das Gericht nicht durch Urteil, sondern durch **Beschluß** zu entscheiden hat. Demnach ist zuständig für die Sachen, in denen das Schöffengericht das Urteil fällte, der Amtsrichter, in denen die Strafkammer in Besetzung mit fünf Richtern das Urteil fällte, die Strafkammer in Besetzung mit drei Richtern. Es ist ferner ins Belieben des Gerichts gestellt, ob es eine mündliche Verhandlung vorausgehen lassen will oder nicht. Für diese mündliche Verhandlung gelten die Vorschriften der StPO. über eine Hauptverhandlung vor dem erkennenden Gerichte nicht. Für den Beschluß gilt dasselbe, wie vom Bescheid des Staatsanwalts hinsichtlich seiner Fassung.

4. Gegen den Beschluß findet **sofortige Beschwerde** gemäß StPO. § 353 statt. Diese steht demjenigen zu, der in dem Beschluß für die Einziehung des festgesetzten Betrags haftbar gemacht oder nach einer bestimmten Höhe für haftbar erklärt wird, ebenso aber gemäß der allgemeinen Vorschrift der StPO. § 338 der Staatsanwaltschaft selbst. Der Umstand, daß den ersten Bescheid die Staatsanwaltschaft erlassen hat, vermag dem nicht entgegenzustehen, umsoweniger, als mit dem Antrag auf gerichtliche Entscheidung dieser seine Wirkung verloren hat und der Staatsanwalt sonach im Beschlußverfahren vor Gericht wiederum lediglich als Prozeßpartei beteiligt ist. Der Staat hat aber ein Interesse an der Einziehung und Erlangung des Betrags. Sachlich zuständig für die sofortige Beschwerde ist die Strafkammer als Beschwerdekammer beim Landgericht oder der Strafsenat des Oberlandesgerichts. An das Reichsgericht gelangen die Sachen aus dem besonderen Verfahren nicht.

5. Über die Rückwirkung der Vorschrift auf Zuwiderhandlungen vor dem 1. Juni 1918 vgl. § 14.

§ 13

Beschlagnahme.

(1) Zur Sicherung der im § 7 Abs. 1 vorgeschriebenen Einziehung können Vermögensstücke des Beschuldigten beschlagnahmt werden.

(2) Die Anordnung der Beschlagnahme steht dem Richter, bei Gefahr im Verzuge dem Staatsanwalte zu. Hat der Staatsanwalt die Beschlagnahme angeordnet, so soll er binnen drei Tagen die richterliche Bestätigung nachsuchen.

(3) Auf die Durchführung der Beschlagnahme finden die Bestimmungen der Zivilprozeßordnung über die Vollziehung und die Wirkungen des dinglichen Arrestes entsprechende Anwendung.

1. Die in § 13 zugelassene Beschlagnahme von Vermögensstücken zur Sicherung der Einziehung des übermäßigen Gewinns oder des den Höchstpreis übersteigenden Erlöses nach § 7 Abs. 1 ist zu unterscheiden von der nach BVO. über die Einziehung und Veräußerung beschlagnahmter Gegenstände vom 22. III. 17 (RGBl. S. 255) Art. II zulässigen Beschlagnahme zur Sicherung der noch nach § 15 statthaften Einziehung der

Gegenstände, auf die sich die strafbare Handlung der §§ 1, 4 und 5 bezieht. Vgl. auch Preuß. AllgVerf. v. 9. VI. 16 über die Behandlung von Vorräten, die im Strafverfahren eingezogen sind (JMBl. S. 127).

2. Die Vorschrift will eine weitere Gewähr dafür bieten, daß der übermäßige Gewinn und Erlös schnell und ausreichend erfaßt wird und nicht beiseite geschafft werden kann. Es wird dadurch für den Wert dieses Gewinns der der Einziehung unterliegt, ein Pfand geschaffen, so daß eine Zuwendung namentlich an die Personen des § 7 Abs. 2—4 nicht mehr schadet.

3. Die Beschlagnahme richtet sich lediglich gegen den Täter oder Teilnehmer, nicht noch gegen die in § 7 Abs. 2—4 genannten anderen Personen. Zur Sicherung der Einziehung gegen diese ist eine Beschlagnahme unzulässig.

4. Die Regelung schließt sich an StPO. § 98 Abs. 1 u. 2, § 325 in Verbindung mit ZPO. §§ 929 ff., 803 ff. an. Nach Durchführung der Einziehung oder nach sonstiger Erledigung des Verfahrens ist die Beschlagnahme von Amts wegen wieder aufzuheben (Begr.).

§ 14

Rückwirkung der Einziehung des Gewinns.

(1) Die Vorschriften der §§ 7 bis 13 finden bei Aburteilung von Zuwiderhandlungen der im § 1 Nr. 1 oder § 4 Nr. 1 bezeichneten Art auch dann Anwendung, wenn die Zuwiderhandlung vor dem Inkrafttreten dieser Verordnung begangen ist.

(2) Soweit in solchen Fällen die Strafe aus § 6 des Gesetzes, betreffend Höchstpreise, oder aus § 5 der Verordnung gegen übermäßige Preissteigerung, je in der Fassung der Bekanntmachung vom 23. März 1916 (Reichs-Gesetzbl. S. 183), zu bestimmen ist, bleibt der Abs. 2 dieser Vorschriften außer Anwendung.

1. Die in § 14 geordnete „Rückwirkung" ist auf die Einziehung beschränkt. Die Vorschrift des Abs. 1 ist ein weiteres Mittel, die Einziehung des übermäßigen Gewinns ausnahmelos sicherzustellen. Dessen Erfassung steht nicht, wie die Begründung meint, die Bestimmung des StGB. § 2 Abs. 2 entgegen, da die Einziehung nicht die Natur einer Strafe hat. Es kann hier höchstens ein Eingriff in wohlerworbene Rechte in Frage kommen. Diesen Eingriff nimmt die Verordnung vor, wenn sie bei Zuwiderhandlungen der nach § 1 Nr. 1 und § 4 Nr. 1 bezeichneten Art, die vor dem 1. Juni 1918 begangen sind, gleichwohl die Einziehung nach §§ 7—13 anordnet. Damit wird nunmehr der wirtschaftlich und sittlich zu mißbilligende schon vor dem 1. Juni 1918 erlangte Gewinn ebenso ergriffen, als wenn dessen Erwerbung erst unter der neuen Verordnung erfolgt wäre, und zwar sowohl aus vorsätzlich als aus fahrlässig begangenen Handlungen. In gleicher Weise wäre es dem Gesetzgeber unbenommen gewesen, einen solchen Gewinn auch aus Handlungen jetzt noch einzuziehen, die nach den gegenwärtigen Auffassungen verboten und strafwürdig sind, vordem aber noch unverboten waren. Diesen Schritt hat die Verordnung aber nicht getan und deshalb den übermäßigen Verdienst aus Vermittelungsgeschäften von der in § 1 Nr. 2 erwähnten Art, soweit er vor dem 1. Juni 1918 erlangt wurde, nicht ergriffen.

2. Dagegen bringt Abs. 2 allerdings eine nach der Anordnung des Abs. 1 notwendig gewordene Ausnahme von StGB. § 2 Abs. 2. Da die neue Verordnung gegenüber dem früheren Höchstpreisges. und der BVO. v. 23. III. 16 die härteren Strafen androht, nämlich 5 Jahre Gefängnis statt 1 Jahr, so würden mit der Anwendung des früheren milderen Gesetzes auf die vor dem 1. Juni 1918 begangenen Zuwiderhandlungen auch die Strafen nach Abs. 2 des § 6 des Höchstpreisges. und des § 5 der BVO. v. 23. III. 16 anzuwenden sein, wonach die Strafe sich nach der Höhe des erzielten Gewinns auf das Doppelte oder Einfache bemißt. Würde dann daneben noch gemäß Abs. 1 die Einziehung des übermäßigen Gewinns oder den Höchstpreis übersteigenden

Erlöses erfolgen, wie nach dieser allgemeinen Vorschrift notwendig ist, so würde darin eine unbillige Härte gegen den Täter oder Teilnehmer liegen. Deshalb macht sich für die Fälle der vorsätzlichen Zuwiderhandlungen gegen § 6 Höchstpreisges. und § 5 Nr. 1 der BBO. v. 23. III. 16 die Aufhebung der Vorschrift des Abs. 2 jener Paragraphen notwendig.

Es ist sonach, da im übrigen StGB. § 2 Abs. 2 maßgebend bleibt, nunmehr der regelmäßige Strafrahmen des § 6 Abs. 1 des Höchstpreisges. oder des § 5 Abs. 1 der BBO. v. 23. III. 16 anzuwenden, nicht etwa die in der neuen Verordnung gesetzten Strafen. Vgl. ferner hierzu § 18 Anm. 3.

3. Die Vorschrift des Abs. 2 betrifft nur die Straftaten, die unter der Herrschaft des Höchstpreisges. und der BBO. in der Fassung v. 23. III. 16, also nach dem 1. April 1916 begangen sind. Für Straftaten, die vor diesem Zeitpunkt liegen, bedurfte es der Aufhebung des Abs. 2, in der die Strafe auf das Doppelte des Gewinns bemessen wird, nicht, da die vor jener Zeit geltenden gesetzlichen Bestimmungen diese Vorschrift noch nicht hatten. Dagegen findet die Anordnung der Rückwirkung des Abs. 1 auch auf die vor dem 1. April 1916 begangenen Straftaten Anwendung. Sie erstreckt sich uneingeschränkt auf alle Zuwiderhandlungen, die vor dem 1. Juni 1918 begangen sind.

4. Unter Aburteilung ist die Aburteilung durch den Tatrichter erster oder zweiter Instanz zu verstehen. In der Revisionsinstanz findet § 14 keine Anwendung. Wird das erstinstanzliche Urteil in der Revisionsinstanz aufgehoben und an den Tatrichter zurückverwiesen, so kann für diesen nunmehr in Frage kommen, ob er bei dem neuen Urteil die Vorschrift des § 14 anzuwenden habe. Hierbei ist StPO. § 398 Abs. 2 zu beachten. Sofern es sich um den Täter oder Teilnehmer nach § 7 Abs. 1 handelt, kann die Einziehung wegen der vor dem 1. Juni 1918 liegenden Straftat nur dann noch verfügt werden, wenn die Einziehung keine härtere Strafe bedeutet, als in dem ersten Urteil erkannt war. Diese Vorschrift trifft entsprechend auch diejenigen Rechtsfolgen, die keine Strafe sind, aber doch einen

Rechtsnachteil enthalten. War im aufgehobenen Urteil wegen vorsätzlicher übermäßiger Preisforderung auf 6000 ℳ Geldstrafe als das Doppelte des übermäßigen Gewinns von 3000 ℳ erkannt, so ist die Verurteilung zu einer Geldstrafe von 3000 ℳ und die Anordnung der Einziehung von 3000 ℳ nach § 7 zulässig. War die Verurteilung wegen fahrlässiger Zuwiderhandlung erfolgt, ist die Anordnung der Einziehung unter der gleichen Voraussetzung zulässig.

Sofern die Einziehung gegen andere Personen als die Täter und Teilnehmer nach § 7 Abs. 2—4 in Frage kommt, kann diese der Tatrichter nunmehr gemäß diesen Bestimmungen auch in dem neuen Urteil aussprechen. StGB. § 398 Abs. 2 steht hier nicht entgegen, da diese Einziehungen sich nicht gegen den Verurteilten Täter oder Teilnehmer richten. Unbenommen ist es ferner dem gemäß StPO. § 398 Abs. 1 erkennenden Tatrichter, von der Befugnis des § 11 Gebrauch zu machen. Ebenso steht der Einleitung des selbständigen besonderen Verfahrens nach § 11 Abs. 2 nichts entgegen.

§ 15

Einziehung von Gegenständen.

Neben der Strafe kann in den Fällen der §§ 1, 4, 5 auf Einziehung der Gegenstände erkannt werden, auf die sich die strafbare Handlung bezieht, ohne Unterschied, ob sie dem Täter gehören oder nicht.

1. Diese Einziehung ist von der nach § 7 zu unterscheiden. StGB. § 40 bleibt neben dieser Vorschrift in Kraft. Hervorgebracht ist jedoch der übermäßige Gewinn oder der den Höchstpreis übersteigende Erlös durch die strafbare Handlung nicht, nur in den Besitz des Täters ist er durch sie gelangt, RGStr. 39, 78. Dagegen können die Gegenstände, für die übermäßige Preise gefordert werden, gegebenenfalls zur Begehung der vorsätzlichen Zuwiderhandlungen bestimmt sein, namentlich wenn mit ihnen ein fortgesetzter Handel betrieben werden soll, RGStr. IV

228/18, 10. V. 18, RGStr. 40, 362; 42, 316; RGStr. III 175/12, 3. IV. 12.

2. Die Vorschrift erweitert die Einziehung gegenüber StGB. § 40, indem sie einmal diese auch bei fahrlässigen Zuwiderhandlungen zuläßt, wie bereits die VVO. v. 23. III. 16 tat, RGStr. 51, 196, sodann auch die Gegenstände ergreift, die dem Täter oder Teilnehmer nicht gehören, endlich ganz allgemein genügen läßt, daß sich die Handlung auf sie bezieht. Diese Fassung ist weiter, nicht enger, als StGB. § 40, a. M. Alsberg S. 151. Ob der VVO. v. 23. III. 16 gegenüber, die die Einziehung der Vorräte zuließ, vgl. Hachenburg, DJZ. 15, 857, eine Einschränkung gebracht worden ist, was die Begr. verneint, kann dahingestellt bleiben. Auch jetzt noch können Vorräte als eine Summe von Gegenständen eingezogen werden, wenn sich die Handlung auf sie bezieht. ReichskanzlerVO. v. 20. II. 17 über Bier (RGBl. S. 162) spricht noch von Einziehung der Vorräte. Das ist im einzelnen Auslegungsfrage, namentlich bei Ankündigungen von Preisangeboten in Zeitungen, in denen eine bestimmte Menge der angebotenen Waren nicht angegeben wird. Bei fortgesetztem Handel wird der ganze vorhandene Warenvorrat in Betracht kommen können. RGStr. 49, 249.

3. Wie nach StGB. § 40 ist die Einziehung bei dem hier immer straflosen Versuch der Tat unzulässig, RGStr. 44, 140; mit Unrecht abweichend RGStr. 36, 145; ebenso die Einziehung bei bloßen Vorbereitungshandlungen, RGStr. 49, 208. Noch nicht angebotene, bloß für den inneren Geschäftsverkehr mit höheren Preisen ausgezeichnete Gegenstände unterliegen sonach der Einziehung nicht.

4. Auch die Einziehung nach § 15 ist keine Strafe, sondern eine Verwaltungsmaßnahme, die zwar als angeordnete Folge einer Straftat den Strafgerichten übertragen ist, aber nicht den Täter als Strafübel treffen soll. Dies erhellt schon daraus, daß ihm der Gegenstand gar nicht zu gehören braucht, RGStr. 50, 395. Der Übergang des Eigentums an den eingezogenen

Gegenständen auf den Staat geschieht erst mit der Rechtskraft des die Einziehung anordnenden Urteils.

5. Die strafbare Handlung muß sich auf die Gegenstände beziehen. Daher ist bei der Anstiftung erforderlich, daß sich die Anstiftungshandlung auf sie bezog, sei es, daß sie als Mittel zur Anstiftung verwendet wurden, wie Geschenke usw. oder daß sonst sich die Anstiftung auf sie bezog. Dasselbe gilt von der Beihilfe. RGStr. 49, 211. Sofern dem Anstifter oder Gehilfen gehörige Gegenstände zwar nicht zur Anstiftung oder Beihilfe, sondern zur Haupttat vom Täter verwendet worden sind, ist ihre Einziehung nach § 15 gleichwohl um deswillen möglich, weil sie nicht dem Täter zu gehören brauchen. Die Einziehung nach StGB. § 40 wäre ausgeschlossen.

6. Auf die Einziehung der Gegenstände, auf die sich die strafbare Handlung des § 1 und § 4 bezieht, kann in Fällen, in denen die Verfolgung oder Verurteilung einer bestimmten Person nicht ausführbar ist, nach Art. I BVO., betr. einige Kriegsverordnungen ergänzende Vorschriften über Einziehung und über Veräußerung beschlagnahmter Gegenstände, v. 22. III. 17 (RGBl. S. 255) selbständig erkannt werden. Damit wird dem Mißstand begegnet, daß die Einziehung nur im Zusammenhang mit der Bestrafung einer bestimmten Person angeordnet werden kann.

7. Nach StGB. § 94 sind die der Einziehung unterliegenden Gegenstände, sei es, daß die Einziehung im Strafverfahren auszusprechen ist oder im objektiven Verfahren nach der unter 6 genannten BVO. v. 22. III. 17 schon vor der Anordnung der Einziehung zu deren Sicherung in Verwahrung zu nehmen oder in anderer Weise sicherzustellen. Solche in Verwahrung genommenen Gegenstände können, wie Art. II der BVO. v. 22. III. 17 ausdrücklich bestimmt, bereits vor der rechtskräftig gewordenen Einziehung veräußert werden, wenn sie dem Verderben ausgesetzt sind, und es tritt dann der Erlös an die Stelle des beschlagnahmten Gegenstands. Dieselbe Befugnis besteht aber auch ohne diese ausdrückliche Bestimmung für

die nach StPO. § 94 beschlagnahmten Gegenstände, RGStr. 51, 322.

8. Gleiche Vorschriften finden sich auch in anderen Verordnungen, z. B. ReichskanzlerVO. über Bier v. 20. II. 17 (RGBl. S. 162) § 8 Abs. 2. BVO. über äußere Kennzeichnung von Waren v. 18. V. 16 (RGBl. S. 380) § 5.

§ 16

Nebenstrafen.

Neben Gefängnis kann in den Fällen des § 1 Abs. 1 und des § 4 Abs. 1 auf Verlust der bürgerlichen Ehrenrechte erkannt werden. In den Fällen des § 5 ist neben Zuchthaus auf Verlust der bürgerlichen Ehrenrechte zu erkennen.

1. Die Aberkennung der bürgerlichen Ehrenrechte kann nur bei vorsätzlichen Zuwiderhandlungen ausgesprochen werden, sofern auf Gefängnisstrafe erkannt wird und weiter die Voraussetzung des StGB. § 32 vorliegt, daß die Dauer der erkannten Strafe mindestens drei Monate beträgt. Die Aberkennung beträgt weiter hiernach im Mindestfalle ein Jahr, im Höchstfalle fünf Jahre. Ferner muß sie bei Begehung im wiederholten Rückfalle nach § 5, wenn nicht mildernde Umstände angenommen worden sind, ausgesprochen werden. In diesem Ausnahmefalle kann wiederum nach StGB. § 32 die Aberkennung ausgesprochen werden, wenn die Dauer der Gefängnisstrafe mindestens drei Monate erreicht. Die Mindeststrafe ist nach § 5 ein Monat.

2. Die Aberkennung der bürgerlichen Ehrenrechte hat nur die in StGB. §§ 33 ff. festgesetzten Folgen, nicht den zeitlichen oder dauernden Verlust der Befugnis, den Gewerbebetrieb mit den Gegenständen auszuüben, auf die sich die Zuwiderhandlungen des § 1 und § 4 bezogen. Der Handel mit GtB. kann vielmehr nur nach BVO. zur Fernhaltung unzuverlässiger Personen vom Handel v. 23. IX. 15 (RGBl. S. 603) von den Ver-

waltungsbehörden untersagt werden. Nach § 1 Abs. 2 dieser Verordnung sind bei der Feststellung von Tatsachen, die die Unzuverlässigkeit in bezug auf den Handelsbetrieb dartun, aber insbesondere zu berücksichtigen Zuwiderhandlungen gegen die Vorschriften über Höchstpreise, Vorratserhebungen, Preisaushang und übermäßige Preissteigerung. In den Preuß. Ausführungsbestimmungen v. 27. IX. 15 (HMBl. S. 246) wird hervorgehoben, daß für die zuständigen Behörden nicht nur die Möglichkeit, sondern die Pflicht besteht, gegen solche Handeltreibende vorzugehen.

§ 17

(1) Neben der Strafe kann in den Fällen der §§ 1, 4 angeordnet werden, daß die Verurteilung auf Kosten des Schuldigen öffentlich bekanntzumachen ist. In den Fällen des § 5 ist dies anzuordnen.

(2) Die Art der Bekanntmachung wird im Urteil bestimmt; die Bekanntmachung kann auch durch Anschlag in dem Geschäftsraum erfolgen, in dem die strafbare Handlung begangen ist.

1. Die Vorschrift bringt gegenüber § 6 des Höchstpreisges. eine Erweiterung. Dieses ließ die Bekanntmachung nur in den Fällen Nr. 1 u. 2 zu, während nunmehr in gleicher Weise wie bei der übermäßigen Preissteigerung bei allen Fällen des § 4 die öffentliche Bekanntmachung zugelassen ist. Für den Fall des wiederholten Rückfalls ist die Bekanntmachung zwingend.

2. Wenn die Preistreiberei mit Zuwiderhandlungen gegen andere Vorschriften zusammentrifft, bei denen eine öffentliche Bekanntmachung der Verurteilung nicht zugelassen ist, so darf nicht der ganze entscheidende Teil des Strafurteils, sondern nur der Teil bekannt gemacht werden, der die Verurteilung wegen Höchstpreisüberschreitung oder wegen Preistreiberei ausspricht. Die Bekanntmachung hat sich auf den ganzen Inhalt der Verurteilung wegen dieser Straftaten zu erstrecken, also insbesondere auch darauf, daß die Einziehung des Gewinns oder Erlöses angeordnet worden ist. Dagegen bezieht sich die Verurteilung „des Schuldigen" nicht auch auf die Verfügung der Einziehung gegen die Personen des § 7 Abs. 2—4, deren Verurteilung zur Haftung ist sonach nicht bekanntzumachen. Ist die Verurteilung wegen der zusammentreffenden Straftat auf Grund dieser betreffenden Vorschriften geboten, so ist natürlich die Bekanntmachung auch hierauf zu erstrecken, z. B. nach BVO. über die äußere Kennzeichnung von Waren v. 18. V. 16 (RGBl. S. 380) § 5.

3. Die Art der Bekanntmachung ist nicht im Vollstreckungsverfahren zu bestimmen, sondern im Urteil anzuordnen. Der Richter hat hierbei völlig freie Hand und ist auch nicht auf die Veröffentlichung in einer oder mehreren Zeitungen beschränkt, wie das in Abs. 2 hervorgehobene Beispiel zeigt. Diese hervorgehobene Art der Bekanntmachung durch Anschlag in dem Geschäftsraum muß als besonders wirksam erachtet werden. Ebenso zulässig ist auch der Anschlag an dem Geschäftsraum, außerhalb desselben am Geschäftsgebäude, am Schaufenster usw. (Begr.).

§ 18

Zusammentreffen mit anderen Straftaten.

Die Vorschriften der §§ 7, 15 bis 17 sind auch dann anzuwenden, wenn die Strafe gemäß § 73 des Strafgesetzbuchs auf Grund eines anderen Gesetzes zu bestimmen ist.

1. Da nach StGB. § 73 beim zeitlichen Zusammenfluß mehrerer Straftaten nur das Gesetz zur Anwendung kommt, daß die schwerste Strafe androht, war es nach dem bisherigen Recht in solchen Fällen nicht möglich, namentlich den übermäßigen Gewinn dem Täter durch die auf das Doppelte des Gewinns berechnete Geldstrafe zu entziehen. Traf z. B. das Vergehen des Betrugs nach StGB. § 263 mit dem der übermäßigen Preissteigerung oder Höchstpreisüberschreitung zusammen, so fand bisher nur

StGB. § 263 Anwendung bei Bemessung der Strafe. Ist die Gefahr, daß das zusammentreffende Gesetz härter ist als die vorliegende Verordnung, auch jetzt geringer geworden, so sind doch gleichwohl noch Fälle möglich, wo dies zutrifft. Es erweist sich daher die Vorschrift als zweckmäßig, daß die in § 7 zugelassene Einziehung des übermäßigen Gewinns oder Erlöses, die Einziehung von Gegenständen nach § 15, die Aberkennung der bürgerlichen Ehrenrechte nach § 16 und die öffentliche Bekanntmachung des Urteils nach § 17 auch dann noch möglich ist, wenn im übrigen die Strafe aus dem konkurrierenden anderen Strafgesetz genommen wird.

2. Für den Fall des Zusammentreffens nach StGB. § 74 ist eine gleiche Bestimmung nicht erforderlich, da hier wegen jeder selbständigen Handlung eine besondere Strafe ausgeworfen wird und die zu bildende Gesamtstrafe die Nebenstrafen und Nebenfolgen bestehen läßt. Für die Aberkennung der bürgerlichen Ehrenrechte ist dies in StGB. § 76 noch ausdrücklich anerkannt.

3. Eine rückwirkende Kraft wie in § 14 ist der Vorschrift des § 18 nicht beigelegt. Wenn daher nach § 14 die Vorschriften von §§ 7—13 auch auf Zuwiderhandlungen anzuwenden sind, die vor dem 1. Juni 1918 begangen sind, so kann dies doch nur dann geschehen, wenn nicht jene Zuwiderhandlungen gemäß StGB. § 73 aus einem anderen Gesetze zu bestrafen sind.

§ 19

Lieferung nach dem Ausland.

Auf Lieferungen nach dem Ausland finden die Bestimmungen dieser Verordnung und die Bestimmungen über Höchstpreise keine Anwendung.

1. Nach dem bisherigen Recht wurde eine Überschreitung des Höchstpreises auch dann für strafbar erachtet, wenn die Ware **nach dem Ausland** ging, RGStr. 50, 427; JW. 17, 368; LZ. 17, 398.

Ob auch die **übermäßige Preissteigerung** für Waren nach dem Ausland Anwendung zu finden habe, war bestritten. Bejaht wurde die Frage für das schweizerische Recht vom Obergericht Zürich und dem schweizerischen Bundesgericht, ebenso für das deutsche von Heslenfeld in RuW. 18, 27, verneint von Lehmann, JW 17, 368; Reichel, DStrafrZ. 18, 99 und KG. 6. Ziv.-Sen. DJZ. 18, 517.

2. Die Verordnung löst die Streitfragen in verneinendem Sinne. Die Begr. erwägt: die inländischen Höchstpreise und Preisbeschränkungen bezwecken nur den Schutz der inländischen Bevölkerung, Mißständen sei durch Handhabung der Ausfuhrgenehmigungen zu begegnen.

3. Die besetzten Gebiete gehören nicht zu denen des Deutschen Reichs. Geschäfte, die über Waren geschlossen werden, die in diesen lagern oder nach diesen Gebieten kommen sollen, fallen daher ebenfalls unter der Vorschrift des § 19. OLG. Hamburg, LZ. 18, 516.

§ 20

Bezug aus dem Ausland.

Der Reichskanzler oder die von ihm bestimmte Stelle kann für Gegenstände des täglichen Bedarfs und des Kriegsbedarfs, die aus dem Ausland eingeführt werden, Ausnahmen von den Höchstpreisen und von den Vorschriften im § 1 Nr. 1, 2 über die Bemessung von Preisen und Vergütungen zulassen.

1. Für die **aus dem Auslande** eingeführten Waren bleibt grundsätzlich der **inländische Höchstpreis** in Geltung, ohne Rücksicht, wie hoch die Gestehungskosten des Einführenden sich belaufen. Wenn für diese Waren der inländische Höchstpreis nicht maßgebend sein soll, so ist dies stets ausdrücklich vorgeschrieben, wie z. B. in § 45 der BVO. über den Verkehr mit Brotgetreide v. 25. I. 15 (RGBl. S. 35), § 43 der BVO. über den Verkehr mit Gerste v. 28. VI. 15 (RGBl. S. 384). Manchmal ist auch ausdrück-

lich vorgeschrieben, daß die Höchstpreise für Ware ausländischer Herkunft gelten, z. B. VO. über Preise für Fleisch und Fleischwaren ausländischer Herkunft v. 18. VII. 17 (RGBl. S. 632).

Die Vorschrift gestattet nun außerdem im einzelnen Falle dem Reichskanzler oder den von ihm benannten Stellen, Ausnahmen von den Höchstpreisen bei den vom Ausland eingeführten Waren zu machen. Diese Ausnahme haftet an der Ware, denn dann brauchen auch die Abnehmer und späteren Erwerber sich nicht mehr an den Höchstpreis zu halten, können diesen überschrittenen, vom Reichskanzler genehmigten und durch die erforderlichen Zuschläge erhöhten Preis vielmehr als Einstandspreis ihrer Preisbildung zugrunde legen. Sie sind bei dieser dann lediglich an die Vorschriften des § 1 Nr. 1 gebunden (Begr.).

2. Ebenso kann der Reichskanzler Ausnahmen über die Bemessung von Preisen und Vergütungen zulassen, die gemäß § 1 Nr. 1, 2 maßgebend sind. Diese Ausnahmen beziehen sich namentlich auf die Einstellung von Preisbildungsfaktoren und die Angemessenheit des zu erzielenden Reingewinns. Insbesondere wird die Einstellung einer besonders hohen Risikoprämie zuzulassen sein, vom Vergleich mit dem üblichen Friedensreingewinn abgesehen werden dürfen usw. Die Ausnahme wird in der Regel dadurch zum Ausdruck kommen, daß dem Veräußerer gestattet wird, höhere Zuschläge zu den Einkaufspreisen zu machen, als zur Erzielung eines angemessenen Gewinns und Deckung der Unkosten im Regelfalle üblich wäre.

3. Vgl. § 2 der BVO. über die Sicherstellung von Kriegsbedarf v. 24. VI. 15 (RGBl. S. 357), wonach bei den nach dem 31. VII. 14 aus dem Ausland eingeführten Gegenständen an Stelle des Friedenspreises der Einstandspreis des Einführenden als Übernahmepreis zu zahlen ist.

4. Vgl. BVO. v. 25. II. 16 über das Verbot der Einfuhr entbehrlicher Gegenstände (RGBl. S. 111) und ReichskanzlerVO. über den Ausgleich der Preise für inländische und ausländische Butter v. 13. XII. 15 (RGBl. S. 816).

§ 21

Inkrafttreten.

(1) Die Verordnung tritt am 1. Juni 1918 in Kraft.

(2) Mit diesem Tage treten außer Kraft:

1. § 6 Abs. 1 Nr. 1 und 2 sowie Abs. 2 und 3 des Gesetzes, betreffend Höchstpreise, vom $\frac{\text{4. August 1914}}{\text{17. Dezember 1914}}$ in der Fassung der Bekanntmachung vom 23. März 1916 (Reichs-Gesetzbl. 1914 S. 339, 516; 1916 S. 183);
2. § 5 der Verordnung gegen übermäßige Preissteigerung vom 23. Juli 1915 in der Fassung der Bekanntmachung vom 23. März 1916 (Reichs-Gesetzbl. 1915 S. 467; 1916 S. 183);
3. § 11 der Verordnung über den Handel mit Lebens- und Futtermitteln und zur Bekämpfung des Kettenhandels vom 24. Juni 1916 in der Fassung der Bekanntmachung vom 16. Juli 1917 (Reichs-Gesetzbl. 1916 S. 581; 1917 S. 626);
4. die Verordnung über Kettenhandel in Textilien und Textilersatzstoffen vom 8. Februar 1917 (Reichs-Gesetzbl. S. 112);
5. § 9 Abs. 1 Nr. 2 der Verordnung über den Handel mit Arzneimitteln vom 22. März 1917 (Reichs-Gesetzbl. S. 270);
6. § 9 Abs. 1 Nr. 2 der Verordnung über den Handel mit Tabakwaren vom 28. Juni 1917 (Reichs-Gesetzbl. S. 563).

(3) Die Verordnung gegen übermäßige Preissteigerung vom 23. Juli 1915 (Reichs-Gesetzbl.

S. 467) erhält die Überschrift: „Verordnung über die Enteignung von Gegenständen des täglichen Bedarfs."

(4) In der Überschrift der Verordnung über den Handel mit Lebens- und Futtermitteln und zur Bekämpfung des Kettenhandels vom 24. Juni 1916 (Reichs-Gesetzbl. S. 581) werden die Worte „und zur Bekämpfung des Kettenhandels" gestrichen.

(5) Soweit in anderen Vorschriften auf die nach Abs. 2 aufgehobenen Bestimmungen verwiesen ist, treten die entsprechenden Vorschriften dieser Verordnung an ihre Stelle.

1. Die neue Verordnung ist ihren **Strafen** nach gegenüber den Vorschriften des Höchstpreisges. § 6 und der BVO. gegen übermäßige Preissteigerung v. 23. VI. 16 § 5 ebenso wie den unter 3—6 angegebenen Verordnungen das härtere Gesetz im Sinne von StGB. § 2 Abs. 2. Maßgebend hierfür ist die Weite des allgemeinen Strafrahmens. Während die früheren Vorschriften nur Gefängnisstrafe bis zu 1 Jahr androhten, droht die neue Verordnung solche bis zu 5 Jahren an. Allerdings kennt die neue Verordnung auch keine Mindeststrafe außer in § 5. Demgegenüber ist es ohne Belang, daß unter Umständen die Geldstrafe nach den früheren Vorschriften höher sein konnte als nach den neuen. Denn nach diesen ist die Höchstgrenze 200000 ℳ, bei Rückfall 500000 ℳ, während nach den früheren Bestimmungen die Grenze unbestimmt war und diese Beträge weit übersteigen konnte, da sie das Doppelte des Gewinnes betrug. Auch eine Mindestgeldstrafe kennt die Verordnung nicht; den damit erstrebten Erfolg sucht sie durch die Einziehung des übermäßigen Gewinns zu erreichen. Die Geldstrafe ist aber immer wahlweise neben der Gefängnisstrafe angedroht, so daß die letztere den Ausschlag für die Frage des milderen und härteren Gesetzes gibt.

2. Dagegen ist die Verordnung ihrem **Inhalte** nach nur zum

Teil härter als die früheren Vorschriften, in vielen Beziehungen aber milder, indem sie das früher allgemeine Verbot an bestimmte Voraussetzungen knüpft und vielfach einschränkt. Es ist deshalb zunächst zu prüfen, ob der Einzelfall unter das engere Gebot der neuen Verordnungen fällt, das das weitere der früheren Verordnung aufhebt, und erst dann nach der härteren und milderen Strafandrohung zu sehen.

3. Durch die Ermächtigung des § 1 des **Höchstpreisgesetzes**, die durch diese Verordnung unberührt geblieben ist, können von den berufenen Stellen Höchstpreise festgesetzt werden. Diese Festsetzungen werden durch die Abänderung durch § 4 an sich nicht betroffen und bleiben nach wie vor in Kraft. Ebenso ist eine Änderung der Höchstpreise nach der Überschreitung für die Beurteilung der Tat belanglos, RGStr. 46 S. 338, 396; RGStr. DJZ. 15, 425. Dagegen hat das in § 6 des Höchstpreisges. enthaltene Verbot eine wesentliche Änderung in § 4 der neuen Verordnung erfahren.

a) Nr. 1 gibt für den Verkäufer das Verbot der Übertretung der Höchstpreise in demselben Umfang wieder, wie § 6 Nr. 1 des früheren Gesetzes, entläßt dagegen den Abkäufer nunmehr aus der Verpflichtung, die Höchstpreise nicht zu übertreten. Es ist deshalb für ihn das mildere Gesetz. Ebenso ist die in Nr. 2 gefaßte Ausnahme von dieser Ungebundenheit nur eine beschränktere Wiederaufnahme des früheren allgemeinen Verbots in den besonders bezeichneten Fällen, so daß auch dieses Verbot gegenüber dem früheren allgemeineren das mildeste Gesetz darstellt. Nach der Regel des StGB. § 2 Abs. 2 bleibt hiernach der Käufer, der vor dem 1. Juni 1918 durch Versprechen oder Gewähren eines den Höchstpreis überschreitenden Betrags diesen überschritten hat, straflos, wenn die Tat erst nach dem 1. Juni 1918 zur Aburteilung kommt· es sei denn, daß schon vor diesem Zeitpunkt die Straftat den Tatbestand der Nr. 2 verwirklichte. Die Änderung des Gesetzgebers in der Auffassung über die Überschreitungen des Höchstpreises ist derart, daß angenommen werden muß, es solle auf den durch die Zuwiderhandlung an sich für den Staat erworbenen Strafanspruch als einen den Rechtsanschauungen nicht mehr entsprechenden verzichtet werden, RGStr. 13, 249.

Verwirklichte dagegen die Übertretung des Höchstpreises durch den Käufer schon vor dem 1. Juni 1918 den Tatbestand der jetzt in § 4 Nr. 2 mit Strafe bedrohten Straftat, so war diese Tat vor dem 1. Juni 1918 verboten und blieb es nach diesem Zeitpunkt, dort nach einem allgemeineren, hier nach einem beschränkteren Gebot. Sie bleibt also, da diese Zuwiderhandlung nach beiden Geboten mit Strafe bedroht ist, auch strafbar. Nur ist, sofern sie erst nach dem 1. Juni 1918 zur Aburteilung kommt, gleichwohl nicht die neue Verordnung, sondern die Strafdrohung des Höchstpreisges. § 6 anzuwenden, da diese gegenüber der neuen Verordnung das mildeste Gesetz ist, StGB. § 2 Abs. 2.

Wenn das Fordern oder sich versprechen lassen eines den Höchstpreis überschreitenden Preises vor dem 1. Juni 1918 erfolgte, nach dem 1. Juni 1918 aber auf Grund dieses Versprechens der Verkäufer sich den versprochenen Preis gewähren läßt, so hat er innerhalb der Geltungszeit der neuen Verordnung einen strafbaren Tatbestand verwirklicht und es ist solchenfalls die neue Verordnung anzuwenden. Die zu § 1 S. 42 entwickelten Grundsätze, RGStr. 51, 426, finden entsprechende Anwendung.

b) Die Vorschrift der Nr. 3 ist neu, die Teilnahme an einer Verabredung oder Verbindung in ihrem Sinne war bisher nicht verboten. Dauert aber die durch die Verabredung und Verbindung eingegangene Verpflichtung zur Vornahme einer strafbaren Handlung nach Nr. 1, 2 über den 1. Juni 1918 hinaus an, so wird dieser strafbare Tatbestand auch unter der Geltung der neuen Verordnung verwirklicht, die verbotene Handlung ist nicht vorher begangen, und es findet deshalb von nun an diese Anwendung.

c) Die Vorschrift in Nr. 4 deckt sich mit der von Nr. 2 des § 6 Höchstpreisges. im wesentlichen, soweit diese den Verkäufer und den Abkäufer hinsichtlich des Tatbestandes von Nr. 2 dieser Verordnung betrifft. Es findet daher, wenn die Tat vor dem 1. Juni 1918 begangen ist, das alte Höchstpreisges. Anwendung. Neu wird dagegen das Anreizen verboten. Soweit es nicht unter das Auffordern zu unterstellen ist, bleibt es daher straflos, wenn es vor dem 1. Juni 1918 begangen wurde.

4. a) Nr. 1 des § 1 der neuen Verordnung stimmt mit dem § 5 Nr. 1 der BVO. v. 23. III. 16 gegen **übermäßige Preissteigerung** im Umfange des Verbots völlig überein. Nur die Strafdrohungen sind härter, so daß für die vor dem 1. Juni 1918 begangenen Zuwiderhandlungen die alte Verordnung maßgebend ist. Auch hier gilt aber, daß, wenn das Fordern in die Zeit vor dem 1. Juni 1918 fällt, nach diesem Zeitpunkt jedoch das sich versprechen oder gewähren lassen, die Begehung der Tat in das Geltungsgebiet der neuen Verordnung herüberreicht und daher allein zur Anwendung kommt.

b) Die in Nr. 2 verbotene Tat war bis zum 1. Juni 1918 unverboten, es findet also StGB. § 2 Abs. 2 Anwendung, wenn sie vor diesem Zeitpunkt begangen wurde. Eine zu dieser Zeit straflos geforderte Vergütung berechtigt aber nicht, sich diese Vergütung nach dem 1. Juni 1918 versprechen oder gewähren zu lassen, vielmehr erfüllt diese Handlung den Tatbestand des § 1 Nr. 2 und zieht die hierfür angedrohte Strafe nach sich, wenn sie vorsätzlich oder fahrlässig eine Zuwiderhandlung gegen das Verbot darstellt, d. h. der Täter wußte, daß sie verboten ist oder dies doch hätte erkennen können. In diesen Fällen ist jedoch besonders zu prüfen, ob nicht ein entschuldbarer Irrtum über das Verbotensein vorliegt.

c) Nr. 3 entspricht dem Verbot des § 5 Nr. 2 in vollem Umfang, hier bringt nur die Strafdrohung, daß die neue Verordnung die härtere ist.

d) Nr. 4 enthält gegenüber den in Nr. 3—6 des § 21 aufgeführten Verordnungen insofern ein etwas eingeschränkteres Verbot, als es sich nur auf GtB. oder GKB. bezieht, während jene Verordnungen den Kettenhandel mit den in ihnen genannten Gegenständen schlechthin verbieten, also auch wenn sie sich als reine Luxusgegenstände erweisen, die von dem neuen Verbot nicht getroffen werden. Für diese kann dann, wenn die Tat vor dem 1. Juni 1918 begangen ist, aber erst nach dieser Zeit zur Aburteilung kommt, gemäß StGB. § 2 Abs. 2 eine Verurteilung nicht mehr erfolgen. Gegenüber § 5 Nr. 3 enthält Nr. 4 ferner eine Einschränkung dahin, daß die Steigerung erfolgt sein muß, während nach § 5 Nr. 3 der

BVO. v. 23. III. 16 es genügte, daß sie unternommen wurde. Dieser Umstand wird aber belanglos, da auch

e) Nr. 5 das Unternehmen der Steigerung verbietet. Gemeinsam ist, daß die Steigerung durch das Mittel der unlauteren Machenschaften verübt sein muß. Die verschiedene Aufführung von Beispielen bedingt keine Verschiedenheit des Verbots seinem Umfang und Inhalt nach.

f) Die Verbote in Nr. 6 u. 7 endlich entsprechen gleichfalls nach Inhalt und Umfang denen des § 5 Nr. 4 u. 5 der BVO. v. 23. III. 16.

5. Bei fortgesetzten, teils vor, teils nach dem Inkrafttreten der neuen Verordnung begangenen Höchstpreisüberschreitungen und übermäßigen Preissteigerungen ist nur die neue Verordnung anzuwenden, da die im Fortsetzungszusammenhang verübte Tat erst mit dieser letzten unselbständigen Einzelhandlung abgeschlossen, die ganze Tat daher nicht vor der neuen Verordnung begangen ist, RGStr. 51, 171.

6. Unter Aburteilung ist nur die durch den Tatrichter zu verstehen, RGStr. 41, 478. Mit Unrecht bezweifelt von Bar, GesuSch. I S. 92 und Lilienthal, JW. 17, 933.

7. Eine weitere Milderung enthält die Verordnung insofern, als sie für gleichartige Gegenstände nach § 2 einen Durchschnittspreis zuläßt und das Verbot der übermäßigen Preissteigerung nach § 3 auf die Preisforderungen beschränkt, die den von einer zuständigen Behörde festgesetzten Preis überschreiten. Soweit also vor dem 1. Juni 1918 solche Preise gefordert wurden und nach der BVO. v. 23. III. 16 strafbare Zuwiderhandlungen darstellten, findet, wenn die Aburteilung dieserhalb erst nach dem 1. Juni 1918 stattfindet, eine Verurteilung nach StGB. § 2 Abs. 2 nicht mehr statt. Denn auch hier ergibt sich die veränderte Auffassung des Gesetzgebers über die Strafwürdigkeit solcher Handlungen. Ebenso enthält die Vorschrift des § 19 über Lieferungen nach dem Ausland gegenüber dem bestehenden Rechtszustand eine Milderung. Die vor dem 1. Juni 1918 nach dem Ausland gelieferten Waren, bei denen übermäßige Gewinne erzielt und Überschreitungen des Höchstpreises vorgenommen worden sind, werden also der Wohltat des StGB. § 2 Abs. 2 zuteil. Endlich wird man annehmen dürfen,

daß der Reichskanzler die Ausnahmen des § 20 für die aus dem Ausland eingeführten Waren auch dann erlauben darf, wenn diese vor dem 1. Juni 1918 eingeführt worden sind. Ist diese Ausnahme gestattet, dann entfällt auch die vorher begründete Strafbarkeit.

8. Ein neues Verbot, das weder das bisherige Höchstpreisgesetz noch BVO. v. 23. III. 16 kannte, enthält § 6. Die vor dem 1. Juni 1918 betätigte Unterlassung in diesem Sinne ist sonach gemäß StGB. § 2 Abs. 2 nach § 6 nicht mit Strafe zu belegen. Das schließt nicht aus, daß der Täter möglicherweise nach anderen Vorschriften, namentlich nach GewO. § 151 strafbar war, sofern deren weitere Erfordernisse vorlagen. Denn § 6 ist dieser Vorschrift gegenüber die umfassendere und allgemeinere. Solchenfalls kann nur GewO. § 151 zur Anwendung kommen, da § 6 dieser gegenüber die härtere Strafe androht.

§ 22

Geltungsdauer.

Der Reichskanzler bestimmt, wann und in welchem Umfang diese Verordnung außer Kraft tritt.

Berlin, den 8. Mai 1918.

Ausgegeben zu Berlin, den 13. Mai 1918.

Der Reichskanzler.

In Vertretung Dr. von Krause.

1. Nach der Begründung ist die Außerkraftsetzung mit dem Eintritt einer normalen Marktlage in Aussicht genommen. Daß diese unmittelbar nach Friedensschluß eintritt, ist nicht anzunehmen, die Verordnung wird sonach noch über den Krieg hinaus in die Zeit der Übergangswirtschaft hinein ganz oder teilweise in Geltung bleiben müssen.

2. Diese Bestimmung widerspricht nicht dem § 3 des Ermächtigungsges. v. 4. VIII. 14 (RGBl. S. 327), denn darin ist der Bundesrat zwar in der Befugnis, Maßnahmen anzuordnen, auf die Zeit der Dauer des Krieges beschränkt, die Geltungsdauer der getroffenen Maßnahmen, zu denen auch die vorliegende Verordnung gehört, ist aber nicht auf die Kriegszeit beschränkt.

3. Zweifelhafter kann sein, ob die festgesetzten Höchstpreise ohne weiteres über die Dauer des Krieges hinaus gelten oder mit dem Friedensschluß von selbst wirkungslos werden. Solchenfalls würde die Vorschrift des § 4 der Verordnung ihren Inhalt verlieren und gegenstandslos werden. Trotz der verleitlichen Fassung des § 1 des Höchstpreisges. „Für die Dauer des gegenwärtigen Krieges können .... Höchstpreise festgesetzt werden," ist aber auch diese Bestimmung dahin zu verstehen, daß während der Dauer des Krieges dem Bundesrat und anderen Behörden die Befugnis gegeben werden soll, Höchstpreise festzusetzen, während über die Geltungsdauer derselben nichts verordnet werden sollte.

4. Mit dem Zeitpunkt, zu dem die Verordnung oder einzelne ihrer Vorschriften außer Kraft gesetzt werden, tritt kein Verzicht des Staates auf erworbene Strafansprüche aus Zuwiderhandlungen ein, die während der Geltungsdauer der Verordnung verübt worden sind. Denn die Aufhebung der Verordnung erfolgt dann um der veränderten wirtschaftlichen Verhältnisse willen, nicht weil bei gleichen wirtschaftlichen und sozialen Verhältnissen die Tat nach veränderten Rechtsbegriffen nicht mehr strafwürdig erscheint. Es ist sonach hier aus der Aufhebung nicht zu folgern, daß damit zugleich der Verzicht auf Strafansprüche erklärt werden sollte, die nicht nur als sie entstanden, nach dem Recht und den damaligen Rechtsbegriffen billig waren, sondern es auch weiter bleiben, da zur Zeit der Tat die wirtschaftlichen Verhältnisse noch deren Verbot und Bestrafung heischten, RGStr. 50 S. 291, 303, 398, 400.

5. Vgl. BVO. über die Bestellung eines Reichskommissars für Übergangswirtschaft v. 3. VIII. 16 (RGBl. S. 885) und BVO. über Änderung dieser VO. v. 22. XI. 17 (RGBl. S. 1004) Bestimmungen betr. den Reichskommissar für Übergangswirtschaft v. 28. IX. 16 (RGBl. S. 297).

II. Anlagen.

1. Begründung.

(Erste Beilage zum Deutschen Reichsanzeiger und Königlich Preußischen Staatsanzeiger. Nr. 113. Berlin, Mittwoch, den 15. Mai 1918.)

Dem Schutze der Allgemeinheit gegen Ausbeutung durch willkürliches Hochtreiben der Preise für Gegenstände des täglichen Bedarfs dienen im geltenden Rechte vor allem die Vorschriften des § 5 der Verordnung des Bundesrats gegen übermäßige Preissteigerung vom 23. Juli 1915 in der Fassung der Bekanntmachung vom 23. März 1916 und des § 6 des Gesetzes, betreffend Höchstpreise, vom $\frac{\text{4. August 1914}}{\text{17. Dezember 1914}}$, in der Fassung der Bekanntmachungen vom 23. März 1916 und 22. März 1917, sowie die Bestimmung im § 11 der Verordnung des Reichskanzlers über den Handel mit Lebens- und Futtermitteln und zur Bekämpfung des Kettenhandels vom $\frac{\text{24. Juni 1916}}{\text{16. Juli 1917}}$. Hinzu kommen noch einige Vorschriften, welche die Strafbarkeit des Kettenhandels über den Kreis der Lebens- und Futtermittel hinaus ausdehnen. Diese Vorschriften, die man vielfach unter der Bezeichnung Kriegswucherstrafrecht zusammenfaßt, werden seit längerer Zeit in der Öffentlichkeit als unzureichend bezeichnet. In weiten Kreisen des Volkes, insbesondere der Verbraucher, wird die Auffassung vertreten, daß das bisherige Kriegswucherrecht im Kampfe gegen den Kriegswucher versagt habe, weil die Strafdrohungen ungenügend seien, insbesondere das wirksamste Mittel, die Einziehung der wucherischen Gewinne, nicht zur

Verfügung stehe; es wird deshalb vor allem eine weitere Verschärfung der bestehenden Bestimmungen als notwendig angesehen.

Von anderer Seite, insbesondere von Vertretungen des Handels und der Industrie, wird gegenteilig geltend gemacht: die bisherige Regelung trage den Bedürfnissen des Wirtschaftslebens, vor allem den berechtigten Ansprüchen des Handels, nicht genügend Rechnung. Infolge der allzu dehnbaren Fassung der Tatbestände bestehe in vielen Beziehungen eine bedenkliche Rechtsunsicherheit. Dem Kaufmann sei durch die bestehende Regelung die Möglichkeit sachgemäßer Preisbemessung verschlossen. Da die Bestrafung wegen übermäßiger Preissteigerung davon abhängig gemacht sei, daß der geforderte Preis einen übermäßigen Gewinn enthalte, müsse in jedem Einzelfalle der zulässige Gewinn berechnet werden. Dies sei an sich schon eine kaum erträgliche Belästigung der Geschäftswelt, die sich bisher stets an den Marktpreis gehalten habe. Jedenfalls böten die Grundsätze, die nach der Rechtsprechung, vornehmlich des Reichsgerichts, für die Berechnung des zulässigen Gewinns maßgebend sein sollten, dem Verkäufer keinen geeigneten Maßstab für die Festsetzung der Verkaufspreise, sie zwängen ihn vielmehr zu unkaufmännischer und aus tatsächlichen Gründen undurchführbarer Preisberechnung. Wegen dieser und anderer Unzuträglichkeiten verzichte der anständige Geschäftsmann mehr und mehr auf die Fortführung seiner Geschäfte und überlasse das Feld dem wilden Zwischen- und Schleichhandel. Die Folge sei, daß statt der erstrebten Preisminderung eine Steigerung aller Preise eintrete, und der Zweck der Kriegswuchervorschriften, die Versorgung der Verbraucher mit den notwendigen Bedarfsgegenständen zu angemessenen Preisen zu sichern, vereitelt werde.

Auch der Reichstag hat sich mehrfach mit der Frage der

Neuregelung des Kriegswucherrechts befaßt. Die Erörterungen fanden bei den Etatsberatungen für das Etatsjahr 1917 ihren Abschluß in der Annahme einer Entschließung, durch die der Reichskanzler ersucht wurde, dem Reichstag einen Gesetzentwurf vorzulegen, welcher den Kriegswucher wirksam bekämpft, insbesondere die Einziehung der erlangten wucherischen Vermögensgewinne in allen Fällen vorschreibt. Eine sachlich übereinstimmende Entschließung fand bei den Beratungen des Reichstagsausschusses für den Reichshaushalt im Herbste 1917 Annahme.

Das Verlangen, wirksamere Strafmittel zur Bekämpfung des Kriegswuchers zur Verfügung zu stellen, erscheint berechtigt. Der Entwurf trägt dieser Forderung durch Verschärfung und Ergänzung der Strafbestimmungen Rechnung; daneben ist die Einziehung übermäßiger Gewinne zwingend vorgeschrieben. Im übrigen sucht der Entwurf einen billigen Ausgleich zwischen den Interessen der Verbraucher und den besonderen Berufsinteressen des Handels und der übrigen Erwerbskreise zu schaffen, die mit der Erzeugung, Herstellung und Verteilung der allgemeinen Bedarfsgegenstände befaßt sind. Die Erhaltung der Lebensfähigkeit und Berufsfreudigkeit dieser Kreise ist für die allgemeine Versorgung von nicht geringerer Bedeutung als die strafrechtliche Bekämpfung der Preissteigerung selbst. Der Entwurf sieht deshalb gewisse Erleichterungen für den Ein- und Ausfuhrhandel sowie für die Preisbemessung von Waren vor. Wegen der Einzelheiten wird auf die Erläuterungen zu den einzelnen Bestimmungen des Entwurfs verwiesen.

Der von Handelskreisen vielfach erhobenen Forderung, vor Erhebung einer Anklage wegen übermäßiger Preissteigerung oder Kettenhandels der zuständigen amtlichen Handelsvertretung Gelegenheit zur gutachtlichen Äußerung zu geben, hat der Entwurf nicht entsprochen. Soweit die Forderung den berechtigten Gedanken zum Ausdruck bringt, daß in allen Fällen, wo Zweifel bestehen, die Kenntnisse und Erfahrungen tüchtiger Kaufleute, insbesondere auf dem Gebiete der Preisermittelung und der Berechnung der Geschäftsunkosten und Gewinne zu Rate zu ziehen sind, bevor eine die kaufmännische Ehre so schwer benachteiligende Maßnahme wie die Erhebung einer Anklage erfolgt, kann ihr schon nach geltendem Rechte durch entsprechende Anweisungen im Verwaltungswege Rechnung getragen werden. Dies ist auch in weitem Umfange geschehen; so hat der Preußische Justizminister in einem Runderlaß vom 20. März 1917 die Beamten der Staatsanwaltschaft ersucht, in geeigneten Fällen der bezeichneten Art von den Handelskammern benannte Sachverständige in einem möglichst frühzeitigen Abschnitte des Verfahrens, jedenfalls vor Erhebung der öffentlichen Klage, zu hören. Dabei ist bemerkt, daß die Frage, ob und welche anderen Sachverständigen, insbesondere die Preisprüfungsstellen und deren Mitglieder, daneben zu hören seien, der Erwägung im Einzelfall überlassen werde. Darüber hinausgehend in jedem Falle die Vernehmung kaufmännischer Sachverständiger oder ausschließlich die Vernehmung der von den Handelskammern benannten Sachverständigen vorzuschreiben oder etwa gar anzuordnen, daß die Gutachten dieser Sachverständigen für die Staatsanwaltschaft bindend seien, verbietet sich, abgesehen von der nicht zu rechtfertigenden Bevorzugung des Handelsstandes, die in derartigen Anordnungen liegen würde, aus der grundsätzlichen Erwägung, daß die Staatsanwaltschaft in eigener Zuständigkeit und Verantwortung darüber entscheiden muß, ob zureichende tatsächliche Anhaltspunkte einer strafbaren Handlung vorliegen, und daß sie in der Auswahl der hierzu erforderlichen Beweismittel nicht beschränkt werden darf.

Zu den einzelnen Bestimmungen des Entwurfs ist folgendes zu bemerken:

Zu § 1.

Der § 1 soll die Vorschriften des § 5 Abs. 1, 2 der Verordnung gegen übermäßige Preissteigerung, des § 11 der Verordnung über den Handel mit Lebens- und Futtermitteln und zur Bekämpfung des Kettenhandels sowie die sonstigen gegen den Kettenhandel gerichteten Strafbestimmungen ersetzen.

Nr. 1. Die Nr. 1, die sich in der Fassung eng an § 5 Nr. 1 der Verordnung gegen übermäßige Preissteigerung anschließt, enthält die grundlegende Strafbestimmung gegen den Preiswucher.

Wie im geltenden Rechte soll sich die Vorschrift auf alle Gegenstände des täglichen Bedarfs und des Kriegsbedarfs erstrecken. Von einer gesetzlichen Erläuterung dieser Begriffe, wie sie vielfach in der Öffentlichkeit gefordert wird, mußte abgesehen werden. Eine erschöpfende Aufzählung der unter die Begriffe fallenden Gegenstände ist bei der fast unbegrenzten Mannigfaltigkeit der in Betracht kommenden Waren, bei dem steten Wechsel in den Versorgungsverhältnissen und den dadurch bedingten Anschauungen der Allgemeinheit über Art und Umfang der einzelnen Bedürfnisse und über die Entbehrlichkeit von Waren nicht möglich. Die Aufstellung einer Liste würde stets lückenhaft bleiben und häufiger Ergänzungen bedürfen. Noch größeren Schwierigkeiten würde der Versuch einer Aufzählung der Gegenstände des Kriegsbedarfs begegnen. Läßt sich aber auch nur der eine der beiden Begriffe nicht erschöpfend erläutern, so würde auch die bindende Festlegung der unter den anderen Begriff fallenden Gegenstände den größten Teil ihres Wertes verlieren, der von den Interessenten mit Recht in der scharfen Agrenzung der von der

Preiswuchervorschrift erfaßten Gegenstände von den übrigen, freier Preisbildung überlassenen Gegenständen erblickt wird. Soweit übrigens bei den Wünschen nach gesetzlicher Erläuterung der beiden Begriffe das Ziel verfolgt wird, eine Einschränkung des Kreises der betroffenen Gegenstände gegenüber der bisherigen Auslegung durch die Gerichte herbeizuführen, so könnte diesem Begehren ohne Schädigung berechtigter Interessen der Verbraucher nicht entsprochen werden. Vielmehr ist aus volkswirtschaftlichen Gründen an den Ergebnissen festzuhalten, welche die bisherige Rechtsprechung, insbesondere des Reichsgerichts, für die Auslegung der beiden Begriffe gewonnen hat. Danach sind als Gegenstände des täglichen Bedarfs alle Gegenstände anzusehen, für die in weiten Kreisen der Bevölkerung täglich ein Bedürfnis vorliegen kann, das alsbaldige Befriedigung erheischt. Dabei kommt neben den Bedürfnissen der Gesamtheit des Volkes als gleichwertig der Bedarf größerer Bevölkerungsteile in Betracht. Ferner stehen den Gegenständen, die selbst unmittelbar zur Befriedigung der täglichen Bedürfnisse dienen, die Rohstoffe und Zwischenerzeugnisse gleich, die zur Erzeugung oder Herstellung von Gegenständen des täglichen Bedarfs erfahrungsgemäß verwendet werden. Gegenstände des Kriegsbedarfs sind nicht nur die eigentlichen Kampfmittel, sondern auch die Rohstoffe, Zwischenerzeugnisse und Werkzeuge, die zur Erzeugung, zur Herstellung und zum Betriebe der Kampfmittel erfahrungsgemäß verwendet werden, schließlich überhaupt alle Gegenstände, die zur Kriegführung im allgemeinen gebraucht werden.

Es ist nicht zu verkennen, daß bei solcher Auslegung der Begriffe „Gegenstände des täglichen Bedarfs und des Kriegsbedarfs" der Kreis der Gegenstände, die nicht darunter fallen, verhältnismäßig eng ist. In der Hauptsache wird es sich um reine Luxusgegenstände handeln, d. h. Gegenstände, die nach der Auffassung der breiten Masse der Bevölkerung entbehrt werden können, ohne daß dadurch die allgemeine Lebenshaltung wesentlich beeinträchtigt wird, oder um Gegenstände, deren nur vereinzelte Personen bedürfen. — Die in der bisherigen Vorschrift aufgeführten Beispiele von Gegenständen des täglichen Bedarfs („insbesondere Nahrungs- und Futtermittel aller Art, rohe Naturerzeugnisse, Heiz- und Leuchtstoffe") sind nunmehr weggelassen, da ihre Anführung nach dem Stande der Rechtsprechung nicht mehr erforderlich, auch nicht geeignet ist, zu einer weiteren Klärung des Begriffs beizutragen.

Der Tatbestand des Preiswuchers wird im Entwurfe wie im geltenden Rechte darin gefunden, daß der Täter Preise fordert, die unter Berücksichtigung der gesamten Verhältnisse einen übermäßigen Gewinn enthalten, oder solche Preise sich oder einem andern gewähren oder versprechen läßt. Der Vorschlag, statt auf die Erzielung übermäßigen Gewinns auf das Fordern übermäßiger Preise abzustellen, ist aus tatsächlichen Gründen nicht durchführbar. Der Vorschlag würde nur dann einen Fortschritt bedeuten, wenn Marktpreise bestehen würden, die wie in Friedenszeiten als geeigneter Maßstab für die Beurteilung der Ordnungsmäßigkeit einer Preisforderung verwendet werden könnten. Das ist aber nicht der Fall. Die Marktpreise, die sich in dem derzeitigen, durch den Krieg völlig veränderten Wirtschaftsleben noch bilden, beruhen in der Regel nicht, wie in Friedenszeiten, auf einer Marktlage, die einen wirksamen und gerechten Ausgleich zwischen Angebot und Nachfrage ermöglicht, sondern auf einer Notmarktlage, bei der von vornherein die Preise infolge der durch den Krieg verursachten Warenknappheit und des gegenseitigen Überbietens der versorgungsbedürftigen Käufer übermäßig gesteigert sind. Solche Preise können unmöglich als Maßstab für die Beurteilung der Angemessenheit der Preisforderung im Einzelfalle verwendet werden, wenn man den Zweck der Kriegswuchergesetzgebung, die auf Verbilligung der Preise hinzielt, nicht in sein Gegenteil verkehren will. Da aber ein anderer Maßstab für die Prüfung der Angemessenheit einer Preisforderung nicht zur Verfügung steht, so müßte schließlich auch bei diesem Vorschlag auf den von dem Veräußerer erzielten Reingewinn zurückgegriffen werden, um feststellen zu können, ob ein übermäßiger Preis gefordert worden ist. In Österreich, wo sich die einschlägige Strafvorschrift (§ 20 der Verordnung über die Versorgung der Bevölkerung mit Bedarfsgegenständen vom 24. März 1917, Österreichisches Reichs-Gesetzbl. S. 317) gegen das Fordern „offenbar übermäßiger Preise" richtet, ist denn auch die Rechtsprechung diesen Weg gegangen.

Auch der Vorschlag, die Strafbarkeit davon abhängig zu machen, daß der geforderte Preis den sachlichen Verkehrswert der Ware übersteigt, hat sich als nicht gangbar erwiesen. Bei der großen Verschiedenheit der einzelnen Waren und dem fortgesetzten Wechsel in den für die Preisbildung maßgebenden Verhältnissen ist es unmöglich, die dem tatsächlichen Verkehrswert einer Ware entsprechenden Preise mit hinreichender Sicherheit zu ermitteln.

Der Entwurf beläßt es deshalb bei der bisherigen Fassung, wonach maßgebend ist, ob der Täter sich mit einem mäßigen Gewinne begnügt oder Preise fordert, die einen übermäßigen Gewinn enthalten. Die Beibehaltung der bisherigen Grundlage des Tatbestandes hat auch den Vorteil, daß die in nahezu dreijähriger Nachprüfung erzielten Ergebnisse der Rechtsprechung, insbesondere des Reichsgerichts, für die Auslegung der Vorschrift verwertet werden können.

Nach dieser Rechtsprechung ist bei der Feststellung der Angemessenheit des Gewinns im allgemeinen von den Gestehungskosten auszugehen, die dem Veräußerer auf den Gegenstand der Preisforderung tatsächlich erwachsen sind, es sei denn, daß sie als wirtschaftlich oder sachlich unangemessen erscheinen. Zu den Gestehungskosten sind zu rechnen:

a) der Einkaufspreis der Ware oder der zu ihrer Erzeugung oder Herstellung verwendeten Rohstoffe oder Zwischenerzeugnisse (Einstandspreis);

b) die auf die Erzeugung, Herstellung oder Heranschaffung der einzelnen Ware sowie ihrer Lagerung, Versicherung und ihren Vertrieb aufgewendeten besonderen Betriebsunkosten;

c) ein entsprechender Anteil an den allgemeinen Unkosten des Betriebs, soweit sie zu dem einzelnen Geschäft in Beziehung stehen;

d) eine Vergütung für die Verzinsung des eigenen und des fremden Kapitals, das zur Bestreitung der Gestehungskosten aufgewendet wird;

e) ein zur Ausgleichung von Verlusten dienender Betrag, die sogenannte Risikoprämie, die in angemessenem Betrage angesetzt werden darf, wo nach Lage der Verhältnisse mit Verlusten aus der Vornahme des Geschäfts zu rechnen ist. Von besonderer wirtschaftlicher Bedeutung ist die Risikoprämie für das Einfuhr- und Ausfuhrgeschäft; hier dient sie zum Ausgleich von Valutaschwankungen und sonstigen Gefahren, die mit solchen Geschäften während des Krieges und der Übergangszeit regelmäßig verbunden sind;

f) der Unternehmerlohn. Er umfaßt die Vergütung für die Arbeitsleistung des Unternehmers; dabei ist die durch den Krieg veranlaßte allgemeine Teuerung der Lebenshaltung angemessen zu berücksichtigen. Das Maß der Vergütung bemißt sich im wesentlichen nach der Stellung des Unternehmers in dem Betrieb und den Gehaltssätzen der in ähnlicher Stellung befindlichen höheren Angestellten (Direktoren usw.).

Sind auf diese Weise die Gestehungskosten berechnet, so läßt sich der Reingewinn ohne Schwierigkeit feststellen. Er besteht in dem Unterschiede zwischen dem Verkaufspreis und den Gestehungskosten. Der Reingewinn ist übermäßig, wenn er den im Frieden bei Geschäften gleicher Art regelmäßig und angemessen gezogenen Reingewinn übersteigt.

Es gibt jedoch Fälle, bei denen eine andere Berechnung des zulässigen Gewinns geboten ist, z. B. wenn die Gestehungskosten nicht mehr ermittelt werden können oder wenn sich die Gestehungskosten unter außergewöhnlichen Verhältnissen und nicht nach Gesichtspunkten allgemeinwirtschaftlicher Natur gebildet haben oder wenn der Vergleichsmaßstab des Friedensgewinns nicht zur Verfügung steht. In solchen Fällen wird der Richter in tunlichster Anlehnung an die sonst übliche Berechnungsart oder die sonst üblichen zulässigen Preise unter Berücksichtigung aller in Betracht kommenden Umstände seine Entscheidung zu treffen haben. Auf diesem Standpunkt steht auch die Rechtsprechung.

Im geltenden Rechte ist unter den Verhältnissen, die bei der Feststellung des übermäßigen Gewinns zu berücksichtigen sind, die Marktlage besonders genannt. Dieser Hinweis ist vom Entwurfe nicht übernommen. Damit soll indessen nicht zum Ausdruck gebracht sein, daß künftig eine Berücksichtigung der Marktlage unstatthaft sei. Es ist vielmehr lediglich die Folgerung aus den gegenüber der Zeit des Erlasses der Verordnung vom 23. Juli 1915 wesentlich veränderten tatsächlichen Verhältnissen gezogen. Wie bereits in anderem Zusammenhange bemerkt wurde, gibt es zurzeit bei Gegenständen des täglichen Bedarfs und des Kriegsbedarfs nur noch in

Ausnahmefällen eine normale Marktlage, die als geeignete Grundlage einer ordnungsmäßigen Preisbildung angesehen werden kann. Es wäre auffallend und könnte zu Mißverständnissen führen, wenn gleichwohl dieser nur noch in Ausnahmefällen in Betracht kommende Gesichtspunkt in der Verordnung besonders hervorgehoben würde, andere Gesichtspunkte aber, denen — zurzeit jedenfalls — eine weit überwiegende Bedeutung zukommt, gar nicht erwähnt würden. Selbstverständlich ist die Rechtsprechung aber trotz der Streichung verpflichtet, die Marktlage zu berücksichtigen, soweit sie als ordnungsmäßige noch vorhanden ist oder sich, wie zu erwarten ist, im weiteren Verlaufe der wirtschaftlichen Verhältnisse wieder einstellen wird. Diese Verpflichtung ergibt sich unmittelbar aus der Vorschrift, daß bei der Prüfung, ob eine Preisforderung einen übermäßigen Gewinn enthält, die „gesamten Verhältnisse" zu berücksichtigen sind.

Über die Zulässigkeit der Berechnung von Durchschnittspreisen hat die Rechtsprechung des Reichsgerichts bisher noch nicht abschließend geurteilt. Der Entwurf läßt sie in den durch die Vorschrift des § 2 gezogenen Grenzen zu (zu vergl. im einzelnen die Bemerkung zu § 2).

Im übrigen ist das Anwendungsgebiet der Vorschrift über den Preiswucher gegenüber dem geltenden Rechte wesentlich eingeschränkt durch die Vorschrift des § 3 des Entwurfs, wonach Preiswucher nicht vorliegen soll, wenn Höchstpreise oder von einer zuständigen Behörde festgesetzte Preise eingehalten werden (zu vergl. im einzelnen die Bemerkungen zu § 3).

Nr. 2. Die Nr. 2 des § 1 des Entwurfs richtet sich gegen das Fordern und das Sichgewähren- oder Sichversprechenlassen übermäßiger Vergütungen für die Vermittlung von Geschäften über Gegenstände des täglichen Bedarfs oder des

Kriegsbedarfs. Derartige übertrieben hohe Vergütungen führen, da sie bei der Berechnung des Warenpreises als Unkostenbetrag mit in Ansatz gebracht werden, notwendig zu einer entsprechenden Steigerung der Preise für die Gegenstände selbst. In der Öffentlichkeit ist dies mit Recht als schwerer Mißstand empfunden worden. Nach dem bisherigen Rechte kann ihm nur dadurch begegnet werden, daß der den zulässigen Provisionssatz übersteigende Betrag als unwirtschaftlicher Bestandteil der Unkosten von der Einrechnung bei der Bemessung des Warenpreises ausgeschlossen wird. Dieser nur mittelbar wirkende Ausgleich ist schon um deswillen nicht genügend, weil er in keiner Weise abschreckend auf die die übermäßigen Vergütungen fordernden Vermittler wirkt. Der Entwurf tritt deshalb dem Mißbrauch durch eine unmittelbar gegen den Vermittler sich richtende Strafdrohung entgegen.

In der Fassung lehnt sich die Bestimmung des § 1 Nr. 2 eng an die Vorschrift der Nr. 1 an. Auch hier sollen bei Prüfung der Angemessenheit der Vergütung die gesamten Verhältnisse des Einzelfalls Berücksichtigung finden. Den zuverlässigsten Anhaltspunkt für die Entscheidung werden auch hier die im Frieden für Geschäfte gleicher oder ähnlicher Art gewährten Vergütungen bieten; anderseits werden selbstverständlich die besonderen Verhältnisse des Krieges, die erhöhten Unkosten, die Schwierigkeit der Warenbeschaffung, aber auch die nahezu unbeschränkte Absatzmöglichkeit zu berücksichtigen sein.

In der Presse und von Interessentenkreisen ist der Wunsch geäußert worden, auch das Fordern übermäßiger Vergütungen für andere Leistungen als die Geschäftsvermittlung in die strafrechtliche Bekämpfung der Preistreiberei einzubeziehen, sei es allgemein, sei es in Beschränkung auf gewisse Leistungen niederer Art, für die im täglichen Leben ein besonderes Bedürfnis besteht. Der Entwurf enthält sich insoweit einer Regelung. Wenn auch zuzugeben ist, daß sich hier dem Preiswucher verwandte Erscheinungen zeigen, insbesondere bei Forderungen für Ausbesserungsarbeiten an Gegenständen des täglichen Bedarfs, für Transporte und Geschäftsbesorgungen, so würde doch die Einbeziehung dieser das Gebiet des gewerblichen Arbeitsvertrags berührenden Fragen über das Ziel hinausgehen, das sich der Entwurf gesteckt hat. Manchen Ausschreitungen auf diesem Gebiete kann übrigens schon mit den Bestimmungen gegen die eigentliche Preissteigerung (§ 1 Nr. 1 des Entwurfs) entgegengetreten werden; dies gilt insbesondere für Werklieferungen, bei denen der Hersteller auch den Stoff zu dem Werke beschafft und ohne Scheidung zwischen Sach- und Arbeitsleistung einen Preis berechnet, der einen übermäßigen Gewinn enthält. Aber auch wo eine gesonderte Berechnung der Preise für die gelieferte Ware und die geleistete Arbeit stattfindet, kann in dem Fordern einer übermäßigen Vergütung für die Arbeitsleistung neben angemessener Preisforderung für die Ware eine strafbare Umgehung der Preiswuchervorschrift gefunden werden; dies wird insbesondere dann anzunehmen sein, wenn der Arbeitsleistung im Verhältnis zur Warenlieferung nur eine untergeordnete Bedeutung zukommt. Ähnlich können die Verhältnisse beim Zusammentreffen von Warenlieferung und Transportleistung oder Sachmiete liegen, z. B. bei Berechnung übermäßiger Anfuhrkosten für die Ware oder übermäßiger Leihgebühren für die Behältnisse der Ware. Im übrigen müßte etwaigen Mißständen auf dem Gebiete der Entlohnung von Arbeitsleistungen usw. durch Sonderbestimmungen begegnet werden, die den gerade hier sehr verschiedenartig liegenden wirtschaftlichen Verhältnissen besser gerecht zu werden vermögen. Solche Vorschriften, die allerdings Bestimmungen nach Art der Preiswuchervorschrift nicht enthalten, sind bereits für einzelne der in Betracht kommenden Gebiete erlassen worden, zu vergl. Verordnung über Preisbeschränkungen bei Ausbesserungen von Schuhwaren vom 25. Januar 1917 (Reichs-Gesetzbl. S. 75), Verordnung zum Schutze der Mieter vom 26. Juli 1917 in der Fassung der Bekanntmachung vom 15. September 1917 (Reichs-Gesetzbl. S. 659, 834), Verordnung über die Festsetzung von Pachtpreisen für Kleingärten vom 4. April 1916 in der Fassung der Bekanntmachung vom 12. Oktober 1917 (Reichs-Gesetzbl. 1916 S. 234; 1917 S. 897), Verordnung über wirtschaftliche Maßnahmen in der Binnenschiffahrt vom 18. August 1917 (Reichs-Gesetzbl. S. 717).

Nr. 3. Die Nr. 3 (Zurückhaltung von Waren mit der Absicht übermäßiger Gewinnerzielung) gibt die Vorschrift des § 5 Nr. 3 der Verordnung gegen übermäßige Preissteigerung im Tatbestand sachlich unverändert wieder.

Nr. 4. In der Nr. 4 ist der Tatbestand des § 11 der Verordnung über den Handel mit Lebens- und Futtermitteln und zur Bekämpfung des Kettenhandels unverändert übernommen. Während sich jedoch § 11 der bezeichneten Verordnung auf den Verkehr mit Lebens- und Futtermitteln beschränkt, hat der Entwurf das Anwendungsgebiet der Nr. 4 auf alle Gegenstände des täglichen Bedarfs und des Kriegsbedarfs erstreckt, da ein gesetzgeberischer Grund, den preissteigernden Kettenhandel mit Gegenständen des täglichen Bedarfs oder des Kriegsbedarfs, die nicht zu den Lebens- und Futtermitteln gehören, in anderer Weise zu regeln als den Kettenhandel mit Lebens- und Futtermitteln, nicht besteht. Durch die im Entwurfe vorgesehene Erweiterung des § 11 der Kettenhandelsverordnung sind zugleich die Sonderbestimmungen über den Kettenhandel mit Textilien und Textilersatzstoffen, mit Arzneimitteln und mit Tabakwaren, die sämtlich als Gegenstände des täglichen Bedarfs oder des Kriegsbedarfs anzusehen sind, soweit es sich nicht etwa um Luxusgegenstände handelt, entbehrlich geworden (wegen der Aufhebung der einschlägigen Vorschriften zu vergl. § 21 Abs. 2 Nr. 4 bis 6 des Entwurfs).

Eine nähere Erläuterung des Begriffs des Kettenhandels ist im Entwurfe nicht vorgesehen. Die Rechtsprechung versteht darunter zutreffend jedes für die allgemeinen Bedürfnisse der Kriegswirtschaft unnütze Einschieben eines Zwischengliedes in den Weg einer Ware vom Erzeuger bis zum Verbraucher, wodurch die Ware dem Verbraucher nicht nähergebracht, sondern nur durch Aufrechnung von Unkosten und Gewinn verteuert wird (zu vergl. Entsch. in Strafs. Bd. 50 S. 501; Bd. 51 S. 54).

Eine gesetzliche Begriffsbestimmung, wie sie vielfach besonders aus Handelskreisen gefordert wird, könnte lediglich die Ergebnisse der Rechtsprechung wiederholen. Für die Praxis, insbesondere für die Beurteilung von Zweifels- und Grenzfällen, wäre damit kaum etwas gewonnen. Die Entscheidung wird immer davon abhängen, ob die Einschiebung des Täters in den Verteilungsprozeß der Ware volkswirtschaftlich nützlich oder unnütz gewesen ist. Die Beurteilung dieser Frage bietet im Verkehre keine besonderen Schwierigkeiten; der ehrbare Kaufmann hat ein zuverlässiges Gefühl dafür, ob ein Geschäft, das er vornimmt, die Ware dem Verbraucher wirklich näherbringt oder die Verteilung der Ware nur verzögert oder erschwert und dadurch lediglich preissteigernd wirkt. In der Regel wird davon auszugehen sein, daß die Ware lediglich den Weg vom Hersteller oder Erzeuger zum Großhändler, vom Großhändler zum Kleinhändler und vom Kleinhändler zum Verbraucher zu machen braucht und daß eine weitere Vermehrung der Zwischenglieder angesichts der in der Kriegszeit bestehenden Warenknappheit und fast unbeschränkter Absatzmöglichkeit im allgemeinen nicht erforderlich ist. Indessen können je nach Lage der Fälle auch Abweichungen von diesem Ausgangspunkt, insbesondere mit Rücksicht auf die Art der Ware oder besondere Bedürfnisse des Verkehrs durchaus am Platze sein. Unter diesem Gesichtspunkte kann z. B. ein im Frieden üblicher Verkauf der Ware von Großhändler zu Großhändler auch im Kriege zulässig sein. Die Kriegsverhältnisse, z. B. die Notwendigkeit der Erfassung kleiner und kleinster Mengen, können sogar die Einschiebung im Frieden nicht üblicher Zwischenglieder als geboten erscheinen lassen.

Nr. 5. Die Nr. 5 stimmt im Tatbestand im wesentlichen mit der Vorschrift des § 5 Nr. 3 der Verordnung gegen übermäßige Preissteigerung überein. Um klarzustellen, daß der bloße Vorsatz der Preissteigerung zur Bestrafung nicht ausreicht, sind die Worte „um den Preis zu steigern" durch die Worte „in der Absicht den Preis zu steigern" ersetzt. Dem Steigern der Preise ist, insbesondere mit Rücksicht auf die Verhältnisse der Übergangszeit das Hochhalten der Preise gleichgestellt. Die Beispiele von unlauteren Machenschaften sind aus dem geltenden Rechte unverändert übernommen; es ist lediglich neben dem Vernichten von Vorräten deren Unbrauchbarmachen, weil wirtschaftlich gleich schädlich, besonders genannt.

Nr. 6, 7. Die Nrn. 6 und 7 stimmen mit den Vorschriften des § 5 Nr. 4 und 5 der Verordnung gegen übermäßige Preissteigerung sachlich überein. Durch die Worte „eine nach den Nrn. 1 bis 5 strafbare Handlung" ist zum Ausdrucke gebracht, daß Verabredungen und Verbindungen sowie das Auffordern, Anpreisen und Sicherbieten hinsichtlich solcher Handlungen, die zwar unter den Wortlaut der Nrn. 1 bis 5 des § 1 fallen, nach den Sondervorschriften der §§ 2 und 3 des Entwurfs aber nicht strafbar sind, von den Strafbestimmungen der Nrn. 6 und 7 nicht betroffen werden.

In der Nr. 6 sind an Stelle der Worte „zum Zwecke hat" die Worte „zum Gegenstande hat" eingesetzt, um das Mißverständnis auszuschließen, als ob der Preiswucher, die unlauteren Machenschaften usw. gerade den Beweggrund zu der Verabredung oder Verbindung oder deren Endziel darstellen müßten; es muß genügen, wenn sich die Verabredung oder Verbindung nach ihrem Vertragsinhalt auf die bezeichneten strafbaren Handlungen als den gewollten Erfolg bezieht.

In der Nr. 7 ist der bisherige Zusatz „soweit nicht nach den bestehenden Gesetzen eine höhere Strafe verwirkt ist" als überflüssig gestrichen. In den Fällen, in denen das Auffordern, Anreizen oder Sicherbieten zu übermäßiger Preissteigerung zugleich den Tatbestand einer anderen schwerer bedrohten Straftat erfüllt (z. B. des Landesverrats — § 89 des Strafgesetzbuchs —) wird durchweg ein Fall des einheitlichen Zusammentreffens vorliegen und deshalb ohnedies nach § 73 des Strafgesetzbuchs die Vorschrift mit der schwereren Strafdrohung anzuwenden sein.

Die Strafdrohungen sind gegenüber dem geltenden Rechte wesentlich verschärft. Während bisher für vorsätzliche und fahrlässige Zuwiderhandlungen gegen § 5 der Verordnung gegen übermäßige Preissteigerung — abgesehen von der besonderen Vorschrift des § 5 Abs. 2 über die Bemessung der Geldstrafe bei vorsätzlichem Preiswucher (§ 5 Nr. 1) — nur eine einheitliche Strafdrohung (Gefängnis bis zu einem Jahre und Geldstrafe bis zu zehntausend Mark oder eine dieser Strafen) vorgesehen ist, wird im Entwurfe zwischen vorsätzlicher und fahrlässiger Zuwiderhandlung unterschieden. Für letztere ist der Höchstsatz der Freiheitsstrafe aus dem geltenden Rechte unverändert übernommen und lediglich der Höchstbetrag der

Geldstrafe mit Rücksicht auf die unter Umständen recht erheblichen Vermögensvorteile der Tat auf fünfzigtausend Mark erhöht. Für die Fälle vorsätzlicher Zuwiderhandlung dagegen ist das Höchstmaß der Gefängnisstrafe auf fünf Jahre, das der Geldstrafe auf zweihunderttausend Mark heraufgesetzt.

Diese Strafverschärfungen sind bei der Gefährlichkeit der im § 1 des Entwurfs behandelten Straftaten für die Versorgung des unter der Kriegsnot ohnedies schwer leidenden Volkes und wegen der Verwerflichkeit der bei den Tätern regelmäßig zutage tretenden Gewinnsucht dringend geboten; sie entsprechen dem allgemeinen Volksempfinden und mehrfach zum Ausdrucke gelangten Wünschen des Reichstags. — Wegen einer weiteren Strafverschärfung bei Begehung im Rückfall zu vergl. § 5 des Entwurfs.

Die Vorschrift des § 5 Abs. 2 der Verordnung gegen übermäßige Preissteigerung, wonach bei vorsätzlichem Preiswucher die Geldstrafe nach der Höhe des erzielten oder erstrebten übermäßigen Gewinns berechnet wird, ist vom Entwurf beseitigt. Sie ist ersetzt durch die erwähnte erhöhte Geldstrafdrohung, anderseits durch die Vorschriften der §§ 7 bis 12 des Entwurfs, wonach in allen Fällen des Preiswuchers ein Betrag in Höhe des erzielten übermäßigen Gewinns einzuziehen ist (zu vergl. die Erläuterungen zu diesen Vorschriften).

Zu § 2.

Die Vorschrift entspricht einem aus Handelskreisen geäußerten Wunsche. Der Grundsatz, daß die Preise für Gegenstände des täglichen Bedarfs auf Grund der Gestehungskosten zu berechnen sind, führt dazu, daß für Waren gleicher Art verschieden hohe Verkaufspreise angesetzt werden müssen, wenn die Waren zu verschieden hohen Gestehungskosten erworben worden sind. Dies wird in den beteiligten Kreisen für unkaufmännisch und undurchführbar gehalten; man wendet sich vor allem gegen die Verpflichtung, alte gute Ware mit niedrigen Gestehungskosten billiger zu verkaufen als neue schlechtere Ware mit höheren Gestehungskosten und verlangt die Beseitigung des Mißstandes durch die Zulassung von Durchschnittspreisen. Die Rechtsprechung hat zu dieser Frage noch nicht abschließend Stellung genommen. Eine gewisse Berechtigung muß den Einwendungen der Handelskreise zuerkannt werden. Anderseits kann die Berechnung von Durchschnittspreisen im Interesse der Allgemeinheit nur in gewisser Beschränkung und nur dann zugelassen werden, wenn die Nachprüfung der Berechnungsart möglich bleibt. Von diesem Standpunkt aus sind im § 2 Durchschnittspreise nur für gleichartige Gegenstände zugelassen. Für ungleichartige Gegenstände waren auch in Friedenszeiten Durchschnittspreise nicht üblich.

Um die Benutzung der Vorschrift zu unlauteren Machenschaften nach Möglichkeit zu verhindern, ist die an sich selbstverständliche Forderung, daß der Durchschnittspreis auf den verschiedenen Gestehungskosten und den verschiedenen Mengen der Gegenstände beruhen muß, für die er berechnet wird, ausdrücklich in die Verordnung aufgenommen. Weiterhin ist zu dem nämlichen Zwecke vorgeschrieben, daß diese gesetzmäßige Berechnung nachweislich sein muß. Hierbei wird, um Umgehungen vorzubeugen, in der Praxis naturgemäß eine strenge Beurteilung Platz greifen müssen. Andererseits soll mit dem Erfordernis der Nachweislichkeit nicht etwa dem Beschuldigten eine Beweislast auferlegt werden; vielmehr wird damit nur — ähnlich wie im § 186 des Strafgesetzbuchs — zum Ausdruck gebracht, daß im Falle des Mißlingens des von Amts wegen zu führenden Nachweises der ordnungsmäßigen Berechnung des Durchschnittspreises die Ausnahmevorschrift des § 2 keine Anwendung findet und demgemäß die Preisbildung hinsichtlich jedes einzelnen Gegenstandes auf Grund der für diesen erwachsenen Gestehungskosten zu prüfen ist.

Die in zulässiger Weise berechneten durchschnittlichen Gestehungskosten sollen nach der Vorschrift des § 2 des Entwurfs der Berechnung des Preises für jeden einzelnen in die Durchschnittsberechnung einbezogenen Gegenstand ebenso zugrunde gelegt werden, wie wenn sie die tatsächlichen Gestehungskosten jedes dieser Gegenstände wären. Die Spannung zwischen den durchschnittlichen Gestehungskosten und dem geforderten Durchschnittspreise stellt den im Durchschnittspreis enthaltenen Unternehmerreingewinn dar. Dieser darf nicht übermäßig sein; für die Beurteilung der Übermäßigkeit gelten die nämlichen Grundsätze wie in den übrigen Fällen des § 1 Nr. 1.

Zu § 3.

Gegen die Preisbemessung nach den Gestehungskosten ist eingewendet worden, daß sie unkaufmännisch und zu umständlich sei, um einen brauchbaren Maßstab, wie es der Marktpreis in Friedenszeiten gewesen ist, bilden zu können. Deshalb wird gefordert, unter Zurückstellung der Bedenken in weitestem Umfang den Marktpreis für entscheidend zu erklären. Diesem Verlangen kann zwar nicht entsprochen werden, da, wie bereits bei den Erläuterungen zu § 1 ausgeführt wurde, unter den gegenwärtigen Kriegsverhältnissen ein normaler Marktpreis nur noch in Ausnahmefällen besteht. Wohl aber kann den Bedürfnissen des Handels bei Waren, die einer behördlichen Preisregelung unterliegen, Rechnung getragen werden. Auf diesem Gebiet übernimmt die Behörde die bei freiem Marktverkehre dem Gegeneinanderwirken von Angebot und Nachfrage obliegende Aufgabe, den nach Lage der Verhältnisse angewessenen Preis zu bestimmen. Die so von der Behörde geregelten Preise können unbedenklich wie ordnungsmäßig entstandene Marktpreise behandelt werden; es kann also bei Innehaltung dieser Preise auf die Nachprüfung des im Einzelfall erzielten Gewinns ohne Schädigung der Allgemeinheit verzichtet werden. Diese Regelung entspricht auch der natürlichen und von der Allgemeinheit geteilten Auffassung, daß sich der Verkäufer an behördlich geregelte Preise ohne weiteres halten dürfe. Sie trägt zudem nur den tatsächlich bestehenden Verhältnissen Rechnung. Denn Waren, für die Höchstpreise bestehen, sind, von verschwindenden Ausnahmefällen abgesehen, unter den festgesetzten Höchstpreisen auf dem Markt doch nicht erhältlich.

Die Vorschrift des § 3 ist nicht auf Höchstpreise im Sinne des Gesetzes, betreffend Höchstpreise, beschränkt, sondern bezieht sich auf Höchstpreise jeder Art. Als von einer zuständigen Behörde festgesetzte Preise sind sowohl die absolut als auch die relativ festgesetzten Preise, insbesondere auch solche Preise anzusehen, die sich auf Grund einer von der zuständigen Behörde festgesetzten Berechnungsart, z. B. nach festgesetzten Richtsätzen oder Preiszuschlägen zu tatsächlich entstandenen Gestehungskosten, ermitteln lassen; auch Bestimmungen über die Zulässigkeit des Ansatzes einzelner Posten bei der Preisberechnung kommen in Betracht. Als Behörde ist jede Stelle anzusehen, die mit behördlichen Aufgaben betraut ist, z. B. auch die Kriegsgesellschaften, denen die Bewirtschaftung einzelner Verbrauchsgegenstände übertragen ist. Ob und inwieweit eine Behörde zur Festsetzung der Preise zuständig ist, beurteilt sich nach den bestehenden oder noch zu erlassenden Sondervorschriften und, soweit solche nicht gegeben sind, nach allgemeinen Rechtsgrundsätzen. Durch die Bestimmung des § 3 des Entwurfs wird eine solche Ermächtigung nicht begründet. Preisbestimmungen, die eine Behörde als Vertragspartei oder sonst im geschäftlichen Verkehr trifft, sind keine Preisfestsetzungen im Sinne des § 3.

Selbstverständlich ist die Innehaltung von Höchstpreisen

oder behördlich festgesetzten Preisen nur wirksam innerhalb des sachlichen und persönlichen Geltungsbereichs, für den die einzelne Preisfestsetzung erfolgt ist. Erstreckt sich beispielsweise die behördliche Festsetzung nur auf einzelne der für die Preisbildung maßgebenden Posten oder auf Teile davon, so ist die Vorschrift nur auf diesen Teil der Preiskalkulation anwendbar. Ebenso können sich auf Preisfestsetzungen, die nur für einen einzelnen Verkäufer, z. B. eine Kriegsstelle und deren Hilfsorgane, bestimmt sind, nicht etwa andere Verkäufer berufen. Schließlich sind für den örtlichen Geltungsbereich des § 3 die Grenzen maßgebend, innerhalb deren der Preisfestsetzung Geltung zukommt. Nach feststehender Rechtsprechung gelten die Höchstpreise aber, soweit nicht ein anderes ausdrücklich bestimmt ist, für alle Gegenstände, die sich in dem Bezirke befinden, für den der Höchstpreis festgesetzt ist, ohne Rücksicht auf den Ort des Vertragsabschlusses. Die gleichen Grundsätze müssen auch für andere behördliche Preisfestsetzungen Anwendung finden. Dadurch wird der Gefahr einer allzu starken Abwanderung von Waren nach Orten mit höheren Höchstpreisen oder Richtpreisen von selbst vorgebeugt. Etwaigen Versuchen, die neue Rechtslage gleichwohl zu volkswirtschaftlich schädlicher Ausnutzung verschieden hoher Höchstpreise oder Preisfestsetzungen in den einzelnen Bezirken zu mißbrauchen, kann durch Verwaltungsmaßnahmen, insbesondere durch sorgfältige Bemessung der Preise, erforderlichenfalls im Wege der Dienstaufsicht, entgegengetreten werden.

Als Ergebnis der Neuregelung im § 3 ist mit einer erheblichen Einschränkung des Kreises der Gegenstände zu rechnen, bei denen noch die einzelne Preisforderung an der Hand der Grundsätze über die Feststellung eines übermäßigen Gewinnes nachgeprüft werden muß. Das Bestreben des Handelsstandes wird deshalb nach dem Inkrafttreten der Vorschrift voraussichtlich dahin gehen, für ein möglichst weites Gebiet von Waren eine

Preisregelung in der Form von Höchstpreisen oder sonstigen behördlich geregelten Preisen zu erhalten. Nachteile für die Verbraucher sind von einer solchen Entwicklung kaum zu erwarten, vorausgesetzt, daß bei der Festsetzung der Preise durch die Behörden mit der nötigen Vorsicht verfahren wird. Die Entwicklung wird unter Umständen sogar zu einer Verbesserung der Lage der Verbraucher, besonders in den Großstädten, führen, da mit einer stärkeren Belieferung des Marktes gerechnet werden kann, wenn ohne Rücksicht auf die Gestehungskosten die Höchstpreise und die sonstigen behördlich festgesetzten Preise gefordert werden dürfen. Anderseits kann es für den Verbraucher, wenn sorgfältig abgemessene behördliche Preise vorhanden und die Waren zu diesen Preisen erhältlich sind, gleichgültig sein, ob im Geschäftsbetriebe des einzelnen Verkäufers mehr oder weniger verdient wird.

Zu § 4.

Die Vorschriften des § 4 sollen die gegen die Höchstpreisüberschreitung gerichteten Strafvorschriften des § 6 Nr. 1 und 2 des Gesetzes, betreffend Höchstpreise, ersetzen. Bei ihrer Ausgestaltung weicht der Entwurf in einem wesentlichen Punkte von dem geltenden Rechte ab. Bisher ist das Überschreiten der Höchstpreise sowohl beim Erwerber wie beim Veräußerer in allen Fällen strafbar. Nach dem Entwurfe soll der Erwerber nur dann gestraft werden, wenn er für Zwecke der Weiterveräußerung mit Gewinn erwirbt, oder die Höchstpreisüberschreitung selbst irgendwie veranlaßt (§ 4 Nr. 2 bis 4). Straflos bleibt hiernach, wer nicht für Zwecke der Weiterveräußerung erwirbt, z. B. die Hausfrau, die lediglich für den Bedarf der Familie Nahrungsmittel einkauft. Ebenso bleibt straflos, wer zwar für Zwecke der Weiterveräußerung erwirbt, bei der Weiterveräußerung aber keinerlei Gewinn erzielen will, z. B. Gemeindeverwaltungen, die für die Versorgung der Bevölkerung, Betriebe, die für die Versorgung ihrer Angestellten und Arbeiter Waren über den Höchstpreis erwerben.

Die Änderung empfiehlt sich aus Erwägungen der Billigkeit und der Zweckmäßigkeit. Es ist als Härte empfunden worden, wenn Personen, die zur Beschaffung des notwendigen Lebensunterhalts für sich oder andere die von dem Veräußerer geforderten Preise notgedrungen bezahlten, strafrechtlich verfolgt werden mußten. Die Strafdrohung gegen den Erwerber hat sich auch als unzweckmäßig erwiesen, da der Käufer, der zur Bewilligung des unberechtigt hohen Preises gedrängt worden ist, durch die auch gegen ihn gerichtete Strafdrohung behindert ist, die Straftat seines Vertragsgegners zur Anzeige zu bringen und als Zeuge in dem Verfahren gegen den Verkäufer aufzutreten.

Selbstverständlich entbindet die neue Regelung nicht von der Verpflichtung, die Vorschriften über die Regelung des Verkehrs mit einzelnen Gegenständen, insbesondere die Vorschriften über die Rationierung von Lebensmitteln, einzuhalten. Auch muß der Erwerber einer Ware, der sie straflos über den Höchstpreis erworben hat, bei der etwaigen Weiterveräußerung gleichwohl den vorgeschriebenen Höchstpreis einhalten (§ 4 Nr. 1).

Die Vorschrift der Nr. 3, wonach die Teilnahme an Verabredungen und Verbindungen strafbar sein soll, wenn diese eine strafbare Höchstpreisüberschreitungz um Gegenstande haben, ist der Nr. 6 des § 1 nachgebildet; ein gesetzgeberischer Grund, solche Verabredungen und Verbindungen hinsichtlich der Höchstpreisüberschreitung anders zu behandeln als hinsichtlich der übermäßigen Preissteigerung, ist nicht vorhanden.

Die Nr. 4 lehnt sich an die Vorschrift im § 6 Nr. 2 des Höchstpreisgesetzes an; eine Abweichung liegt insofern vor, als in der neuen Fassung dem ausdrücklichen „Auffordern“ zum Abschluß des unzulässigen Vertrags das „Anreizen" gleichgestellt ist, um auch versteckte Aufforderungen mitzutreffen.

Die Bestimmungen des § 4 beziehen sich auf Höchstpreise im Sinne des Gesetzes, betreffend Höchstpreise. Darunter sind einmal die Höchstpreise zu verstehen, die auf Grund des Gesetzes, betreffend Höchstpreise, vom Bundesrate, vom Reichskanzler, von den Landeszentralbehörden oder von einer von ihnen bestimmten Behörde festgesetzt sind. Weitere Höchstpreise finden sich in Verordnungen, die der Bundesrat auf Grund des § 3 des sogenannten Ermächtigungsgesetzes vom 4. August 1914 (Reichs-Gesetzbl. S. 327) erlassen hat und in Preisfestsetzungen, die eine ermächtigte Stelle auf Grund einer solchen Verordnung getroffen hat. Auch sie fallen unter die Bestimmungen des § 4, wenn in der Verordnung oder bei der Preisfestsetzung gleichzeitig bestimmt ist, daß die festgesetzten Preise Höchstpreise im Sinne des Gesetzes, betreffend Höchstpreise, sind oder als solche gelten oder daß auf sie die Bestimmungen dieses Gesetzes oder doch seines § 6 entsprechende Anwenudng finden.

Die Strafdrohungen sind, entsprechend der Regelung des geltenden Rechtes, dieselben wie bei der übermäßigen Preissteigerung.

Zu § 5.

Die schwerere Strafdrohung der wiederholt Rückfälligen ist gerade auf dem Gebiete der während der Kriegsnot begangenen Preistreibereien ein Gebot der Gerechtigkeit; sie empfiehlt sich auch aus Gründen der Zweckmäßigkeit, insbesondere der Abschreckung.

In der Fassung der Rückfallsvoraussetzungen lehnt sich die Vorschrift des § 5 an die Bestimmungen der §§ 244 und 245 des Strafgesetzbuchs an. Da die Tat ihrer Natur nach regelmäßig aus Gewinnsucht begangen wird, ist neben der Zuchthaus- oder Gefängnisstrafe die Verhängung einer Geldstrafe im Betrage bis zu fünfhunderttausend Mark zwingend vorgeschrieben.

Die Rückfallstrafe soll eintreten, ohne Rücksicht darauf, ob die vorausgegangenen Verurteilungen wegen vorsätzlicher Zuwiderhandlung gegen die neuen Bestimmungen über Preistreiberei (übermäßige Preissteigerung und Höchstpreisüberschreitung) oder auf Grund der entsprechenden bisherigen Strafvorschriften erfolgt sind. Die in Betracht kommenden früheren Strafvorschriften sind dem § 21 Abs. 2 des Entwurfs zu entnehmen.

Zu § 6.

Die Vorschrift beruht auf dem auch in § 151 der Gewerbeordnung und in verschiedenen Steuergesetzen zum Ausdruck gekommenen Rechtsgedanken, daß der Betriebsinhaber oder sein Stellvertreter in der Leitung und Beaufsichtigung des Betriebs für die in dem Betriebe begangenen und mit dem Betrieb im Zusammenhange stehenden Straftaten persönlich verantwortlich zu machen ist, wenn er nicht das Seinige getan hat, die Straftat zu verhindern. Es soll dadurch dem Mißstand entgegengetreten werden, daß sich der Geschäftsinhaber oder seine Stellvertreter in der Leitung und Beaufsichtigung des Betriebs um das Verhalten ihrer Angestellten nicht kümmern, um hinterher die strafrechtliche Verantwortung für die von den Angestellten begangenen Preistreibereien ablehnen zu können. Der Betriebsinhaber und seine Stellvertreter sind nach allgemeinen Rechtsgrundsätzen verpflichtet, bei der Leitung und Beaufsichtigung des Betriebs dafür zu sorgen, daß die bestehenden Vorschriften gegen Preistreiberei im Betriebe Beachtung finden und Zuwiderhandlungen durch die Angestellten verhindert werden. Verletzt der Betriebsinhaber oder sein Stellvertreter diese Pflicht schuldhaft, so soll er mit einer Strafe in gleicher Höhe belegt werden, wie sie für die fahrlässige Begehung der Tat vorgesehen ist.

Die Vorschrift des § 6 enthält eine erschöpfende Regelung der Strafhaftung des Betriebsinhabers; für die Anwendbarkeit des § 151 Abs. 1 der Gewerbeordnung ist daneben in der Folge kein Raum mehr. Andererseits bleibt aber selbstverständlich die Vorschrift des § 6 außer Anwendung, wenn der Betriebsinhaber für die von seinem Angestellten auf seine Weisung oder mit seinem ausdrücklichen oder stillschweigenden Einverständnis begangenen Preistreibereien nach allgemeinen Grundsätzen als Täter oder Teilnehmer strafbar ist.

Die Haftung des Betriebsinhabers oder seiner Stellvertreter bezieht sich auf die Angestellten und die sonstigen in dem Betriebe beschäftigten Personen. Entgeltlichkeit der Beschäftigung ist nicht Voraussetzung; auch für Personen, die ohne Entgelt in dem Betriebe beschäftigt sind, z. B. Familienangehörige, bleibt der Geschäftsinhaber unter den bezeichneten Voraussetzungen haftbar.

Zu § 7.

Eines der wichtigsten Mittel zur Bekämpfung der Preistreiberei bildet die Entziehung des übermäßigen Gewinns, den der Täter durch die Straftat erlangt hat. Die bisherigen Vorschriften suchen dieser Aufgabe durch die Bestimmung gerecht zu werden, daß bei vorsätzlichem Preiswucher und bei vorsätzlicher Höchstpreisüberschreitung die Geldstrafe mindestens auf das Doppelte des übermäßigen Gewinns, der erzielt worden ist oder erzielt werden sollte, oder mindestens auf das Doppelte des Betrags, um den der Höchstpreis überschritten worden ist oder überschritten werden sollte, zu bemessen ist; ferner daß, wenn dieser Doppelbetrag zehntausend Mark übersteigt, auf den Doppelbetrag als absolute Strafe zu erkennen ist und nur bei mildernden Umständen die Geldstrafe auf die Hälfte des Mindestbetrags, also auf den Betrag des erzielten oder erstrebten übermäßigen Gewinns usw. ermäßigt werden kann. Nach diesen

Vorschriften muß also der Täter bei mildernden Umständen zum mindesten den ganzen übermäßigen Gewinn usw., sonst mindestens das Doppelte des Gewinns in Form der Geldstrafe an die Staatskasse herausgeben. Die Gerichte sollten durch diese Vorschriften veranlaßt werden, in jedem Einzelfalle mit besonderer Sorgfalt den tatsächlich erzielten oder erstrebten übermäßigen Gewinn so genau als möglich festzustellen. Tatsächlich hat sich die getroffene Regelung in der Praxis als unzureichend erwiesen, um die zur rücksichtslosen Wucherbekämpfung erforderliche ausnahmslose Erfassung der übermäßigen Gewinne zu erzwingen. Zum Teil ist dies darauf zurückzuführen, daß die Einziehung des Gewinns in der Form der Geldstrafe nicht zwingend vorgeschrieben ist. Nach dem Wortlaut der Strafdrohung sind die Gerichte nicht gehindert, bei vorsätzlicher wie bei fahrlässiger Zuwiderhandlung ausschließlich auf Freiheitsstrafe zu erkennen. Aber auch in Fällen, wo auf Geldstrafe erkannt wird, sei es allein, sei es neben Gefängnis, verbleibt der übermäßige Gewinn vielfach dem Täter, weil es nicht gelingt, die zur zahlenmäßigen Berechnung des Gewinns erforderlichen Feststellungen ohne Verzögerung des ordentlichen Strafverfahrens im Rahmen einer Hauptverhandlung zu treffen. Ferner wird die Einziehung des übermäßigen Gewinns vielfach dadurch vereitelt, daß der Täter die erlangten Vermögensstücke an dritte Personen verschiebt, um die Vollstreckung der gegen ihn erkannten Geldstrafe zu hintertreiben.

Der Entwurf versucht nach allen diesen Richtungen bessernd einzugreifen. Die Einziehung des übermäßigen Gewinns ist ohne Ausnahme zwingend vorgeschrieben. Die Einziehung richtet sich in erster Linie gegen Täter und Teilnehmer an der Straftat; sie haften für den einzuziehenden Betrag unter allen Umständen, und zwar als Gesamtschuldner, auch wenn der übermäßige Gewinn ihnen nicht selbst zugute gekommen ist (§ 7

Abs. 1). Daneben gibt der Entwurf (§ 7 Abs. 2 bis 4) aber Handhaben, um außer dem Täter und Teilnehmer auch die an der Begehung der Straftat nicht beteiligten Personen als Gesamtschuldner haftbar zu machen, denen der übermäßige Gewinn durch die Tat selbst oder nach der Tat durch eine als bedenklich anzusehende Zuwendung zugeflossen ist. Schließlich ist, um die Feststellung der Höhe des einzuziehenden Betrags und der Haftbarkeit dritter Personen zu erleichtern, die Möglichkeit eröffnet, die Entscheidung hierüber aus dem ordentlichen Strafverfahren auszuscheiden und in ein besonderes Nachverfahren zu verweisen (zu vergl. hierzu im einzelnen die §§ 11, 12 des Entwurfs).

Gegenstand der Einziehung ist im Falle des vorsätzlichen oder fahrlässigen Preiswuchers (§ 1 Nr. 1) ein Geldbetrag in Höhe des erzielten übermäßigen Gewinns, in den Fällen des vorsätzlichen oder fahrlässigen Forderns übertrieben hoher Vermittelungsgebühren (§ 1 Nr. 2) ein Geldbetrag in Höhe des erzielten übermäßigen Verdienstes und bei vorsätzlicher oder fahrlässiger Höchstpreisüberschreitung durch den Verkäufer (§ 4 Nr. 1) ein Betrag in Höhe des über den Höchstpreis erzielten Erlöses. In den Fällen des § 5 (Preistreiberei im wiederholten Rückfall) greift die Einziehung in derselben Weise Platz, wie wenn die Tat nicht im Rückfall begangen wäre. — Besteht die Gegenleistung, die den übermäßigen Gewinn, Verdienst oder den über den Höchstpreis erzielten Erlös enthält, nicht in Geld, so ist der Geldwert des übermäßigen Gewinns usw. im Wege der Schätzung festzustellen.

Die Einziehung kann sich begrifflich nur auf den tatsächlich erzielten übermäßigen Gewinn oder Verdienst oder den über den Höchstpreis vom Verkäufer tatsächlich erzielten Betrag erstrecken. Die Einziehung des nur erstrebten Gewinns ist deshalb ebensowenig vorgesehen wie in einem Strafverfahren gegen einen Käufer die Einziehung des Betrags, um den der Käufer den

Höchstpreis überschreitet. Die Höhe des erstrebten übermäßigen Gewinns usw. ist lediglich als Strafbemessungsgrund bei der Festsetzung der Strafe, insbesondere der Geldstrafe, zu berücksichtigen; hierfür geben die weiten Strafrahmen des Entwurfs einen ausreichenden Spielraum.

Bei der Haftung dritter Personen kommen zunächst die Fälle in Betracht, in denen der übermäßige Gewinn schon durch die Tat nicht dem Täter oder einem Teilnehmer, sondern einer dritten — natürlichen oder juristischen — Person zugeflossen ist. Diese Voraussetzung wird in der Regel dann vorliegen, wenn Angestellte oder Familienangehörige des Geschäftsinhabers ohne dessen Mitwirkung die Tat begangen haben, ferner bei Geschäftsabschlüssen für Gesellschaften, insbesondere juristische Personen, wenn deren Vertreter die Täter sind. In solchen Fällen erscheint es angemessen, dem Betriebsinhaber oder der Gesellschaft, für deren Rechnung das zu beanstandende Geschäft abgeschlossen ist, lediglich den durch den Geschäftsabschluß erzielten zulässigen Gewinn zu belassen, den übermäßigen Gewinn dagegen zugunsten des Staates einzuziehen. Im Abs. 2 des § 7 ist die Möglichkeit eröffnet, so zu verfahren. Da aber die Haftbarmachung dritter Personen sich vielfach dadurch erübrigen wird, daß die Einziehung beim Täter oder Teilnehmer Erfolg verspricht, so ist sie nicht zwingend vorgeschrieben; es ist vielmehr lediglich bestimmt, daß der Dritte für den von dem Täter oder Teilnehmer einzuziehenden Betrag neben diesen als Gesamtschuldner haftbar gemacht werden kann. Von dieser Befugnis wird das Gericht indessen nach freiem Ermessen Gebrauch machen können; es ist insbesondere für die Anordnung der Haftung dritter Personen nicht vorausgesetzt, daß Schwierigkeiten bei der Durchführung der Einziehung gegen den Täter und Teilnehmer zu erwarten sein müssen. — Die Haftung der nach § 7 Abs. 2 haftbaren Personen geht nur so weit, als ihnen der übermäßige Gewinn tatsächlich zugeflossen ist.

Die Gefahr, daß die Einziehung des erzielten übermäßigen Gewinns durch unlautere Schiebungen der Personen vereitelt wird, gegen die sich die Maßnahme (einschließlich der Haftbarmachung nach § 7 Abs. 2) zunächst richtet, ist erfahrungsgemäß sehr groß. Um ihr zu begegnen, ist im § 13 die Beschlagnahme von Vermögensstücken des Beschuldigten zur Sicherung der Einziehung zugelassen. Auch die Vorschriften der Konkursordnung (§§ 29 bis 42) und des Gesetzes, betreffend Anfechtung von Rechtshandlungen eines Schuldners außerhalb des Konkursverfahrens, bieten gewisse Handhaben, solchen unlauteren Machenschaften entgegenzutreten. Allein der in diesen Vorschriften vorgezeichnete Weg ist hier, wo in Verbindung mit dem eingeleiteten Strafverfahren ein rasches Zugreifen unbedingt geboten ist, zu umständlich und deshalb nicht Erfolg versprechend. Der Entwurf stellt daher im § 7 Abs. 3 neben den bezeichneten Anfechtungsvorschriften wahlweise ein einfacheres Verfahren zur Verfügung. Hiernach soll neben dem Täter, dem Teilnehmer und den durch die Tat selbst bereicherten Personen (§ 7 Abs. 1, 2) als Gesamtschuldner für den einzuziehenden Betrag auch jede andere Person haftbar gemacht werden können, die nach der Tat aus dem Vermögen einer der in erster Linie haftenden Personen eine Zuwendung erhalten hat, wenn dadurch die Einziehung des übermäßigen Gewinns mit Wissen der an dem Zuwendungsgeschäfte Beteiligten vereitelt werden sollte oder wenn der Empfänger die Zuwendung unentgeltlich erhalten hat. In beiden Fällen darf regelmäßig unterstellt werden, daß die Zuwendung unmittelbar oder mittelbar aus dem der Einziehung verfallenen übermäßigen Gewinne herrührt. Jedenfalls kann der Empfänger einer solchen Zuwendung keinerlei Anspruch darauf erheben, das Empfangene zu behalten; vielmehr entspricht es der Billigkeit, daß der Empfänger der Vermögenszuwendung deren Wert an die Allgemeinheit wieder herausgibt. Der Nachweis, daß der Empfänger der Zuwendung beim Empfang von der Absicht seines Vertragsgegners, die Einziehung zu vereiteln, wußte, wird vielfach Beweisschwierigkeiten begegnen; zum Zwecke der Beweiserleichterung ist deshalb in Anlehnung an die Vorschrift gegen Sachenhehlerei (§ 259 des Strafgesetzbuchs) dem Kennen der mit der Zuwendung verknüpften Absicht das durch die Umstände bedingte Annehmenmüssen der Absicht gleichgestellt. Fahrlässige Unkenntnis reicht sonach nicht aus. Nicht erforderlich für die Haftbarkeit ist, daß die Vereitelung der Einziehung durch die Zuwendung tatsächlich eingetreten ist; es genügt, wenn die beiden Vertragsteile zur Zeit der Zuwendung die Absicht der Vereitelung hatten.

Wie die durch die Straftat unmittelbar begünstigten Personen (§ 7 Abs. 2) für den übermäßigen Gewinn nur insoweit haftbar gemacht werden können, als er ihnen tatsächlich zugeflossen ist, so soll auch die Haftung der Empfänger von Zuwendungen auf den Wert der Zuwendung zur Zeit des Empfanges beschränkt bleiben; zum Schutze gutgläubiger Empfänger einer unentgeltlichen Zuwendung ist außerdem vorgesehen, daß sie nur mit der noch vorhandenen Bereicherung haften sollen.

Um weiteren Verschiebungen der bereits in anfechtbarer Weise erlangten Zuwendungen vorzubeugen, ist bestimmt, daß auch jeder weitere Empfänger der Zuwendung oder ihres Wertes in gleicher Weise und unter den gleichen Voraussetzungen wie der erste Empfänger der Zuwendung haftbar gemacht werden kann. Voraussetzung der Haftung eines weiteren Empfängers der Zuwendung ist demgemäß eine ununterbrochene Kette von Vormännern, von denen ein jeder wegen Bösgläubigkeit oder wegen unentgeltlichen Erwerbes als Gesamtschuldner neben dem Täter und den Teilnehmern haftbar gemacht werden kann.

Der im Entwurfe durchgeführte Grundsatz, daß für den übermäßigen Gewinn jeder, dem der Gewinn wirtschaftlich zugute gekommen ist, haftbar gemacht werden kann, läßt es nicht als angezeigt erscheinen, auf die Haftung zu verzichten, wenn der Schuldner gestorben ist. Deshalb ist im § 7 Abs. 4 bestimmt, daß die Haftung für den einzuziehenden Betrag auf den Erben übergeht. Damit ist zum Ausdrucke gebracht, daß die Haftungsverpflichtung als Nachlaßverbindlichkeit anzusehen ist. Die Vorschriften über die Erbenhaftung, insbesondere über deren Beschränkung, gelten auch für diese Nachlaßverbindlichkeit. Dies wird in der Entscheidung des Gerichts zweckmäßig zum Ausdruck zu bringen sein.

Um einer unnötigen Belastung der Behörden mit zwecklosen Erhebungen vorzubeugen, ist im Abs. 5 angeordnet, daß bei Geringfügigkeit des einzuziehenden Betrags von der Einziehung abgesehen werden kann.

Der nach § 7 einzuziehende Betrag ist selbstverständlich im ganzen nur einmal einzuziehen. Soweit er vom Täter oder Teilnehmer oder einer der neben ihnen haftbaren Personen eingezogen ist, werden die übrigen befreit. Anderseits bleiben etwaige zivilrechtliche Ansprüche des durch die Straftat Geschädigten durch die im § 7 getroffene Regelung unberührt.

Die Vorschrift des § 7 Abs. 1 Satz 2, daß auf die Einziehung auch durch Strafbefehl erkannt werden kann, soll der Beseitigung von Zweifeln dienen, die daraus abgeleitet werden könnten, daß es sich bei der Einziehung des übermäßigen Gewinns usw. nicht um die Einziehung eines körperlichen Gegenstandes handelt. Auf die im § 7 Abs. 2 bis 4 vorgesehene Haftbarmachung anderer Personen als des Täters oder Teilnehmers erstreckt sich die Vorschrift nicht. Ist gegen den Täter oder Teilnehmer ein Strafbefehl erlassen, so kann die Haftbarmachung dritter Personen nur in dem besonderen Verfahren des § 12 ausgesprochen werden; dies ist im § 11 Abs. 3 Satz 2 ausdrücklich bestimmt.

Zu § 8.

Gewisse Gruppen von Gegenständen, die für den allgemeinen Bedarf dringend notwendig sind, die sich aber wegen der Vielgestaltigkeit der zu ihnen gehörenden Einzelgegenstände zur Festsetzung von Höchstpreisen nicht eignen (Web-, Wirk- und Strickwaren, Seilerwaren, Spinnstoffe, Garne und Fäden, Schuhwaren, gewisse Metalle und metallische Produkte), sind einer besonderen Regelung hinsichtlich der Preisbemessung insofern unterstellt, als Schiedsgerichte zur Nachprüfung der Angemessenheit der in einzelnen Geschäftsbetrieben für bestimmte Waren erzielten Preise berufen sind. Diesen Schiedsgerichten ist gleichzeitig die Befugnis übertragen, wenn sich bei der Nachprüfung ergibt, daß die erzielten Preise die festgesetzten Grenzen überschreiten oder sonst unangemessen hoch sind, von dem Inhaber des Geschäftsbetriebs zugunsten des Reichs einen Betrag einzuziehen, der dem Überpreis aller in diesem Geschäftsbetrieb in den Verkehr gebrachten Waren der betreffenden Art entspricht. Durch das schiedsrichterliche Verfahren wird die spätere Nachprüfung der auf die nämlichen Waren bezüglichen Geschäftsvorgänge oder einzelner von ihnen unter dem Gesichtspunkt des Preiswuchers nicht ausgeschlossen. In diesem Falle müßte, wenn nichts anderes bestimmt wird, das Strafgericht auf Grund des § 7 des Entwurfs auf Einziehung des übermäßigen Gewinns auch dann erkennen, wenn ihn das Schiedsgericht bereits zugunsten des Reichs ganz oder teilweise eingezogen hat. Dies wäre unbillig. Im § 8 ist deshalb bestimmt, daß auf den wegen Preiswuchers einzuziehenden Betrag derjenige Betrag anzurechnen ist, welcher wegen derselben Preisforderung bereits von einem zuständigen Schiedsgericht zugunsten des Reichs eingezogen worden ist.

Dem weitergehenden Wunsche der Handelskreise, der Festsetzung des angemessenen Preises durch das Schiedsgericht bindende Kraft für das Strafgericht zu geben, ist nicht entsprochen, da eine solche Regelung der Stellung der Strafgerichte widersprechen würde. Die Strafgerichte haben hier, wie auch sonst, nach ihrer freien, aus dem Inbegriffe der Verhandlung geschöpften Überzeugung zu entscheiden und dürfen an vorausgegangene Entscheidungen anderer Stellen nicht gebunden sein.

Zu § 9.

Für Fälle, in denen nach § 42 des Strafgesetzbuches oder nach anderweiten gesetzlichen Bestimmungen auf die Einziehung von Gegenständen selbständig erkannt werden kann, ist im § 478 Abs. 2 der Strafprozeßordnung vorgeschrieben, daß Personen, die einen rechtlichen Anspruch auf den Gegenstand der Einziehung haben, zu dem Verhandlungstermine zu laden sind, soweit dies ausführbar erscheint. Ob diese Vorschrift auch dann gilt, wenn auf die Einziehung nicht selbständig, sondern in einem gegen einen bestimmten Angeklagten gerichteten Strafverfahren erkannt wird, ist bestritten. Dar Reichsgericht hat sich in einer Entscheidung (Entsch. in Strafs. Bd. 34 S. 388) auf den Standpunkt gestellt, daß in diesem Falle den Personen, die auf den Gegenstand der Einziehung einen rechtlichen Anspruch haben, keinerlei prozeßrechtliche Befugnisse zustehen. Eine solche Stellungnahme wäre gegenüber der Einziehung übermäßiger Gewinne nicht am Platze. Hier muß den Personen, die haftbar gemacht werden sollen, die Möglichkeit verbleiben, sich zur Wahrnehmung ihrer Rechte an dem Hauptverfahren zu beteiligen. Dies wird im § 9 bestimmt. Die Art der Beteiligung ist in der nämlichen Weise geregelt, wie sie im Verfahren bei selbständigen Einziehungen für Personen vorgesehen ist, welche einen rechtlichen Anspruch auf den Gegenstand der Einziehung haben (zu vergl. § 478 Abs. 2, 3, § 479 der Strafprozeßordnung).

Zu § 10.

Nach dem im Entwurfe befolgten Grundsatz, den übermäßigen Gewinn unter allen Umständen für den Staat einzuziehen, erscheint es notwendig, die Einziehung auch als selbständige Maßnahme für den Fall zuzulassen, daß die Verfolgung oder Verurteilung einer bestimmten Person aus irgendeinem Grunde nicht ausführbar ist.

Unter der „im § 7 vorgesehenen Einziehung" ist auch die im § 7 Abs. 2 bis 4 zugelassene Haftbarmachung anderer Personen als des Täters und der Teilnehmer zu verstehen; diese Haftbarerklärung kann also gleichfalls für sich allein im selbständigen Verfahren ausgesprochen werden.

Das Verfahren ist das nämliche wie bei der selbständigen Einziehung körperlicher Gegenstände; die in Betracht kommenden Bestimmungen der Strafprozeßordnung sind mit den Änderungen, die durch die unterschiedliche Natur des Gegenstandes der Einziehung bedingt sind, für anwendbar erklärt. Demgemäß ist der Antrag auf Einziehung oder Haftbarerklärung von dem Staatsanwalt bei dem Gerichte zu stellen, welches für den Fall der Verfolgung einer bestimmten Person zuständig wäre. Die Verhandlung und Entscheidung erfolgt in einem Termin, auf den die Bestimmungen über die Hauptverhandlung entsprechende Anwendung finden. Die Personen, gegen welche die Einziehung, einschließlich der Haftbarmachung, sich richtet, sind, soweit dies ausführbar erscheint, zu dem Termine zu laden. Die geladenen Personen können alle Befugnisse ausüben, die einem Angeklagten zustehen, sich auch durch einen mit schriftlicher Vollmacht versehenen Verteidiger vertreten lassen; durch ihr Nichterscheinen wird das Verfahren und die Urteilsfällung nicht aufgehalten.

Die Rechtsmittel gegen das Urteil stehen der Staatsanwaltschaft und den betroffenen Personen zu.

Zu § 11.

Die ziffermäßige Feststellung des übermäßigen Gewinns erfordert vielfach umfangreiche Erhebungen, insbesondere eine eingehende und zeitraubende Nachprüfung der einschlägigen Geschäftsbücher und Geschäftspapiere unter Zuziehung von Sachverständigen. Die Vornahme solcher Beweiserhebungen in der Hauptverhandlung stößt häufig auf Schwierigkeiten. In Fällen, wo die Schuld des Täters feststeht und die genaue zahlenmäßige Feststellung der Höhe des Gewinns für die Strafzumessung entbehrlich ist, ist sie geeignet, die Aburteilung des Schuldigen ungebührlich zu verzögern. Zur wirksamen Bekämpfung des Kriegswuchers bedarf es aber der raschen Aburteilung des Schuldigen. Deshalb läßt der Entwurf für die Feststellung der Höhe des nach § 7 einzuziehenden Betrags ein besonderes Nachverfahren zu. Durch die Zulassung eines solchen Nachverfahrens werden auch die Aussichten für eine richtige Ermittlung des zahlenmäßigen Betrags des übermäßigen Gewinns und damit für seine volle Erfassung im Wege der Einziehung wesentlich erhöht.

Voraussetzung für die Zulassung des Nachverfahrens ist, daß die Festsetzung der Höhe des einzuziehenden Betrags nicht ohne Verzögerung des Strafverfahrens erfolgen kann. Ob diese Voraussetzung im Einzelfalle zutrifft, ist dem freien Ermessen des Gerichts überlassen. Der Vorbehalt eines besonderen Nachverfahrens über die Höhe des einzuziehenden Betrags kann sowohl in dem Urteil gegen den Täter als auch in dem Urteil erfolgen, durch das selbständig auf Einziehung eines übermäßigen Gewinns erkannt wird (§ 10 des Entwurfs).

Auch die Feststellung darüber, ob neben dem Täter oder den

Teilnehmern noch weitere Personen für den einzuziehenden Betrag haftbar gemacht werden können, wird häufig besondere Erhebungen erforderlich machen, die für das Urteil gegen den Täter oder die Teilnehmer ohne Bedeutung sind. Deshalb ist auch für diese Fälle zur Entlastung der Hauptverhandlung das Nachverfahren im § 11 Abs. 1 zugelassen. Die Haftbarkeit einer anderen Person als des Täters oder der Teilnehmer kann sich aber auch erst nach der Hauptverhandlung ergeben. Insbesondere in den Fällen des § 7 Abs. 3 wird die Frage der Haftbarkeit dritter Personen meist erst dann auftauchen, wenn sich die Einziehung des festgesetzten Betrags bei dem Täter oder Teilnehmer wegen deren Mittellosigkeit als undurchführbar erweist. Überhaupt wird das Vorliegen der Voraussetzungen des § 7 Abs. 3 sich vielfach in der Hauptverhandlung gegen den Täter noch gar nicht übersehen lassen; in vielen Fällen werden diese Voraussetzungen erst später, oft erst nach völligem Abschluß des Verfahrens eintreten, z. B. bei Weitergabe von Zuwendungen oder bei Eintritt von Erbfällen. Der Grundsatz des Entwurfs, den übermäßigen Gewinn unter allen Umständen einzuziehen, rechtfertigt die nachträgliche Durchführung eines besonderen Einziehungsverfahren gegen andere Personen als den Täter oder Teilnehmer, auch wenn ein ausdrücklicher Vorbehalt in dem Urteil nicht gemacht war. Dies ist im § 11 Abs. 2 vorgesehen. Daß die Person, gegen die das Nachverfahren gerichtet ist, zu dem vorausgegangenen Hauptverfahren geladen war, ist nicht erforderlich. Nachteile sind hiervon nicht zu befürchten. Das Nachverfahren bietet den betroffenen Personen ausreichende Gelegenheit, ihre Rechte wahrzunehmen.

Auch im Falle des Erlasses eines Strafbefehls gegen Täter und Teilnehmer (§ 7 Abs. 1 Satz 2 des Entwurfs) wird es sich häufig als zweckmäßig erweisen, die genaue zahlenmäßige Feststellung der Höhe des einzuziehenden Betrags dem besonderen Nachverfahren zu überweisen; vorausgesetzt ist dabei, daß die vorherige Feststellung dieses Betrags für die Bemessung der im Strafbefehle festzusetzenden Strafe entbehrlich ist. Im § 11 Abs. 3 Satz 1 ist deshalb bestimmt, daß die Festsetzung des einzuziehenden Betrags auch im Strafbefehle dem besonderen Verfahren vorbehalten werden kann. Wird ein Strafbefehl gegen Täter oder Teilnehmer erlassen, so muß die Entscheidung darüber, ob neben dem Täter oder dem Teilnehmer noch eine andere Person als Gesamtschuldner für den einzuziehenden Betrag haftbar zu machen ist, ebenfalls dem besonderen Nachverfahren überwiesen werden (§ 11 Abs. 3 Satz 2 des Entwurfs), da diese Entscheidung, wie schon zu § 7 Abs. 1 Satz 2 bemerkt ist, im Strafbefehlsverfahren nicht getroffen werden kann.

Zu § 12.

§ 12 regelt die Durchführung des nach § 11 zulässigen besonderen Verfahrens. Die Durchführung ist dem Staatsanwalt übertragen; den Betroffenen ist jedoch das Recht eingeräumt, die gerichtliche Entscheidung herbeizuführen. Der Staatsanwalt trifft die erforderlichen Ermittlungen wie bei der Vorbereitung der öffentlichen Klage; er unterrichtet sich durch Prüfung der einschlägigen Geschäftsbücher und Geschäftspapiere sowie durch die Vernehmung der zur Aufklärung notwendigen Zeugen und Sachverständigen über alle Verhältnisse, von denen die Bemessung der Höhe des einzuziehenden Betrags und gegebenenfalls die Feststellung der neben dem Täter oder den Teilnehmern haftbaren Personen abhängt. Nach Abschluß der Ermittlungen erläßt der Staatsanwalt einen Bescheid, in dem er den einzuziehenden Betrag festsetzt und die Personen bezeichnet, die neben dem Täter und den Teilnehmern für den Betrag haftbar gemacht werden. Da die auf Einziehung lautende Entscheidung (Urteil oder

Strafbefehl) die notwendige Voraussetzung der in Nachverfahren zu treffenden Entscheidung bildet, so soll der Bescheid des Staatsanwalts nicht vor Eintritt der Rechtskraft der auf Einziehung lautenden Entscheidung erlassen werden, während die Ermittlungen schon vor diesem Zeitpunkt eingeleitet werden können. Der Bescheid muß mit Gründen versehen sein und die Eröffnung enthalten, daß er vollstreckbar wird, wenn der Betroffene nicht binnen zwei Wochen nach der Zustellung die gerichtliche Entscheidung beantragt. Der Bescheid ist vom Staatsanwalt denjenigen Personen zuzustellen, gegen welche die Einziehung sich richtet, also gegen den Täter, die Teilnehmer und die im § 7 Abs. 2 des Entwurfs aufgeführten Personen, soweit sie im Einzelfalle haftbar gemacht werden.

Das Recht, den Antrag auf gerichtliche Entscheidung zu stellen, steht jedem von dem Bescheide Betroffenen selbständig zu. Die Entscheidung des Gerichts erfolgt durch Beschluß, gegen den sofortige Beschwerde zugelassen ist (§ 353 der Strafprozeßordnung).

Wird die gerichtliche Entscheidung innerhalb der bezeichneten Frist nicht beantragt, so erlangt der Bescheid den Betroffenen gegenüber die Wirkung eines rechtskräftigen Urteils. Das gleiche gilt, wenn der Antrag zwar gestellt, aber, z. B. wegen versäumter Frist als unzulässig verworfen wird. Die Vollstreckung des Bescheids erfolgt in beiden Fällen gemäß § 495 der Strafprozeßordnung — ebenso wie die Vollstreckung einer vom Gerichte durch Urteil angeordneten Einziehung — nach den Vorschriften über die Vollstreckung der Urteile der Zivilgerichte. Erforderlich ist eine mit der Bescheinigung der Vollstreckbarkeit versehene beglaubigte Abschrift des Bescheids des Staatsanwalts; die Bescheinigung erteilt der Gerichtsschreiber des Gerichts, welches in erster Instanz entschieden hat.

Ist der Antrag auf gerichtliche Entscheidung form- und fristgerecht gestellt, so verliert damit der staatsanwaltschaftliche Bescheid seine Wirkung. In diesem Falle hat das Gericht durch Beschluß in der Sache selbst zu entscheiden; der Beschluß ist nach Maßgabe des § 495 der Strafprozeßordnung zu vollstrecken.

Der Staatsanwalt ist für die Durchführung des besonderen Verfahrens, insbesondere für den Erlaß des Bescheids, auch dann zuständig, wenn das Urteil erster Instanz von dem Schöffengericht ergangen oder ein Strafbefehl erlassen ist. Da dem Bescheid eine erhebliche sachliche Bedeutung zukommt und die Vorbereitung der Strafsache bis zur Anklageerhebung ohnedies zur Aufgabe des Staatsanwalts gehört, erschien es nicht angezeigt, den Amtsanwalt für zuständig zu erklären.

Zu § 13.

§ 13 eröffnet die Möglichkeit einer Beschlagnahme von Vermögensstücken des Beschuldigten zur Sicherung der Einziehung des übermäßigen Gewinns. Erfahrungsgemäß besteht die Gefahr, daß Personen, die sich der Preistreiberei schuldig gemacht haben, den erlangten übermäßigen Gewinn alsbald verbrauchen oder beiseite schaffen, um ihn der Einziehung zu entziehen. Die Gefahr wird durch die im § 7 Abs. 3, 4 des Entwurfs zugelassene Erfassung des übermäßigen Gewinns bei solchen Personen, an die er verschoben wird, nur zum Teil ausgeräumt. Deshalb empfiehlt es sich, zur weiteren Sicherung der Einziehung die Beschlagnahme von Vermögensstücken des Täters und Teilnehmers selbst zuzulassen.

Die Beschlagnahme soll nur gegenüber den als Täter oder Teilnehmer Verdächtigen, nicht auch gegenüber den im § 7 Abs. 2 bis 4 bezeichneten Personen zulässig sein. Die Zuständigkeit für die Beschlagnahme ist ähnlich geregelt wie im § 98 Abs. 1, 2 der Strafprozeßordnung für die Beschlagnahme zur Sicherung der Einziehung körperlicher Gegenstände. Für die Durchführung der Beschlagnahme sind ebenso, wie im § 325 Satz 2 der Strafprozeßordnung, die Bestimmungen der Zivilprozeßordnung über die Vollziehung und die Wirkungen des dinglichen Arrestes für entsprechend anwendbar erklärt. Nach Durchführung der Einziehung oder nach sonstiger Erledigung des Verfahrens ist die Beschlagnahme wieder aufzuheben.

Zu § 14.

Auf Preistreibereien, die vor dem Inkrafttreten des Entwurfs begangen sind, aber erst nach dessen Inkrafttreten abgeurteilt werden, finden nach § 2 des Strafgesetzbuchs die bisherigen Strafvorschriften Anwendung, wenn sie sich als das mildere Gesetz darstellen. Damit würde auch die Anwendbarkeit der Vorschriften des Entwurfs über die Einziehung übermäßiger Gewinne usw. (§§ 7 bis 13) ausgeschlossen sein. Der Grundsatz, die Einziehung übermäßiger Gewinne ausnahmslos sicherzustellen, läßt es aber geboten erscheinen, auch in Fällen der bezeichneten Art die Einziehung des übermäßigen Gewinnes anzuordnen. Deshalb legt der Entwurf im § 14 Abs. 1 den Vorschriften der §§ 7 bis 13 rückwirkende Kraft bei. Die Rückwirkung ist auf die Einziehung beschränkt; im übrigen verbleibt es bei der Anwendung der früheren Vorschriften. Es würde jedoch zu Unbilligkeiten führen, wenn neben der Einziehung des übermäßigen Gewinns die Geldstrafe nach Maßgabe des § 6 Abs. 2 des Gesetzes, betreffend Höchstpreise, oder des § 5 Abs. 2 der Verordnung gegen übermäßige Preissteigerung, je in der Fassung der Bekanntmachung vom 23. März 1916 festgesetzt würde. Denn nach diesen Vorschriften muß die Geldstrafe so bemessen werden, daß der

Täter oder Teilnehmer das Doppelte des übermäßigen Gewinns in der Form der Geldstrafe an die Staatskasse herausgibt. Um dieses Ergebnis auszuschließen, ist in § 14 Abs. 2 angeordnet, daß die bezeichneten Vorschriften keine Anwendung finden, so daß für Preistreibereien, die in der Zeit vom 1. April 1916 bis zum Inkrafttreten der neuen Verordnung begangen sind, lediglich die Grundstrafdrohung des § 6 Abs. 1 des Gesetzes, betreffend Höchstpreise, oder des § 5 Abs. 1 der Verordnung gegen übermäßige Preissteigerung (Gefängnis bis zu einem Jahre und Geldstrafe bis zu zehntausend Mark oder eine dieser Strafen) anzuwenden ist. Bei Straftaten, die vor dem 1. April 1916 begangen sind, aber erst nach dem Inkrafttreten des Entwurfs abgeurteilt werden, bedarf es einer Vorschrift nach Art des § 14 Abs. 2 des Entwurfs nicht, da insoweit Vorschriften über die Bemessung der Geldstrafe nach der Höhe des übermäßigen Gewinns nicht bestanden haben.

Unter „Aburteilung" ist die Entscheidung durch die Tatsacheninstanz zu verstehen. In der Revisionsinstanz finden die Vorschriften des § 14 des Entwurfs keine Anwendung.

Zu § 15.

Die Vorschrift über die Einziehung der Gegenstände, auf die sich die strafbare Handlung bezieht, entspricht den Bestimmungen des geltenden Rechtes.

Auf die Einziehung kann selbständig erkannt werden (Art. I der Verordnung, betreffend einige die Kriegsverordnungen ergänzende Vorschriften über Einziehung und über Veräußerung beschlagnahmter Gegenstände, vom 22. März 1917, Reichs-Gesetzbl. S. 255). Die Sicherstellung und Beschlagnahme der Gegenstände ist nach § 94 der Strafprozeßordnung, ihre Veräußerung vor der Entscheidung über die Einziehung nach Maßgabe der Bestimmungen des Art. II der bezeichneten Verordnung vom 22. März 1917 zulässig.

Zu § 16.

Nach geltendem Rechte kann sowohl bei übermäßiger Preissteigerung wie bei Höchstpreisüberschreitung neben der Gefängnisstrafe auf Verlust der bürgerlichen Ehrenrechte erkannt werden. Diese Vorschrift ist im § 16 des Entwurfs insoweit übernommen, als die Verurteilung wegen vorsätzlicher Begehung der bezeichneten Straftaten erfolgt. Bei fahrlässigen Zuwiderhandlungen ist die Androhung von Ehrenstrafen nicht angezeigt. Dagegen erscheint es geboten, im Falle der Begehung im wiederholten Rückfall (§ 5 des Entwurfs) die Aberkennung der Ehrenrechte zwingend vorzuschreiben, soweit auf Zuchthaus erkannt wird. Wird im Falle des wiederholten Rückfalls wegen Annahme mildernder Umstände auf Gefängnis erkannt, so ist die Aberkennung der Ehrenrechte nach § 32 des Strafgesetzbuchs zulässig, wenn die Dauer der Gefängnisstrafe mindestens drei Monate erreicht.

Zu § 17.

Die Vorschrift über die Urteilsbekanntmachung ist aus dem geltenden Rechte sachlich unverändert übernommen (zu vergleichen § 5 Abs. 4 der Verordnung gegen übermäßige Preissteigerung und § 6 Abs. 3 des Gesetzes, betreffend Höchstpreise, beide in der Fassung der Bekanntmachung vom 23. März 1916 — Reichs-Gesetzbl. S. 183 —). Für die Fälle der Begehung im Rückfalle (§ 5 des Entwurfs) ist die Urteilsbekanntmachung zwingend vorgeschrieben. Die Art der Bekanntmachung ist im Urteil zu bestimmen. Als eine besonders wirksame Art der Bekanntmachung erscheint bei Preistreiberei der Anschlag an oder in dem Geschäftsraum, in dem die strafbare Handlung begangen ist. Auf diese Art der Urteilsbekanntmachung ist deshalb besonders hingewiesen.

Zu § 18.

Wenn eine und dieselbe Handlung mehrere Strafgesetze verletzt, so kommt nach § 73 des Strafgesetzbuchs nur dasjenige Gesetz zur Anwendung, das die schwerste Strafe androht. Hiernach würden Personen, die sich durch dieselbe Handlung sowohl der Preistreiberei als auch einer mit schwererer Strafe bedrohten Straftat, z. B. des Landesverrats oder des Betrugs im Rückfalle schuldig machen, lediglich nach der für diese Straftat festgesetzten Strafdrohung bestraft werden können. Es wäre daher insbesondere nicht möglich, auf die im Entwurfe vorgesehene Einziehung des übermäßigen Gewinnbetrags und die öffentliche Bekanntmachung der Verurteilung zu erkennen. Um ein solches Ergebnis auszuschließen, ist im § 18 bestimmt, daß die Vorschriften des Entwurfs über die Nebenfolgen der Straftat auch dann anzuwenden sind, wenn die Strafe gemäß § 73 des Strafgesetzbuchs auf Grund eines anderen Gesetzes zu bestimmen ist. Als Gesetz im Sinne dieser Vorschrift ist jede gültige Strafvorschrift anzusehen.

Für den Fall der sogenannten Realkonkurrenz (§ 74 des Strafgesetzbuchs) ist eine ähnliche Bestimmung nicht erforderlich, da bereits im § 76 des Strafgesetzbuchs hinsichtlich der Nebenstrafen der Aberkennung der bürgerlichen Ehrenrechte und des Ausspruchs der Zulässigkeit von Polizeiaufsicht ausdrücklich im gleichen Sinne entschieden ist und der in dieser Vorschrift zutage tretende Grundsatz nach allgemeiner Auffassung auf alle Nebenfolgen der in einer Gesamtstrafe ein bezogenen Einzelstrafen Anwendung findet.

Er muß demnach insbesondere auch für die Einziehung des übermäßigen Gewinns (§ 7 des Entwurfs) Geltung beanspruchen.

Zu § 19.

Die im Inlande festgesetzten Höchstpreise und die im § 1 Nr. 1, 2 vorgesehenen Beschränkungen in der Bemessung von Preisen und Vergütungen finden an sich auch auf Lieferungen nach dem Ausland Anwendung. Dieses durch die Rechtsprechung des Reichsgerichts festgestellte Ergebnis wird auch durch die Genehmigung der Ausfuhr nicht berührt. Die inländischen Höchstpreise und Preisbeschränkungsvorschriften bezwecken jedoch nur den Schutz der inländischen Verbraucher vor übermäßigen Preisforderungen. Ein Bedürfnis, ausländische Verbraucher zu schützen, besteht nicht, vielmehr wird es in der Regel den Interessen der deutschen Volkswirtschaft entsprechen, wenn für die ausgeführten Waren ein möglichst hoher Preis erzielt wird. Deshalb erschien es geboten, für Lieferungen nach dem Auslande die Bestimmungen gegen Preistreiberei und über Höchstpreise außer Kraft zu setzen. Etwaigen Mißständen, die sich hieraus in der Folge ergeben könnten, wird durch die Handhabung der Ausfuhrgenehmigungen, erforderlichenfalls durch Anordnung neuer Ausfuhrverbote oder durch sonstige Verwaltungsmaßnahmen wirksam begegnet werden können.

Zu § 20.

Die Höchstpreise gelten, soweit nicht das Gegenteil ausdrücklich bestimmt ist, auch für den Absatz von Waren, die aus dem Ausland eingeführt werden, ohne Rücksicht darauf, wie hoch die Gestehungskosten des Einführenden sich belaufen. Bei Gegenständen des täglichen Bedarfs und des Kriegsbedarfs, für die keine Höchstpreise bestehen, können nach den bestehenden Rechtsgrundsätzen die besonderen Verhältnisse des Einfuhrhandels insofern berücksichtigt werden, als der Einführende befugt ist, eine seinem Risiko entsprechende Risikoprämie in die Preisberechnung einzustellen und falls die Einfuhr mit besonderen Schwierigkeiten verbunden war oder nur durch besondere Geschicklichkeit und Sachkunde ermöglicht wurde, den Unternehmerlohn höher als sonst üblich zu bemessen.

Diese Rechtslage wird von den Vertretungen des Einfuhrhandels übereinstimmend als ungenügend angesehen. Sie verweisen darauf, daß, soweit Höchstpreise bestehen, besondere Preisbemessungen für den Einfuhrhandel regelmäßig nicht vorgesehen werden und daß im übrigen die Gerichte über die Höhe der besonderen Zuschläge, insbesondere über die Höhe der Verlustgefahr, verschiedener Auffassung und vor allem leicht geneigt seien, hinterher, wenn ein Verlust tatsächlich nicht eingetreten sei, die Verlustgefahr nur in geringem Umfang in Rechnung zu stellen. Auf solcher Grundlage könne der Kaufmann aber riskante Einfuhrgeschäfte nicht abschließen. Insbesondere sei dies gegen Ende des Kriegs, wenn sich die ersten Einfuhrmärkte wieder öffneten, und in den ersten Monaten nach dem allgemeinen Friedensschlusse nicht möglich. Die wirrschaftlichen Verhältnisse des In- und Auslandes seien in diesen Zeiten aus den verschiedensten Gründen — z. B. wegen Verkehrsschwierigkeiten, Kursverschiebungen, Aus- und Einfuhrverboten, Betriebsumstellungen, Unsicherheit der Besitzverhältnisse infolge politischer Umwälzungen — so großen Schwankungen unterworfen, daß eine genaue Berechnung des Risikos kaum möglich sei. Bei solchen Verhältnissen könne nur der Wagemut des Kaufmanns für die Allgemeinheit ersprießliche Ergebnisse liefern. Deshalb sei es nötig, dem Einfuhrgeschäfte durch Aufhebung der für die Preisbemessung gegebenen Schranken völlig freie Hand zu lassen. Die em

Wunsche kann in seiner Allgemeinheit nicht entsprochen werden. Eine völlige Freigabe der Preisbildung für eingeführte Waren könnte die Gefahr einer allzu starken, für das Gesamtwirtschaftsleben, insbesondere den Geldmarkt schädlichen Einfuhr mit sich bringen; sie könnte auch dem erhofften allmählichen Sinken der Preise entgegenwirken. Andererseits erscheint es berechtigt, den besonderen Verhältnissen des Einfuhrhandels in gewissem Umfange Rechnung zu tragen und vor allem die Möglichkeit zu sogenannten Vorkäufen von Rohstoffen und Zwischenerzeugnissen für die Friedenszeit zu schaffen, d. h. zu Geschäftsabschlüssen, die während des Krieges im neutralen oder feindlichen Auslande betätigt und unmittelbar nach Eintritt des Friedens ausgeführt werden sollen. Der Entwurf wählt hierfür den Weg, daß er den Reichskanzler oder die von ihm bestimmte Stelle ermächtigt, für Einfuhrwaren Ausnahmen von den Höchstpreisen oder den in der Preiswuchervorschrift (§ 1 Nr. 1, 2) enthaltenen Bestimmungen über die Bemessung von Preisen und Vergütungen zuzulassen. Dadurch ist der Reichskanzler oder die von ihm bestimmte Stelle in die Lage versetzt, den Umfang der Einfuhrgeschäfte in den durch die Interessen der Allgemeinheit gebotenen Grenzen zu halten.

Den erhöhten Preis, den der Einführende auf Grund der ihm bewilligten Ausnahme von den im § 1 Nr. 1 enthaltenen Preisgrenzen von seinem Abnehmer sich gewähren läßt, darf dieser in seine eigene Preisberechnung als Einstandspreis einstellen. Ist dem Einführenden eine Ausnahme von den Höchstpreisen erteilt, so brauchen auch sein Abnehmer sowie spätere Erwerber der Ware bei deren Weiterveräußerung die bestehenden Höchstpreise nicht einzuhalten; vielmehr sind die weiteren Erwerber lediglich an die nach § 1 Nr. 1 zulässigen Preisgrenzen gebunden. Insofern haftet die Ausnahme von den Höchstpreisen an der Ware. Die nötige Sicherheit gegen ein mißbräuchliches Hochtreiben der Preise im Inlande wird erforderlichenfalls durch Auferlegung von Bedingungen bei der Bewilligung der Ausnahmen zu schaffen sein.

Zu § 21.

Die im Abs. 2 aufgeführten Vorschriften sind sämtlich durch die Bestimmungen des Entwurfs ersetzt und können deshalb mit dem Inkrafttreten der neuen Verordnung außer Kraft gesetzt werden. Insbesondere gilt dies hinsichtlich der im Abs. 2 in Nr. 4 bis 6 aufgeführten Verordnungen, die den Kettenhandel mit Textilien und Textilersatzstoffen, mit Arzneimitteln und mit Tabakwaren unter Strafe stellen. Alle diese Gegenstände sind als solche des täglichen Bedarfs oder des Kriegsbedarfs anzusehen, soweit es sich nicht etwa in Ausnahmefällen um Luxusgegenstände handelt. Insoweit würde allerdings eine — durchaus berechtigte — Einschränkung der bisherigen Strafbestimmungen eintreten.

Die in den Abs. 3, 4 vorgesehenen Änderungen der Überschriften der Verordnungen vom 23. Juli 1915 und vom 24. Juni 1916 sind eine notwendige Folge der durch Abs. 2 Nr. 2 und 3 bewirkten Änderungen ihres Inhalts.

Zu § 22.

Zurzeit läßt sich nicht übersehen, wie lange der Schutz der inländischen Verbraucher die Aufrechterhaltung der Vorschriften der Verordnung nötig macht. Sobald der Eintritt normaler Marktverhältnisse die Außerkraftsetzung der Verordnung gestattet, ist sie in Aussicht genommen. Die Befugnis hierzu ist, wie dies auch sonst bei Verordnungen auf Grund des § 3 des sogenannten Ermächtigungsgesetzes geschieht, dem Reichskanzler übertragen.

Der Reichskanzler ist auch ermächtigt, zu bestimmen, in welchem Umfang die Verordnung außer Kraft tritt. Hieraus ergibt sich seine Befugnis, gegebenenfalls einzelne Bestimmungen der Verordnung vor den übrigen Bestimmungen außer Kraft zu setzen oder aber die Bestimmungen des Entwurfs für einzelne Warengruppen, insbesondere Waren, die wieder einen ordnungsmäßigen Marktpreis erlangt haben, außer Wirksamkeit zu setzen.

---

2. Allgemeine Verfügung des Königl. Preuß. Justizministeriums vom 13. Mai 1918.

(JMBl. S. 161.)

Nachstehend wird die Begründung zu der Verordnung des Bundesrats gegen Preistreiberei vom 8. Mai 1918 den Justizbehörden zur Kenntnisnahme mitgeteilt.

Diese Verordnung bedeutet gegenüber dem gegenwärtigen Rechtszustand eine Milderung insbesondere insofern

1. als Höchstpreisüberschreitungen durch den Erwerber nur noch dann strafbar sind, wenn er zum Zwecke der Weiterveräußerung mit Gewinn erworben hat,
2. als eine übermäßige Preissteigerung nicht mehr vorliegt, wenn Höchstpreise oder von einer zuständigen Behörde festgesetzte Preise eingehalten werden, und
3. als unter den im § 2 angegebenen Voraussetzungen die Forderung von Durchschnittspreisen zugelassen wird.

Auf Handlungen, die vor dem Inkrafttreten der neuen Verordnung begangen sind, aber erst nachher abgeurteilt werden, finden die milderen Vorschriften des neuen Rechts ohne weiteres Anwendung gemäß § 2 Abs. 2 RStGB. Die Entscheidungen, die schon vor dem 1. Juni d. J. rechtskräftig geworden sind, oder die zwar erst nachher rechtskräftig werden, bei denen abre die erwähnten neuen Vorschriften nicht zur

Anwendung gekommen sind, sind von den Strafvollstreckungsbehörden, soweit die Strafvollstreckung noch nicht gänzlich erledigt ist, darauf zu prüfen, ob bei Anwendung der neuen Vorschriften auf Freisprechung zu erkennen gewesen sein würde, und ob es mit Rücksicht hierauf — was in der Regel anzunehmen sein wird — der Billigkeit entspricht, auch diesen Verurteilten die neu eingeführten Milderungen zuteil werden zu lassen und zu diesem Zwecke Gnadenerweise für sie zu befürworten. Kommt die Strafvollstreckungsbehörde nicht zur Befürwortung eines Gnadenerweises, so hat sie die Gründe hierfür aktenkundig zu machen. Anderenfalls hat die Strafvollstreckungsbehörde entsprechende Vorschläge unter einstweiliger Aussetzung oder Unterbrechung der Strafvollstreckung unmittelbar an mich einzureichen. Soweit Gnadengesuche, die noch nicht beschieden sind, vorliegen, verbleibt es bei der Berichterstattung durch die Ersten Staatsanwälte. Die Vorschläge der Strafvollstreckungsbehörden sind in Verzeichnisse einzustellen, für deren Spalten die Vordrucke für die Berichte in Gnadensachen als Muster dienen können. Es ist zulässig, mehrere Verzeichnisse nacheinander einzureichen. Die Akten sind den Verzeichnissen beizufügen. Der Erstattung von Fehlanzeigen bedarf es nicht.

Eine besonders bedeutsame Aufgabe erwächst den Beamten der Staatsanwaltschaft aus den neuen Vorschriften über die Einziehung des übermäßigen Gewinns insbesondere hinsichtlich des in den §§ 11ff. geregelten Nachverfahrens. Die bisherigen Vorschriften über die Mindestsätze der Geldstrafen bei übermäßiger Preissteigerung und bei Höchstpreisüberschreitungen haben nicht dazu geführt, daß die durch diese Taten erzielten übermäßigen Gewinne in allen Fällen den durch sie Bereicherten wieder entzogen wurden. Deshalb sind in den §§ 7ff. neue materiellrechtliche und prozeßrechtliche Vorschriften getroffen, die gemäß § 14 auch auf die vor dem 1. Juni begangenen Zuwiderhandlungen der erwähnten Art ohne weiteres anzuwenden sind. Die Beamten der Staatsanwaltschaft haben nunmehr bei allen Anträgen auf Verhängung von Strafen wegen vorsätzlicher oder fahrlässiger Zuwiderhandlung gegen § 1 Nr. 1, 2 oder § 4 Nr. 1 — sei es durch Urteil, sei es durch Strafbefehl — ausnahmslos den Antrag auf Einziehung des übermäßigen Gewinns zu stellen. Der Antrag auf Vorbehalt eines Nachverfahrens behufs Festsetzung der Höhe des einzuziehenden Betrages ist in allen — erfahrungsgemäß häufigen — Fällen zu stellen, in denen die Ermittlung dieses Betrages zeitraubende Untersuchungen erfordert, in denen aber die zahlenmäßig genaue Feststellung des Gewinns für die Frage der Strafzumessung entbehrlich ist. Die Leitung des Nachverfahrens liegt in allen Fällen, auch in den durch Strafbefehl oder schöffengerichtliches Urteil erledigten Strafsachen in der Hand „des Staatsanwalts", d. h. der Staatsanwaltschaft bei dem Landgericht; die Amtsanwälte haben deshalb die Akten, in denen durch Strafbefehl oder Urteil des Schöffengerichts auf Einziehung des Gewinns erkannt ist, alsbald nach Rechtskraft dem Ersten Staatsanwalt einzureichen. Die Vollstreckung der Hauptstrafen darf durch das Nachverfahren nicht verzögert werden. Von der Durchführung der Einziehung mit Rücksicht auf die Geringfügigkeit des Betrages (§ 7 letzter Satz) darf nur mit Genehmigung des Oberstaatsanwalts abgesehen werden. Die in dem Nachverfahren erwachsenden Schriftstücke sind zu besonderen Heften zu vereinigen, die nach Erledigung bei den Akten aufbewahrt werden, in denen sich die Entscheidung über die Anordnung der Einziehung befindet.

Über die Nachverfahren sind besondere Verzeichnisse zu führen, die folgende Spalten enthalten:

1. laufende Nr., Aktenzeichen der Staatsanwaltschaft — J oder E R —, Tag des Eingangs der ersten Schrift;
2. Tag der Rechtskraft des Urteils (Strafbefehls), Bezeichnung des Gerichts, Aktenzeichen des Gerichts;
3. Name, Stand, Wohnort des Verurteilten, gegen den das Nachverfahren sich richtet;
4. Name, Stand, Wohnort der nicht verurteilten Person (Firma), gegen die das Nachverfahren sich richtet; ist die Person (Firma) in der gerichtlichen Entscheidung nicht genannt (§ 11 Abs. 2), so ist der Name rot zu unterstreichen;
5. Tag des Bescheids des Staatsanwalts, Inhalt des Bescheids;
6. Tag und Geschäftsnummer der Entscheidung des Oberstaatsanwalts, durch die genehmigt ist, von der Einziehung wegen Geringfügigkeit abzusehen;
7. Tag des Eingangs des Antrags auf gerichtliche Entscheidung;
8. Tag der gerichtlichen Entscheidung erster Instanz, Inhalt der Entscheidung;
9. Tag des Eingangs der sofortigen Beschwerde;
10. Tag der Entscheidung des Beschwerdegerichts, Inhalt der Entscheidung.

Wenn in dem Urteil (Strafbefehl) mehrere Personen als haftbar bezeichnet sind, so ist das Nachverfahren nur unter einer Nummer einzutragen, aber für jede Person eine besondere Zeile vorzusehen. Wird das Nachverfahren nachträglich gegen andere als die im Urteil (Strafbefehl) bezeichneten Personen gerichtet, so erfolgt eine besondere Eintragung unter neuer Nummer.

In den Zusammenstellungen, die nach der Allgemeinen Verfügung vom 26. September 1916 (JMBl. S. 264) allmonatlich einzureichen sind, ist anzugeben die Zahl der Personen, hinsichtlich deren nach den in dem Vormonat gemachten Eintragungen:

1. Nachverfahren neu eingeleitet worden sind,
2. Bescheide des Staatsanwalts ergangen sind
   a) im ganzen,
   b) über Beträge
      α. bis 100 Mark einschließlich,
      β. von mehr als 100 Mark bis 1000 Mark einschließlich,
      γ. von mehr als 1000 Mark bis 10000 Mark einschließlich,
      δ. von mehr als 10000 Mark,
3. von der Durchführung des Nachverfahrens wegen Geringfügigkeit abgesehen worden ist,
4. Bescheide des Staatsanwalts oder gerichtliche Entscheidungen vollstreckbar geworden sind
   a) im ganzen
   b) über Beträge
      α. bis 100 Mark einschließlich,
      β. von mehr als 100 Mark bis 1000 Mark einschließlich,
      γ. von mehr als 1000 Mark bis 10000 Mark einschließlich,
      δ. von mehr als 10000 Mark.

Die schweren Schäden, die der Gesamtheit des Volkes von dem Treiben der sogenannten Kriegswucherer drohen, lassen es dringend geboten erscheinen, daß ihnen in allen Fällen ihr übermäßiger Gewinn entzogen wird. Dieses Ziel läßt sich nur dann erreichen, wenn alle Beamten der Staatsanwaltschaft es als ihre besondere Pflicht betrachten, diese neuen Aufgaben ihrer Bedeutung gemäß mit besonderer Hingebung zu erfüllen. Für das Nachverfahren kommt es weniger auf eine ziffermäßig völlig genaue Feststellung des höchsten Betrages, dessen Einziehung zulässig erscheinen kann, als auf eine praktische und schleunige Durchführung an, wobei Versuche, mit dem Haftpflichtigen durch Verhandlungen zu einer Verständigung zu gelangen, nicht ausgeschlossen sind. Die Oberstaatsanwälte ersuche ich, der Behandlung der Nachverfahren ihre besondere Aufmerksamkeit zuzuwenden und zum Schlusse des Kalenderjahres über die dabei gemachten Erfahrungen an mich zu berichten.

Wenn Ermittlungsverfahren eingeleitet werden wegen übermäßiger Preissteigerung, bei der als Geschädigter der Reichsfiskus in Betracht kommt, ist alsbald unter kurzer Darstellung des Sachverhalts ohne Beifügung der Akten unmittelbar an mich zu berichten.

Berlin, den 13. Mai 1918.

Der Justizminister. Dr. Spahn.

3. Bayerische Bekanntmachung vom 27. Mai 1918, die Verordnung gegen Preistreiberei betreffend.

(JMBl. S. 45.)

Am 1. Juni d. Js. tritt die Verordnung des Bundesrats gegen Preistreiberei vom 8. d. Mts. (RGBl. S. 395) in Kraft.

I. Die Verordnung bedeutet gegenüber dem jetzigen Rechtszustand hauptsächlich insofern eine Milderung, als

1. § 2 unter den dort angegebenen Voraussetzungen die Forderung von Durchschnittspreisen zuläßt,
2. nach § 3 übermäßige Preissteigerung nicht mehr anzunehmen ist, wenn Höchstpreise oder von einer zuständigen Behörde festgesetzte Preise oder Vergütungen eingehalten werden,
3. abgesehen von Zuwiderhandlungen gegen § 4 Abs. 1 Nr. 3 und 4 und Abs. 2 der Erwerber wegen Höchstpreisüberschreitung nach § 4 Abs. 1 Nr. 2 und Abs. 2 nur strafbar ist, wenn er zwecks Weiterveräußerung mit Gewinn erworben hat.

Auf Handlungen, die vor dem Inkrafttreten der Verordnung begangen sind, aber erst nachher abgeurteilt werden, finden die milderen Vorschriften des neuen Rechts nach § 2 Abs. 2 des Strafgesetzbuchs ohne weiteres Anwendung. Die Entscheidungen, die schon vor dem 1. Juni d. Js. rechtskräftig geworden sind oder die zwar erst später rechtskräftig werden, bei denen aber die erwähnten neuen Vorschriften noch keine Anwendung finden konnten, sind, soweit die Strafvollstreckung noch nicht ganz erledigt ist, von den Strafvollstreckungsbehörden daraufhin zu prüfen, ob bei Anwendung der neuen Vorschriften hinsichtlich aller oder einzelner Beschuldigungen (§ 74 des StGB.) Freisprechung zu erwarten gewesen wäre und ob es, was in der Regel anzunehmen sein wird, mit Rücksicht hierauf der Billigkeit entspricht, daß auch solchen Verurteilten die Milderungen des neuen Rechts zugute kommen und zu diesem Zwecke Gnadenerweise für sie befürwortet werden. Das gleiche gilt, wenn in Fällen des § 73 des Strafgesetzbuchs zwar auf Grund anderer Vorschriften doch eine Verurteilung hätte erfolgen müssen, die Strafe aber voraussichtlich bedeutend milder ausgefallen wäre.

Will die Strafvollstreckungsbehörde keinen Gnadenerweis befürworten, so hat sie die Gründe zu den Akten zu vermerken. Andernfalls hat sie die Strafvollstreckung vorläufig einzustellen, soweit eine Begnadigung überhaupt in Frage kommt. Hat die Vollstreckung einer Freiheitsstrafe schon begonnen, so ist sie nur zu unterbrechen, wenn der Gnadenerweis wirkungslos werden könnte, weil inzwischen die Strafe ganz oder fast ganz verbüßt sein würde.

Ist der Amtsrichter die Strafvollstreckungsbehörde, so übersendet er die Akten über die Fälle, in denen er einen Gnadenakt anregen will, spätestens bis zum 15. Juni d. Js. mit einer kurzen gutachtlichen Äußerung dem Amtsanwalt. Dieser trägt die Fälle in ein Verzeichnis ein, das nach dem Formblatt Seite 11ff. des Justizministerialblattes für 1918 mit den nötigen Änderungen anzulegen ist. In den Fällen, in denen der Staatsanwalt die Strafvollstreckungsbehörde ist und in denen er einen Gnadenakt für angezeigt hält, stellt er ein solches Verzeichnis her. Die Amtsanwälte haben ihre Verzeichnisse bis zum 10. Juli d. Js. den Staatsanwälten, diese die Verzeichnisse der Amtsanwälte und ihre eigenen Verzeichnisse bis zum 1. August d. Js. den Oberstaatsanwälten vorzulegen. Die Akten sind beizulegen. Der Vorlage der sämtlichen Verzeichnisse und Akten durch die Oberstaatsanwälte sehe ich bis zum 1. September d. Js. entgegen.

In denjenigen Fällen, in welchen ein Gnadenakt angeregt werden will, die schon begonnene Vollstreckung einer Freiheitsstrafe aber von der Strafvollstreckungsbehörde nicht unterbrochen wird, ist unter Benützung des Formblatts unverzüglich gesondert zu berichten.

II. Eine wichtige Neuerung enthalten die Vorschriften in §§ 7ff. der Verordnung über die Einziehung des übermäßigen Gewinns, denen in § 14 rückwirkende Kraft beigelegt ist. Sie sollen dazu führen, daß bei vorsätzlichen und fahrlässigen Zuwiderhandlungen gegen § 1 Nr. 1 und 2 und gegen § 4 Nr. 1 die übermäßigen Gewinne den durch sie Bereicherten stets wieder entzogen werden. Eine Ausnahme ist nur in § 7 Abs. 5 für geringfügige Beträge vorgesehen. Will die Staatsanwaltschaft von dieser Ausnahme Gebrauch machen, so hat sie die Genehmigung des Oberstaatsanwalts einzuholen. Sonst hat sie bei allen Anträgen auf Verhängung von Strafen wegen der bezeichneten Straftaten, sei es durch Urteil oder durch Strafbefehl, stets den Antrag auf Einziehung des übermäßigen Gewinns zu stellen.

Die Möglichkeit des in den §§ 11 und 12 geregelten Nachverfahrens soll verhüten, daß die Erledigung des Strafverfahrens durch die Ermittelungen über die Höhe des einzuziehenden Betrags und die Haftbarkeit für ihn unnötig verzögert wird, weil wie überhaupt in Strafsachen so ganz besonders beim Kriegswucher der Tat möglichst rasch die Strafe folgen muß. Die Ermittelungen über die Höhe des übermäßigen Gewinns sollen aber dem Nachverfahren nur vorbehalten werden, wenn die zahlenmäßig genaue Feststellung des Gewinns für die Strafzumessung entbehrlich ist, durch den Vorbehalt der Feststellung im Nachverfahren also die Verhängung einer gerechten, schuldentsprechenden Strafe, einer Strafe, die auch dem Strafzweck entschiedener Bekämpfung des gemeinschädlichen Kriegswuchers entspricht, nicht gefährdet wird.

Die Durchführung des Nachverfahrens liegt in allen Fällen, auch in den durch einen Strafbefehl oder ein schöffengerichtliches Urteil erledigten, in der Hand des landgerichtlichen Staatsanwalts. Ihm hat deshalb der Amtsanwalt sofort nach Rechtskraft des Strafbefehls oder des schöffengerichtlichen Urteils, woirn auf Einziehung des übermäßigen Gewinns erkannt ist, die Akten vorzulegen. Die Strafvollstreckung darf durch das Nachverfahren in keiner Weise verzögert werden.

Die das Nachverfahren betreffenden Schriftstücke sind zu besonderen Heften zu vereinigen; die Hefte sind nach Erledigung des Nachverfahrens den Akten beizulegen, worin sich die Etnscheidung über die Anordnung der Einziehung befindet.

Über die Nachverfahren sind besondere Verzeichnisse mit folgenden Spalten zu führen:

1. fortlaufende Nummer,
2. Tag des Eingangs der ersten Schrift,
3. Tag der Rechtskraft des Urteils oder Strafbefehls; erkennendes Gericht; gerichtliches Aktenzeichen,

4. Name, Stand und Wohnort des Verurteilten, gegen den sich das Nachverfahren richtet,
5. Name, Stand und Wohnort der nicht verurteilten Person (Firma), gegen die sich das Nachverfahren richtet; ist sie in der gerichtlichen Entscheidung nicht genannt (§ 11 Abs. 2 der Verordnung), so ist der Name rot zu unterstreichen,
6. Tag der Erlassung und Inhalt des Bescheids des Staatsanwalts,
7. Tag und Geschäftsnummer der Entscheidung des Oberstaatsanwalts, wodurch genehmigt wurde, von der Einziehung eines geringfügigen übermäßigen Gewinns abzusehen,
8. Tag des Eingangs des Antrags auf gerichtliche Entscheidung,
9. Tag der Erlassung und Inhalt der gerichtlichen Entscheidung erster Instanz,
10. Tag des Eingangs der sofortigen Beschwerde,
11. Tag der Erlassung und Inhalt der Entscheidung des Beschwerdegerichts.

Wenn in dem Urteil oder Strafbefehl das Nachverfahren gegen mehrere Personen vorbehalten ist, ist es nur unter einer Nummer einzutragen, für jede Person aber eine besondere Zeile vorzusehen. Wird das Nachverfahren nachträglich gegen andere als die im Urteil oder Strafbefehl bezeichneten Personen gerichtet, so sind sie unter einer neuen Nummer besonders einzutragen.

Mit den durch die Bekanntmachung vom 10. Oktober 1916 (JMBl. S. 48) angeordneten Übersichten ist vom 1. Juli ds. Js. an für die Landgerichtsbezirke eine weitere Übersicht nach folgendem Vordruck vorzulegen:

Zahl der Personen,

in Ansehung deren im Monat . . . .

Nachverfahren neu eingeleitet worden sind	Bescheide des Staatsanwalts ergangen sind					von der Durchführung des Nachverfahrens wegen Geringfügigkeit abgesehen wurde	Bescheide des Staatsanwalts oder gerichtliche Entscheidungen vollstreckbar geworden sind				
	insgesamt	über Beträge					insgesamt	über Beträge			
		bis zu 100 ℳ einschließlich	von mehr als 100 ℳ bis zu 1000 ℳ einschließlich	von mehr als 1000 ℳ bis zu 10 000 ℳ einschließlich	von mehr als 10 000 ℳ			bis zu 100 ℳ einschließlich	von mehr als 100 ℳ bis zu 1000 ℳ einschließlich	von mehr als 1000 ℳ bis zu 10 000 ℳ einschließlich	von mehr als 10 000 ℳ
1	2	3	4	5	6	7	8	9	10	11	12

III. Die Bekämpfung des Kriegswuchers ist jetzt eine der wichtigsten Aufgaben der Strafrechtspflege. Die Verordnung vom 8. ds. Mts., die mit der Einziehung des übermäßigen Gewinns neue Bahnen einschlägt, bietet dazu eine geeignete Handhabe, wenn sie entschieden, zielbewußt und mit voller Hingabe an die Sache angewandt wird. Die Justizbehörden, die den stets wachsenden Anforderungen der Kriegszeit bisher in anerkennenswerter Weise entsprochen haben, werden auch dieser schwierigen Aufgabe Herr werden und dem gemeinschädlichen Kriegswucher einen Damm setzen.

Ein hervorragender Platz im Kampfe gegen den Kriegswucher ist der Staatsanwaltschaft eingeräumt, namentlich durch die Stellung, die ihr im Nachverfahren zur Einziehung des übermäßigen Gewinns zugewiesen ist. Für das Nachverfahren kommt es weniger auf die ziffermäßig genaue Feststellung des höchsten einziehbaren Betrags als auf eine praktische und rasche Durchführung an. Unter diesem Gesichtspunkt kann es sich empfehlen, durch Verhandlungen mit den Haftpflichtigen eine Verständigung zu versuchen. Die Oberstaatsanwälte werden der Behandlung der Nachverfahren ihre besondere Aufmerksamkeit zuwenden und sich über die Erfahrungen dabei in ihren Jahresberichten äußern.

Wenn wegen Preistreiberei zum Schaden des Reichsfiskus ein Ermittelungsverfahren eingeleitet wird, ist darüber unter kurzer Darlegung des Sachverhalts alsbald an das Staatsministerium der Justiz zu berichten.

München, den 27. Mai 1918.

von Thelemann.

4. Sächsische Verordnung vom 24. Mai 1918, die Strafverfahren wegen Preistreiberei betreffend.

(JMBl. S. 45.)

I. Die neue Bundesratsverordnung gegen Preistreiberei vom 8. Mai 1918, RGBl. S. 395, die am 1. Juni 1918 in Kraft tritt, bringt gegenüber dem bisherigen Rechtszustande nicht nur Verschärfungen, sondern auch eine Anzahl Milderungen, insbesondere in folgenden Richtungen:

a) Höchstpreisüberschreitungen durch den Erwerber sind nur noch dann strafbar, wenn er zum Zwecke der Weiterveräußerung mit Gewinn erworben hat,

b) eine übermäßige Preissteigerung liegt nicht mehr vor, wenn Höchstpreise oder von einer zuständigen Behörde festgesetzte Preise eingehalten werden,

c) unter den im § 2 der V. angegebenen Voraussetzungen ist die Forderung von Durchschnittspreisen zulässig.

Auf Handlungen, die vor dem Inkrafttreten der neuen Verordnung begangen sind, aber erst nachher abgeurteilt werden, finden die milderen Vorschriften des neuen Rechts ohne weiteres Anwendung (StGB. § 2). Die Entscheidungen, die schon vor dem 1. Juni d. J. rechtskräftig geworden sind, oder die zwar erst nachher rechtskräftig werden, bei denen aber die erwähnten neuen Vorschriften nicht zur Anwendung gekommen sind, sind von den Strafvollstreckungsbehörden, soweit die Strafvollstreckung noch nicht gänzlich erledigt ist, darauf zu prüfen, ob bei Anwendung der neuen Vorschriften auf Freisprechung zu erkennen gewesen sein würde und ob es mit Rücksicht hierauf — was in der Regel anzunehmen sein wird — der Billigkeit entspricht, auch diesen Verurteilten die neu eingeführten Milderungen zuteil werden zu lassen und zu diesem Zwecke Gnadenerweise für sie zu befürworten. Kommt die Strafvollstreckungsbehörde nicht zur Befürwortung eines Gnadenerweises, so hat sie die Gründe hierfür aktenkundig zu machen. Andernfalls hat die Strafvollstreckungsbehörde unter Darlegung der Gründe, aus denen sie eine Gnadenerweisung für angezeigt erachtet, die Akten mit Vordruck 476 dem Justizministerium vorzulegen. Die Strafvollstreckung ist in solchen Fällen einstweilen auszusetzen oder zu unterbrechen.

II. Eine besonders bedeutsame Aufgabe erwächst den Beamten der Staatsanwaltschaft aus den neuen Vorschriften über die Einziehung des übermäßigen Gewinns insbesondere hinsichtlich des in den §§ 11 fg. geregelten Nachverfahrens. Die bisherigen Vorschriften über die Mindestsätze der Geldstrafen bei übermäßiger Preissteigerung und bei Höchstpreisüberschreitungen haben nicht dazu geführt, daß die durch diese Taten erzielten übermäßigen Gewinne in allen Fällen den durch sie

Bereicherten wieder entzogen wurden. Deshalb sind in den §§ 7 fg. neue materiellrechtliche und prozeßrechtliche Vorschriften getroffen, die gemäß § 14 auch auf die vor dem 1. Juni begangenen Zuwiderhandlungen der erwähnten Art ohne weiteres anzuwenden sind. Die Beamten der Staatsanwaltschaft haben nunmehr bei allen Anträgen auf Verhängung von Strafen wegen vorsätzlicher oder fahrlässiger Zuwiderhandlung gegen § 1 Nr. 1, 2 oder § 4 Nr. 1 — sei es durch Urteil, sei es durch Strafbefehl — ausnahmslos den Antrag auf Einziehung des übermäßigen Gewinns zu stellen. Der Antrag auf Vorbehalt eines Nachverfahrens behufs Festsetzung der Höhe des einzuziehenden Betrags ist in allen — erfahrungsgemäß häufigen — Fällen zu stellen, in denen die Ermittelung dieses Betrags zeitraubende Untersuchungen erfordert, in denen aber die zahlenmäßig genaue Feststellung des Gewinns für die Frage der Strafzumessung entbehrlich ist. Die Leitung des Nachverfahrens liegt in allen Fällen, auch in den durch Strafbefehl oder schöffengerichtliches Urteil erledigten Strafsachen in der Hand „des Staatsanwalts", d. h. der Staatsanwaltchaft bei dem Landgericht; die Amtsgerichte haben deshalb die Akten, in denen durch Strafbefehl oder Urteil des Schöffengerichts auf Einziehung des Gewinns erkannt worden ist, alsbald nach Rechtskraft der Entscheidung der Staatsanwaltschaft vorzulegen. Die Vollstreckung der Hauptstrafen darf durch das Nachverfahren nicht verzögert werden. Erscheintes zweifelhaft, ob von der Einziehung wegen der Geringfügigkeit des Betrags (§ 7 Abs. 5) abgesehen werden könne, so hat der Staatsanwalt die Entschließung des Ersten Staatsanwalts einzuholen. Die im Nachverfahren ergehenden Schriftstücke sind zu Sonderheften zu vereinigen. Nach Erledigung des Nachverfahrens sind die Sonderhefte bei den Akten zu verwahren, in denen sich die Entscheidung über die Anordnung der Einziehung befindet.

III. Über die Nachverfahren sind besondere Verzeichnisse zu führen, die folgende Spalten enthalten:

1. laufende Nr., Aktenzeichen der Staatsanwaltschaft, Tag des Eingangs der ersten Schrift;
2. Tag der Rechtskraft des Urteils (Strafbefehls), Bezeichnung des Gerichts, Aktenzeichen des Gerichts;
3. Name, Stand, Wohnort des Verurteilten, gegen den das Nachverfahren sich richtet;
4. Name, Stand, Wohnort der nicht verurteilten Person (Firma), gegen die das Nachverfahren sich richtet; ist die Person (Firma) in der gerichtlichen Entscheidung nicht genannt (§ 11 Abs. 2), so ist der Name rot zu unterstreichen;
5. Tag des Bescheids des Staatsanwalts, Inhalt des Bescheids;
6. Tag der Entscheidung auf Abstandnahme von der Einziehung wegen Geringfügigkeit;
7. Tag des Eingangs des Antrags auf gerichtliche Entscheidung;
8. Tag der gerichtlichen Entscheidung erster Instanz, Inhalt der Entscheidung;
9. Tag des Eingangs der sofortigen Beschwerde;
10. Tag der Entscheidung des Beschwerdegerichts, Inhalt der Entscheidung.

Wenn in dem Urteil (Strafbefehl) mehrere Personen als haftbar bezeichnet sind, so ist das Nachverfahren nur unter einer Nummer einzutragen, aber für jede Person eine besondere Zeile vorzusehen. Wird das Nachverfahren nachträglich gegen andere als die im Urteil (Strafbefehl) bezeichneten Personen gerichtet, so erfolgt eine besondere Eintragung unter neuer Nummer.

IV. Als Anlage des Musters II zu der V. vom 26. Oktober 1916, JMBl. S. 88, ist — erstmalig für den Monat Juni 1918 — eine Zusammenstellung über die Zahl der Personen beizufügen, hinsichtlich deren nach den in dem betreffenden Monat gemachten Eintragungen

1. Nachverfahren neu eingeleitet worden sind,
2. Bescheide des Staatsanwalts ergangen sind
   a) im ganzen,
   b) über Beträge
      α. bis 100 ℳ einschließlich,
      β. von mehr als 100 ℳ bis 1000 ℳ einschließlich,
      γ. von mehr als 1000 ℳ bis 10000 ℳ einschließlich,
      δ. von mehr als 10000 ℳ,
3. von der Durchführung des Nachverfahrens wegen Geringfügigkeit abgesehen worden ist,
4. Bescheide des Staatsanwalts oder gerichtliche Entscheidungen vollstreckbar geworden sind
   a) im ganzen,
   b) über Beträge
      α. bis 100 ℳ einschließlich,
      β. von mehr als 100 ℳ bis 1000 ℳ einschließlich,
      γ. von mehr als 1000 ℳ bis 10 000 ℳ einschließlich,
      δ. von mehr als 10 000 ℳ.

V. Die schweren Schäden, die der Gesamtheit des Volkes von dem Treiben der sogenannten Kriegswucherer drohen, lassen es dringend geboten erscheinen, daß ihnen in allen Fällen ihr übermäßiger Gewinn entzogen wird. Dieses Ziel läßt sich nur dann erreichen, wenn alle Beamten der Staatsanwaltschaft es als ihre besondere Pflicht betrachten, diese neuen Aufgaben ihrer Bedeutung gemäß mit besonderer Hingebung zu erfüllen. Für das Nachverfahren kommt es weniger auf eine ziffermäßig völlig genaue Feststellung des höchsten Betrags, dessen Einziehung zulässig erscheinen kann, als auf eine praktische und schleunige Durchführung an, wobei Versuche, mit dem Haftpflichtigen durch Verhandlungen zu einer Verständigung zu gelangen, nicht ausgeschlossen sind. Die Ersten Staatsanwälte haben der Behandlung des Nachverfahrens ihre besondere Aufmerksamkeit zuzuwenden und am Schlusse des Kalenderjahres über die dabei gemachten Erfahrungen an den Ersten Staatsanwalt bei dem Oberlandesgericht zu berichten.

VI. Werden Ermittelungsverfahren wegen übermäßiger Preissteigerung eingeleitet, bei der als Geschädigter der Reichsfiskus in Betracht kommt, so ist alsbald ohne Beifügung der Akten unter kurzer Darstellung des Sachverhalts an das Justizministerium zu berichten.

VII. Dem Entwurfe der Bundesratsverordnung vom 8. Mai 1918 war eine Begründung beigegeben, die in der 1. Beilage des Reichsanzeigers vom 15. Mai 1918 veröffentlicht worden ist. Stücke dieser Beilage gehen demnächst allen Justizbehörden zu.

Ministerium der Justiz.
Für den Minister: Dr. Grützmann.

5. Verfügung des Württembergischen Justizministeriums vom 29. Mai 1918 zu der Bundesratsverordnung gegen Preistreiberei vom 8. Mai 1918.

(Amtsblatt S. 41.)

I. Die BRV. gegen Preistreiberei vom 8. Mai 1918, die am 1. Juni ds. Js. in Kraft tritt, bedeutet gegenüber dem bisherigen Rechtszustand eine Milderung, insofern

1. als Höchstpreisüberschreitungen durch den Erwerber nur noch dann strafbar sind, wenn der Erwerb für Zwecke der Weiterveräußerung mit Gewinn erfolgt ist (§ 4 Ziff. 2),
2. als eine übermäßige Preissteigerung nicht vorliegt, wenn Höchstpreise oder von einer zuständigen Behörde festgesetzte Preise oder Vergütungen eingehalten werden (§ 3),
3. als unter den in § 2 angegebenen Voraussetzungen für

gleichartige Gegenstände ein Durchschnittspreis gefordert werden darf.

Auf Handlungen, die vor dem 1. Juni 1918 begangen, aber bis zu diesem Zeitpunkt noch nicht abgeurteilt sind, finden die milderen Vorschriften des neuen Rechts gemäß § 2 Abs. 2 StGB. ohne weiteres Anwendung. Soweit diese Fälle noch nicht rechtskräftig erledigt sind, haben die Staatsanwaltschaften durch Zurücknahme der öffentlichen Klage und Einstellung des Verfahrens oder durch entsprechende Anträge an das Gericht — nötigenfalls nach Rechtsmitteleinlegung — den milderen Bestimmungen der VO. Geltung zu verschaffen; auch bleibt es den Gerichten und Staatsanwaltschaften überlassen, in geeigneten Fällen die Akten mit dem Antrag auf Niederschlagung des Verfahrens dem Justizministerium vorzulegen .

Die Entscheidungen, die schon vor dem 1. Juni ds. Js. rechtskräftig geworden sind, oder die zwar erst nachher rechtskräftig geworden, bei denen aber die erwähnten neuen Vorschriften nicht zur Anwendung gekommen sind, sind von den Strafvollstreckungsbehörden, sofern die Strafvollstreckung noch nicht gänzlich erledigt ist, von Amts wegen darauf zu prüfen, ob bei Anwendung der neuen Vorschriften auf Freisprechung zu erkennen gewesen wäre und ob es mit Rücksicht hierauf und auf die sonstigen Umstände des Falles der Billigkeit entspricht, auch diesen Verurteilten die neu eingeführten Milderungen zuteil werden zu lassen und zu diesem Zweck Gnadenerweise für sie zu befürworten. Kommt die Strafvollstreckungsbehörde nicht zur Befürwortung eines Gnadenerweises, so hat sie dies unter kurzer Angabe der Gründe aktenkundig zu machen. Andernfalls hat sie unter einstweiliger Aussetzung oder Unterbrechung der Strafvollstreckung die Akten mit ihren Vorschlägen dem Justizministerium vorzulegen.

II. Auf die Bestimmungen in §§ 7 ff. der VO. wird besonders

hingewiesen. Danach haben die Beamten der Staatsanwaltschaft bei allen Anträgen auf Verhängung von Strafen wegen vorsätzlicher oder fahrlässiger Zuwiderhandlung gegen § 1 Nr. 1, 2 oder § 4 Nr. 1 — sei es durch Urteil, sei es durch Strafbefehl — ausnahmslos den Antrag auf Einziehung des übermäßigen Gewinns zu stellen, sofern nicht § 7 Abs. 5 zutrifft. Der Antrag auf Vorbehalt eines Nachverfahrens behufs Festsetzung der Höhe des einzuziehenden Betrags ist in allen Fällen zu stellen, in denen die Ermittlung dieses Betrags zeitraubende Untersuchungen erfordert, in denen aber die zahlenmäßig genaue Feststellung des Gewinns für die Frage der Strafzumessung entbehrlich ist. Da die Leitung des Nachverfahrens durchweg, auch in den durch Strafbefehl oder schöffengerichtliches Urteil erledigten Sachen, in die Hand des Staatsanwalts — nicht Amtsanwalts — gelegt ist, so sind in allen Fällen, in denen auf Einziehung des Gewinns erkannt ist, die Akten alsbald nach Rechtskraft des Urteils oder Strafbefehls an die Staatsanwaltschaft zu übersenden. Der Vollzug der Hauptstrafen darf durch das Nachverfahren nicht verzögert werden. Die Staatsanwälte haben die tunlichst rasche Einleitung und Durchführung des Nachverfahrens im Auge zu behalten, sie sind nicht gehindert, mit ihren Ermittlungen schon vor dem Eintritt der Rechtskraft der gerichtlichen Entscheidung zu beginnen. Es kommt weniger auf eine ziffermäßig völlig genaue Feststellung des höchsten Betrags, dessen Einziehung zulässig erscheinen könnte, als auf schleunige Erfassung des übermäßigen Gewinnes und Verdienstes an; Versuche, mit dem Haftpflichtigen durch Verhandlungen zu einer Verständigung zu gelangen, sind nicht ausgeschlossen.

Die in dem Nachverfahren erwachsenen Schriftstücke werden nach Erledigung in besonderem Umschlag zu den Akten des Hauptverfahrens erster Instanz gelegt; die Akten des Beschwerdeverfahrens verbleiben beim Beschwerdegericht.

III. Über das Nachverfahren sind von der Staatsanwaltschaft besondere Verzeichnisse zu führen, die folgende Spalten enthalten.

1. Laufende Nummer, Aktenzeichen der Staatsanwaltschaft (J), Tag des Eingangs der die Einziehung anordnenden Entscheidung oder der sonstigen ersten das Nachverfahren betreffenden Schrift;
2. Tag der Rechtskraft des Urteils oder Strafbefehls, Bezeichnung und Aktenzeichen des Gerichts;
3. Name, Stand, Wohnort des Verurteilten, gegen den das Nachverfahren sich richtet;
4. Name, Stand, Wohnort der nicht verurteilten Person (Firma), gegen die das Nachverfahren sich richtet. Ist die Person (Firma) in der gerichtlichen Entscheidung nicht genannt (§ 11 Abs. 2), so ist der Name in dem Verzeichnis rot zu unterstreichen;
5. Tag und Inhalt des Bescheids des Staatsanwalts;
6. Tag des Eingangs des Antrags auf gerichtliche Entscheidung;
7. Tag und Inhalt der gerichtlichen Entscheidung erster Instanz;
8. Tag des Eingangs der sofortigen Beschwerde;
9. Tag und Inhalt der Entscheidung des Beschwerdegerichts;
10. Tag der Abgabe der Akten an das Gericht erster Instanz nach Erledigung des Nachverfahrens;
11. Tag der Eintragung in das Geldstrafenverzeichnis.

Wenn in dem Urteil oder Strafbefehl mehrere Personen als haftbar bezeichnet sind, so ist das Nachverfahren nur unter einer Nummer einzutragen, aber für jede Person eine besondere Zeile vorzusehen. Wird das Nachverfahren nachträglich gegen andere, als die im Urteil oder Strafbefehl bezeichneten Personen gerichtet, so erfolgt eine besondere Eintragung unter neuer Nummer, neben welcher die ursprüngliche Nummer in Klammern anzuführen ist.

IV. Auf die Einziehung findet die Vorschrift des § 265

Abs. 1 der KassOGer. entsprechende Anwendung mit der Maßgabe, daß die Einziehung im Geldstrafenverzeichnis einzutragen und hiebei in Spalte 5 der Buchstabe E anzuführen ist.

Die Vollstreckung des Bescheids des Staatsanwalts oder der auf Einspruch ergehenden gerichtlichen Entscheidung liegt in den Fällen, in welchen die Strafkammer in 1. Instanz auf Einziehung erkannt hat, dem Staatsanwalt, in allen übrigen Fällen dem Amtsrichter ob. (Vergl. K. VO. vom 25. September 1879, Reg.Bl. S. 361.)

Nach Eintritt der Rechtskraft des Bescheids des Staatsanwalts hat dieser die Akten des Nachverfahrens, wenn ihm selbst die Vollstreckung obliegt, der Landgerichtskasse, wenn die Vollstreckung dem Amtsrichter zusteht, dem Amtsrichter zu übersenden, welch letzterer sie alsbald an die Gerichtskasse weiterleitet.

In gleicher Weise hat der Staatsanwalt oder Amtsrichter nach vorausgegangenem Einspruchsverfahren den in diesem erlassenen Gerichtsbeschluß alsbald nach Eintritt der Rechtskraft der zuständigen Gerichtskasse zu übermitteln.

Die Kassenbeamten haben die erfolgte Eintragung in das Geldstrafenverzeichnis zu den Akten des Nachverfahrens zu vermerken.

V. Die Verzeichnisse (Ziff. III) sind am Schlusse des Kalenderjahres der Staatsanwaltschaft bei dem Oberlandesgericht vorzulegen. Dabei haben die Oberstaatsanwälte über die bei der Behandlung der Nachverfahren gemachten Erfahrungen Bericht zu erstatten. Die Staatsanwaltschaft bei dem Oberlandesgericht wird diese Berichte dem Justizministerium vorlegen.

VI. Wenn Ermittlungsverfahren eingeleitet werden wegen übermäßiger Preissteigerung, bei der als Geschädigter der Reichsfiskus in Betracht kommt, ist von der Staatsanwaltschaft alsbald unter kurzer Darstellung des Sachverhalts ohne Beifügung der Akten hierher Bericht zu erstatten.

VII. Die der BVO. vom 8. Mai 1918 beigegebene amtliche Begründung (Deutscher Reichsanzeiger vom 15. Mai 1918 Nr. 113) wird nachstehend zur Kenntnis gebracht.

Stuttgart, den 29. Mai 1918.

Mandry.

6. Badischer Erlaß vom 25. Mai 1918, die Ausführung der Verordnung des Bundesrats gegen Preistreiberei vom 8. Mai 1918 betreffend.

(JMBl. S. 46.)

Die Verordnung gegen Preistreiberei bedeutet gegenüber dem gegenwärtigen Rechtszustand eine Milderung insbesondere insofern

1. als Höchstpreisüberschreitungen durch den Erwerber nur noch dann strafbar sind, wenn er zum Zwecke der Weiterveräußerung mit Gewinn erworben hat,
2. als eine übermäßige Preissteigerung nicht mehr vorliegt, wenn Höchstpreise oder von einer zuständigen Behörde festgesetzte Preise eingehalten werden, und
3. als unter den im § 2 angegebenen Voraussetzungen die Forderung von Durchschnittspreisen zugelassen wird.

Auf Handlungen, die vor dem Inkrafttreten der neuen Verordnung begangen sind, aber erst nachher abgeurteilt werden, finden gemäß § 2 Abs. 2 RStGB. die milderen Vorschriften des neuen Rechts Anwendung. Die Entscheidungen, die schon vor dem 1. Juni ds. Js. rechtskräftig geworden sind, oder die zwar erst nachher rechtskräftig werden, bei denen aber die neuen Vorschriften nicht zur Anwendung gekommen sind, sind von den Strafvollstreckungsbehörden, soweit die Strafvollstreckung noch nicht gänzlich erledigt ist, darauf zu prüfen, ob bei Anwendung der neuen Vorschriften auf Freisprechung zu erkennen gewesen wäre, und ob es mit Rücksicht hierauf — was in der Regel anzunehmen sein wird — der Billigkeit entspricht, auch diesen Verurteilten die neu eingeführten Milderungen zuteil werden zu lassen und zu diesem Zwecke Gnadenerweise für sie zu befürworten. Kommt die Strafvollstreckungsbehörde nicht zur Befürwortung eines Gnadenerweises, so hat sie die Gründe hierfür aktenkundig zu machen. Andernfalls hat die Strafvollstreckungsbehörde die Akten unter Antragstellung dem Justizministerium vorzulegen.

Von besonderer Bedeutung sind die neuen Vorschriften über die Einziehung des übermäßigen Gewinns und das in § 11 Abs. 3 zugelassene Nachverfahren. Die bisherigen Vorschriften über die Mindestsätze der Geldstrafen bei übermäßiger Preissteigerung und bei Höchstpreisüberschreitungen haben nicht dazu geführt, daß die durch diese Taten erzielten übermäßigen Gewinne in allen Fällen den durch sie Bereicherten wieder entzogen wurden. Deshalb sind in den §§ 7 ff. neue materiellrechtliche und prozeßrechtliche Vorschriften getroffen, die gemäß § 14 auch auf die vor dem 1. Juni begangenen Zuwiderhandlungen der erwähnten Art ohne weiteres anzuwenden sind. Die Staatsanwaltschaften haben nunmehr bei allen Anträgen auf Verhängung von Strafen wegen vorsätzlicher oder fahrlässiger Zuwiderhandlung gegen § 1 Nr. 1, 2 oder § 4 Nr. 1 — sei es durch Urteil, sei es durch Strafbefehl — ausnahmslos den Antrag auf Einziehung des übermäßigen Gewinns zu stellen. Der Antrag auf Vorbehalt eines Nachverfahrens zur Festsetzung der Höhe des einzuziehenden Betrags ist nur dann zu stellen, wenn die Ermittelung dieses Betrags zeitraubende Untersuchungen erfordert und die genaue Feststellung des Gewinns für die Strafzumessung entbehrlich ist. Die Leitung des Nachverfahrens liegt in allen Fällen, auch in den durch Strafbefehl oder schöffengerichrliches Urteil erledigten Strafsachen, in der Hand des „Staatsanwalts“, d. h. der Staatsanwaltschaft bei dem Landgericht. Die Gerichte haben die Akten, in denen durch Urteil oder Strafbefehl auf Einziehung des Gewinns erkannt ist, alsbald nach Rechtskraft der Staatsanwaltschaft einzureichen. Die Vollstreckung der Hauptstrafen darf durch das Nachverfahren nicht verzögert werden. Mit Rücksicht auf die Geringfügigkeit der Betrages (§ 7 letzter Satz) darf von der Durchführung der Einziehung nur mit Genehmigung des Oberstaatsanwalts abgesehen werden. Die in dem Nachverfahren erwachsenden Schriftstücke sind zu besonderen Heften zu vereinigen, die nach Erledigung bei den Akten aufbewahrt werden, in denen sich die Entscheidung über die Anordnung der Einziehung befindet.

Über die Nachverfahren sind von den Staatsanwaltschaften besondere Verzeichnisse — Abkürzung NV — zu führen, die folgende Spalten enthalten:

1. laufende Nr.;
2. staatsanwaltschaftliches Aktenzeichen des Hauptverfahrens;
3. Tag des ersten Eingangs im Nachverfahren;
4. Tag der Rechtskraft des Urteils (Strafbefehls), Bezeichnung des Gerichts, Aktenzeichen des Gerichts;
5. Name, Stand, Wohnort des Verurteilten, gegen den das Nachverfahren sich richtet;
6. Name, Stand, Wohnort der nicht verurteilten Person (Firma), gegen die das Nachverfahren sich richtet; ist die Person (Firma) in der gerichtlichen Entscheidung nicht genannt (§ 11 Abs. 2), so ist der Name rot zu unterstreichen;
7. Tag des Bescheids des Staatsanwalts, Inhalt des Bescheids;
8. Tag und Geschäftsnummer der Entscheidung des Oberstaatsanwalts, durch die genehmigt ist, von der Einziehung wegen Geringfügigkeit abzusehen;
9. Tag des Eingangs des Antrags auf gerichtliche Entscheidung
10. Tag der gerichtlichen Entscheidung erster Instanz, Inhalt der Entscheidung;

11. Tag des Eingangs der sofortigen Beschwerde;
12. Tag der Entscheidung des Beschwerdegerichts, Inhalt der Entscheidung.

Wenn in dem Urteil (Strafbefehl) mehrere Personen als haftbar bezeichnet sind, so ist das Nachverfahren nur unter einer Nummer einzutragen, aber für jede Person eine besondere Zeile vorzusehen. Wird das Nachverfahren nachträglich gegen andere als die im Urteil (Strafbefehl) bezeichneten Personen gerichtet, so erfolgt eine besondere Eintragung unter neuer Nummer.

Das Aktenzeichen des Nachverfahrens ist auch in der Bemerkungsspalte des Tabelleneintrags über das zugehörige Hauptverfahren anzugeben.

Werden Ermittelungsverfahren wegen übermäßiger Preissteigerung eingeleitet, bei denen als Geschädigter der Reichsfiskus in Frage kommt, so ist alsbald unter kurzer Darstellung des Sachverhalts an das Justizministerium zu berichten. Die Beifügung der Akten ist nicht erforderlich.

Die schweren Schäden, die der Gesamtheit des Volkes von dem Treiben der sogenannten Kriegswucherer drohen, lassen es dringend geboten erscheinen, daß ihnen in allen Fällen der übermäßige Gewinn entzogen wird. Dieses Ziel läßt sich nur erreichen, wenn alle mit der Strafrechtspflege befaßten Beamten ihre neuen Aufgaben mit besonderer Hingebung erfüllen. Wenn die Festsetzung des einzuziehenden Betrags nicht schon in dem Hauptverfahren tunlich war, so ist eine rasche und zweckdienliche Durchführung des Nachverfahrens wünschenswert, wobei der Versuch nicht ausgeschlossen ist, mit den etwa haftpflichtigen Personen (vgl. namentlich § 11 Abs. 2 der Verordnung) durch Verhandlungen zu einer Verständigung zu gelangen.

Die Ersten Staatsanwälte und die Staatsanwälte in Waldshut, Pforzheim und Mosbach werden ersucht, auf die Durchführung der Vorschrift über die Einziehung des unerlaubten

Gewinns ihre besondere Aufmerksamkeit zu richten und die dabei gemachten Erfahrungen in den Jahresberichten niederzulegen.

Im Nachstehenden wird die Begründung der Bundesratsverordnung vom 8. Mai 1918 zur Kenntnis der Justizbehörden gebracht.

Karlsruhe, den 25. Mai 1918.

Ministerium des Gr. Hauses der Justiz und des Auswärtigen.
Düringer.

7. Gesetz über die Ermächtigung des Bundesrats zu wirtschaftlichen Maßnahmen und über die Verlängerung der Fristen des Wechsel- und Scheckrechts im Falle kriegerischer Ereignisse. Vom 4. August 1914.

(RGBl. S. 327.)

§ 3. Der Bundesrat wird ermächtigt, während der Zeit des Krieges diejenigen gesetzlichen Maßnahmen anzuordnen, welche sich zur Abhilfe wirtschaftlicher Schädigungen als notwendig erweisen.

Diese Maßnahmen sind dem Reichstag bei seinem nächsten Zusammentritt zur Kenntnis zu bringen und auf sein Verlangen aufzuheben.

8. Gesetz, betr. Höchstpreise, vom 4. August 1914, in der Fassung der Bekanntmachung vom 17. Dezember 1914 und 23. März 1916.

(RGBl. S. 183.)

§ 1. Für die Dauer des gegenwärtigen Kriegs können für Gegenstände des täglichen Bedarfs, insbesondere für

Nahrungs- und Futtermittel aller Art, sowie für rohe Naturerzeugnisse, Heiz- und Leuchtstoffe Höchstpreise festgesetzt werden.

Der Bundesrat kann bestimmen, daß auch für andere Gegenstände Höchstpreise festgesetzt werden.

§ 2. Das Eigentum an Gegenständen, für die Höchstpreise festgesetzt sind, kann durch Anordnung der zuständigen Behörde einer von ihr bezeichneten Person auf deren Antrag übertragen werden. Die Anordnung ist an den Besitzer der Gegestände zu richten; sie ist nicht auf die einem Landwirt zur Fortführung seiner Wirtschaft erforderlichen Vorräte, bei Hafer nicht auf das zu seiner Wirtschaft erforderliche Saatgut zu erstrecken. Das Eigentum geht über, sobald die Anordnung dem Besitzer zugeht.

Der Anordnung hat eine Aufforderung der zuständigen Behörde zur Überlassung vorauszugehen. Die Aufforderung hat die Wirkung, daß Verfügungen über die von ihr betroffenen Gegenständen nichtig sind; den rechtsgeschäftlichen Verfügungen stehen Verfügungen gleich, die im Wege der Zwangsvollstreckung oder Arrestvollziehung erfolgen. Die Landeszentralbehörde, in deren Bezirk sich die Gegenstände befinden, kann bestimmte Personen ermächtigen, eine solche Aufforderung zu erlassen; die von einer hiernach ermächtigten Person erlassene Aufforderung wird unwirksam, wenn sie nicht binnen einer Woche, nachdem sie den von ihr Betroffenen zugegangen ist, durch Erlaß der Behörde bestätigt wird.

Der von der Anordnung Betroffene ist verpflichtet, die Gegenstände bis zum Ablauf einer von der Behörde in der Anordnung zu bestimmenden Frist zu verwahren. Die Behörde kann eine Vergütung für die Verwahrung festsetzen.

Der Übernahmepreis wird unter Berücksichtigung des

Höchstpreises sowie der Güte und Verwertbarkeit der Gegenstände von der höheren Verwaltungsbehörde nach Anhörung von Sachverständigen endgültig festgesetzt. Handelt es sich um Gegenstände, deren Höchstpreis sich zu bestimmten Zeitpunkten ändert, so ist der zur Zeit der Anordnung geltende Höchstpreis zu berücksichtigen.

Bezieht sich die Anordnung auf Erzeugnisse eines Grundstücks, so werden diese von der Haftung für Hypotheken, Grundschulden und Rentenschulden frei, soweit sie nicht vor der Aufforderung (Abs. 2) zugunsten des Gläubigers in Beschlag genommen worden sind.

§ 3. Soweit für Getreide Höchstpreise festgesetzt sind, kann die Anordnung (§ 2 Abs. 1) getroffen werden, bevor das Getreide ausgedroschen ist. Das Eigentum an dem Getreide geht in diesem Falle auf die von der Behörde bezeichnete Person über, sobald das Getreide ausgedroschen ist. Bis zu diesem Zeitpunkt erstrecken sich die Wirkungen der Aufforderung auch auf den Halm. Die Behörde kann bestimmen, daß das Getreide von dem von der Aufforderung Betroffenen mit den Mitteln seines landwirtschaftlichen Betriebs binnen einer zu bestimmenden Frist ausgedroschen wird. Kommt der Verpflichtete dem Verlangen nicht nach, so kann die Behörde die geforderten Handlungen auf seine Kosten von einem Dritten vornehmen lassen; der Verpflichtete hat die Vornahme in seinen Wirtschaftsräumen und mit den Mitteln seines Betriebs zu gestatten.

§ 4. Die zuständige Behörde kann den Besitzer von Gegenständen, für die Höchstpreise festgesetzt sind, auffordern, die Gegenstände zu den festgesetzten Höchstpreisen zu verkaufen. Weigert sich ein Besitzer, der Aufforderung nachzukommen, so kann die zuständige Behörde die Gegenstände übernehmen und auf Rechnung und Kosten des Besitzers zu den festgesetzten

Höchstpreisen verkaufen, soweit sie nicht für dessen eigenen Bedarf nötig sind.

§ 5. Der Bundesrat setzt die Höchstpreise fest. Soweit er sie nicht festgesetzt hat, können die Landeszentralbehörden oder die von ihnen bestimmten Behörden Höchstpreise festsetzen.

Die Landeszentralbehörden oder die von ihnen bestimmten Behörden erlassen die erforderlichen Anordnungen und Ausführungsbestimmungen.

§ 6. Mit Gefängnis bis zu 1 Jahr und mit Geldstrafe bis zu 10000 ℳ oder mit einer dieser Strafen wird bestraft:

3. wer einen Gegenstand, der von der Aufforderung (§ 2, § 3) betroffen ist, beiseite schafft, beschädigt oder zerstört;
4. wer der Aufforderung der zuständigen Behörde zum Verkauf von Gegenständen, für die Höchstpreise festgesetzt sind (§ 4), nicht nachkommt;
5. wer Vorräte an Gegenständen, für die Höchstpreise festgesetzt sind, dem zuständigen Beamten gegenüber verheimlicht;
6. wer den nach § 5 erlassenen Ausführungsbestimmungen zuwiderhandelt.

9. BVO., betr. Bestimmung der Hauptmarktorte. Vom 24. August 1914.

(RGBl. S. 384.)

§ 1. Die Hauptmarktorte, deren Preise für die Vertügungen nach § 19 Abs. 2 des Gesetzes über die Kriegsleistungen vom 13. Juni 1873 (RGBl. S. 129) zugrunde zu legen sind, werden von der Landeszentralbehörde bestimmt.

10. BVO., betr. den Wochenmarktverkehr. Vom 2. März 1915.

(RGBl. S. 125.)

§ 1. Durch die Marktordnung (§ 69 der Gewerbeordnung) kann der gewerbsmäßige Einkauf von Gegenständen des Wochenmarktverkehrs auf dem Marktplatz beschränkt und der Handel mit Gegenständen des Wochenmarktverkehrs, die von außerhalb zum Marktort gebracht werden, außerhalb des Marktplatzes während des ganzen Markttags oder für bestimmte Tagesstunden verboten werden.

11. BVO. über den Aushang von Preisen in Verkaufsräumen des Kleinhandels. Vom 24. Juni 1915.

(RGBl. S. 353.)

§ 1. Die Vorschriften der §§ 73 und 74 der Reichsgewerbeordnung werden auf Verkäufer ausgedehnt, die Gegenstände des täglichen Bedarfs, insbesondere Nahrungs- und Futtermittel aller Art sowie rohe Naturerzeugnisse, Heiz- und Leuchtstoffe, im Kleinhandel absetzen.

§ 2. Wer den auf Grund des § 1 erlassenen Anordnungen zuwiderhandelt, oder als Verkäufer die im Preisverzeichnis angegebenen Preise überschreitet, wird mit Geldstrafe bis zu einhundertfünfzig Mark und im Unvermögensfalle mit Haft bis zu vier Wochen bestraft.

§ 3. Die Landeszentralbehörden erlassen die Bestimmungen zur Ausführung dieser Verordnung.

§ 4. Diese Verordnung tritt mit dem Tage der Verkündung in Kraft. Der Reichskanzler bestimmt den Zeitpunkt des Außerkrafttretens.

12. BVO. über den Verkauf von Fleisch- und Fettwaren durch die Gemeinden. Vom 24. Juni 1915.

(RGBl. S. 352.)

§ 1. Gemeinden, die Fleisch- oder Fettwaren zum Zwecke der Versorgung der Bevölkerung erworben haben, können

1. den Weiterverkauf oder die Abgabe der von ihnen nach dem Inkrafttreten dieser Verordnung in den Verkehr gebrachten Fleisch- oder Fettwaren verbieten oder beschränken;
2. soweit sie den Weiterverkauf gestatten, die Preise festsetzen.

§ 2. Wer den auf Grund des § 1 Nr. 1 erlassenen Anordnungen zuwiderhandelt oder als Veräußerer die nach § 1 Nr. 2 festgesetzten Preise überschreitet, wird mit Gefängnis bis zu sechs Monaten oder mit Geldstrafe bis zu eintausendfünfhundert Mark bestraft.

13. Bekanntmachung des Stellvertretenden Generalkommandos in Stuttgart vom 14. Juli 1915.

Die in der letzten Zeit eingetretene Steigerung der Preise für die notwendigen Lebensmittel und Bedarfsgegenstände ist zum Teil auf Auswüchse des Zwischenhandels und auf unlautere Machenschaften einzelner Personen zurückzuführen. Um wucherischem Treiben auf diesem Gebiete entgegenzutreten, bestimme ich für den Groß- und Kleinhandel mit Gegenständen des täglichen Bedarfs, insbesondere Brot, Mehl, Teigwaren, Milch, Butter, Schmalz, Fett, Käse, Eiern, Salz, Zucker, Kartoffeln, Gemüsen, Salat, Hülsenfrüchten, Zwiebeln, Obst, Fleisch und Fleischwaren, Kaffee, Tee, Kakao, Seife, Leuchtölen, Holz, Kohlen, Koks auf Grund des § 9 Buchst. b des preußischen Gesetzes vom 4. Juni 1851 über den Belagerungszustand und des Art. 68 der Reichsverfassung:

§ 1. Mit Gefängnis bis zu einem Jahre nach § 9 des genannten Gesetzes wird bestraft:

1. wer beim gewerbsmäßigen Einkauf von Gegenständen des täglichen Bedarfs unverhältnismäßig hohe Preise bietet, wenn nach den Umständen des Falles die Absicht anzunehmen ist, die Preissteigerung oder Hinaufsetzung bestehender Höchstpreise herbeizuführen;
2. wer Vorräte an Gegenständen des täglichen Bedarfs, die an sich zum Verkauf bestimmt sind, aus dem Verkehr zurückhält, um eine ungerechtfertigte Hochhaltung oder eine Steigerung der Preise oder eine Hinaufsetzung bestehender Höchstpreise herbeizuführen;
3. wer beim gewerbsmäßigen Verkauf für Gegenstände des täglichen Bedarfs verhältnismäßig hohe Preise fordert oder annimmt;
4. wer als Verkäufer von Gegenständen des täglichen Bedarfs ohne rechtfertigenden Grund einem Käufer die Abgabe seiner verfügbaren Verkaufsgegenstände gegen Bezahlung verweigert.

§ 2. Die Bezirkspolizeibehörden werden ermächtigt, die auf Grund dieser Verfügung ergehenden Verurteilungen durch die Tageszeitungen öffentlich bekanntzumachen.

14. BRV. zur Fernhaltung unzuverlässiger Personen vom Handel. Vom 23. September 1915.

(RGBl. S. 603.)

§ 1. Der Handel mit Gegenständen des täglichen Bedarfs, insbesondere Nahrungs- und Futtermitteln aller Art sowie rohen Naturerzeugnissen, Heiz- und Leuchtstoffen, oder mit Gegenständen des Kriegsbedarfs ist zu untersagen, wenn Tatsachen vorliegen, die die Unzuverlässigkeit des Handeltreibenden in bezug auf den Handelsbetrieb dartun. Das Handelsgewerbe, dessen Betrieb untersagt wird, ist genau zu bezeichnen. Die Untersagung ist im Amtsblatt der untersagenden Behörde und im Reichsanzeiger bekanntzugeben.

Bei der Feststellung der Tatsachen, welche die Unzuverlässigkeit in bezug auf den Handelsbetrieb dartun, sind insbesondere zu berücksichtigen Zuwiderhandlungen gegen die Vorschriften über Höchstpreise, Vorratserhebungen, Preisaushang und übermäßige Preissteigerung.

§ 2. Die Untersagung des Handelsbetriebs wirkt für das Reichsgebiet. Ist dem Handeltreibenden für den untersagten Handelsbetrieb ein Erlaubnisschein (Wandergewerbeschein, Legitimationskarte und dergleichen) erteilt, so hat die Untersagung den Verlust dieses Scheines ohne weiteres zur Folge.

Die Behörde, die den Betrieb untersagt hat, kann seine Wiederaufnahme gestatten, sofern seit der Untersagung mindestens drei Monate verflossen sind.

§ 3. Der Reichskanzler und die Landeszentralbehörden können anordnen, daß der Beginn des Handels mit Gegenständen der im § 1 Abs. 1 bezeichneten Art allgemein oder unter bestimmten Voraussetzungen einer Erlaubnis bedarf.

Die Erlaubnis darf nur versagt werden, wenn gegen den Nachsuchenden Tatsachen vorliegen, die seine Unzuverlässigkeit in bezug auf den Handelsbetrieb dartun. Die Vorschrift des § 1 Abs. 2 findet entsprechende Anwendung.

Auf den Gewerbebetrieb im Umherziehen (Titel III der Reichsgewerbeordnung) sind die Vorschriften im Abs. 1, 2 nicht anzuwenden. Der Wandergewerbeschein und die Legitimationskarte sind aber zu versagen, wenn bei denjenigen, für welche sie beantragt werden, die im Abs. 2 bezeichneten Voraussetzungen zutreffen.

§ 4. Gegen die Untersagung des Betriebs (§ 1) und gegen die Versagung der Erlaubnis (§ 3) ist nur Beschwerde zulässig; sie hat keine aufschiebende Wirkung.

§ 5. Mit Gefängnis bis zu einem Jahre oder mit Geldstrafe bis zu zehntausend Mark wird bestraft:

1. wer der gegen ihn ergangenen Untersagung des Handelsbetriebs (§ 1) zuwiderhandelt,
2. wer den Handelsbetrieb ohne die nach § 3 erforderliche Erlaubnis beginnt.

15. BVO. über die Errichtung von Preisprüfungsstellen und die Versorgungsregelung. Vom 25. September 1915, mit den Änderungen vom 4. November 1915 und 5. Juni 1916.

(RGBl. 1915 S. 607, 728; 1916 S. 439.)

§ 1. Zur Schaffung von Unterlagen für die Preisregelung der Gegenstände des notwendigen Lebensbedarfs und zur Unterstützung der zuständigen Stellen bei der Überwachung des Verkehrs mit diesen Gegenständen werden Preisprüfungsstellen errichtet.

§ 5. Die Preisprüfungsstellen können bestimmen, daß, wer bestimmte Gegenstände des notwendigen Lebensbedarfs im Kleinhandel feilhält, verpflichtet ist, ein Verzeichnis in seinem Verkaufsraum oder an seinem Vertriebsstand anzubringen, aus dem der genaue Verkaufspreis der Waren im einzelnen sowie ein etwa vorgeschriebener Höchstpreis ersichtlich ist. Die Preisankündigung im Verzeichnis gilt als Preisforderung im Sinne des [§ 1 Nr. 1 der Bundesratsverordnung vom 8. Mai 1918 gegen Preistreiberei].

Die angekündigten Preise dürfen nicht überschritten werden. Die Abgabe der im Kleinverkauf üblichen Mengen an Verbraucher zu dem angekündigten Preise gegen Barzahlung darf nicht verweigert werden.

Die Preisprüfungsstellen erlassen die näheren Vorschriften. Sie sind befugt, Ausnahmen zu gestatten.

Die Bekanntmachung über den Aushang von Preisen in Verkaufsräumen des Kleinhandels vom 24. Juni 1915 und die auf Grund dieser Bekanntmachung erlassenen Anordnungen bleiben unberührt.

§ 12. Zur Durchführung der Versorgung der Bevölkerung mit bestimmten Gegenständen des notwendigen Lebensbedarfs zu angemessenen Preisen können die Gemeinden mit Zustimmung der Landeszentralbehörde oder der von ihnen bestimmten Behörden

1. für die Erzeuger und Hersteller solcher Gegenstände sowie für die Handel- und Gewerbetreibenden ihres Bezirks Vorschriften hinsichtlich des Betriebs, insbesondere des Absatzes, des Erwerbes, der Preise und der Buchführung erlassen . . .
4. die ausschließliche Versorgung gemeinnütziger Einrichtungen oder bestimmten Handel- und Gewerbetreibenden übertragen und dabei über den Betrieb, insbesondere den Weiterverkauf und die Preise, Bestimmungen treffen.
5. Vorschriften zur Regelung des Verbrauchs erlassen.

§ 15. Die Befugnisse, die in diesem Abschnitt den Gemeinden übertragen sind, stehen auch den Kommunalverbänden sowie Vereinigungen von Kommunalverbänden, Gemeinden und Gutsbezirken zu.

Die Landeszentralbehörden können die Versorgung der Bevölkerung ihres Bezirks oder eines Teils ihres Bezirks selbst regeln; die §§ 12—14 finden entsprechende Anwendung.

Soweit nach Abs. 1 oder 2 die Versorgung für einen größeren Bezirk geregelt wird, ruhen die Befugnisse der zu dem Bezirk gehörenden Gemeinden und Kommunalverbände.

§ 15a. Die Landeszentralbehörden können anordnen, daß die in diesem Abschnitt den Gemeinden und Kommunalverbänden übertragenen Befugnisse anstatt durch die Gemeinden und Kommunalverbände durch deren Vorstand wahrgenommen werden.

§ 16b. Die Landeszentralbehörden oder die von ihnen bestimmten Behörden sind befugt, für die Zwecke der Versorgungsregelung in bestimmten Bezirken Erzeuger und Hersteller von Gegenständen des notwendigen Lebensbedarfs und Vereinigungen von ihnen zur Regelung des Absatzes und der Preise, Händler sowie Vereinigungen von ihnen zur Regelung des Absatzes und der Preise, auch ohne ihre Zustimmung, zu Verbänden zu vereinigen.

Die Rechtsverhältnisse der Verbände werden durch die Satzung bestimmt.

Die Satzung wird von der Landeszentralbehörde oder der von ihr bestimmten Behörde erlassen. Die Verbände entstehen mit dem Erlasse der Satzung; sie sind rechtsfähig.

§ 17. Mit Gefängnis bis zu 6 Monaten oder mit Geldstrafe bis zu 1500 *M* wird bestraft:

. . .

2. wer den auf Grund des § 12 erlassenen Anordnungen zuwiderhandelt,

4. wer den von den Landeszentralbehörden erlassenen Ausführungsvorschriften zuwiderhandelt.

§ 19. Wer den auf Grund des § 5 Abs. 1 und 3 erlassenen

Vorschriften oder den Vorschriften des § 5 Abs. 2 zuwiderhandelt, wird, sofern nicht andere Vorschriften schwerere Strafen androhen, mit Geldstrafe bis zu 150 ℳ, im Unvermögensfalle mit Haft bis zu 4 Wochen bestraft.

16. BVO. über Zeitungsanzeigen. Vom 16. Dezember 1915.

(RGBl. S. 827.)

§ 1. Anzeigen, in denen Gegenstände des täglichen Bedarfs, insbesondere Nahrungs- und Futtermittel aller Art, sowie rohe Naturerzeugnisse, Heiz- und Leuchtstoffe, Düngemittel oder Gegenstände des Kriegsbedarfs angeboten werden, oder in denen zur Abgabe von Angeboten über solche Gegenstände aufgefordert wird, dürfen in periodischen Druckschriften nur mit Angabe des Namens oder der Firma sowie der Wohnung oder der Geschäftsstelle des Anzeigenden zum Abdruck gebracht werden.

Die Landeszentralbehörden oder die von ihnen bestimmten Behörden können Ausnahmen zulassen.

§ 2. Zuwiderhandlungen werden mit Geldstrafe bis zu eintausend Mark oder mit Haft oder mit Gefängnis bis zu sechs Monaten bestraft.

§ 3. Diese Verordnung tritt mit dem 18. Dezember 1915 in Kraft.

Der Reichskanzler bestimmt den Zeitpunkt des Außerkrafttretens.

17. BVO. über das Verbot der Einfuhr entbehrlicher Gegenstände. Vom 25. Februar 1916.

(RGBl. S. 111.)

§ 1. Der Reichskanzler wird ermächtigt, die Einfuhr entbehrlicher Gegenstände über die Grenzen des Deutschen Reichs bis auf weiteres zu verbieten und die zur Durchführung des Verbots erforderlichen Maßnahmen zu treffen.

§ 2. Der Reichskanzler wird ein Verzeichnis derjenigen Gegenstände veröffentlichen, deren Einfuhr nach § 1 verboten ist.

Er ist ermächtigt, Ausnahmen von den Bestimmungen im § 1 zu gestatten.

18. BVO. über Preisbeschränkungen bei Verkäufen von Web-, Wirk- und Strickwaren. Vom 30. März 1916 mit Änderung vom 14. September 1916.

(RGBl. S. 1022.)

§ 1. Web-, Wirk- und Strickwaren dürfen zu keinem höheren Preise verkauft werden als dem, den der Verkäufer bei Gegenständen und Verkäufen gleicher oder ähnlicher Art innerhalb der Kriegszeit vor dem 1. Februar 1916 zuletzt nachweislich erzielt oder als Verkaufspreis festgesetzt hat. Fehlt es an einem solchen Preise oder sind die Gestehungskosten zuzüglich Unkosten und angemessenen Gewinns höher als dieser Preis, so sind die Gestehungskosten zuzüglich Unkosten und angemessenen Gewinns maßgebend.

Diese Vorschriften finden Anwendung auf Web-, Wirk- und Strickwaren, gleichgültig aus welchen Spinnstoffen sie hergestellt sind, sowie auf die aus ihnen gefertigten Erzeugnisse. Sie gelten nicht für Gegenstände dieser Art, soweit sie auf Grund der Bekanntmachung über die Sicherstellung von Kriegsbedarf vom 24. Juni 1915 (RGBl. S. 357) nebst den Erweiterungsbekanntmachungen vom 9. Oktober 1915 (RGBl. S. 645) und vom 25. November 1915 (RGBl. S. 778) beschlagnahmt sind und Preisbeschränkungen unterliegen.

§ 2. Der Käufer kann, wenn er glaubt, daß der vereinbarte Preis die Grenze des § 1 Abs. 1 überschreitet oder, obwohl er sich in diesen Grenzen hält, unangemessen hoch ist, binnen zwei Wochen nach Abschluß des Kaufvertrags Feststellung des Preises durch ein Schiedsgericht beantragen.

Das Schiedsgericht setzt unter Ausschluß des Rechtswegs den angemessenen Preis fest; seine Entscheidung ist endgültig; sie erfolgt gebühren- und stempelfrei.

Ergibt sich der Verdacht einer strafbaren Überteuerung durch den Verkäufer, so hat der Vorsitzende des Schiedsgerichts der zuständigen Staatsanwaltschaft Mitteilung zu machen.

§ 3a. Auf Antrag der zuständigen Behörde prüft das Schiedsgericht die Angemessenheit der in einzelnen Geschäftsbetrieben für bestimmte Waren erzielten Preise nach. Ergibt sich dabei, daß der erzielte Preis die Grenzen des § 1 Abs. 1 überschreitet oder, obwohl er sich in diesen Grenzen hält, unangemessen hoch ist, so hat das Schiedsgericht von dem Inhaber des Geschäftsbetriebs zugunsten des Reichs einen Betrag einzuziehen, der dem Überpreis aller in dem Geschäftsbetrieb in den Verkehr gebrachten Waren der betreffenden Art entspricht. Die Nachprüfung soll auf eine mehr als drei Monate zurückliegende Zeit nicht erstreckt werden. Die Vorschrift des § 2 Abs. 3 findet Anwendung.

19. Richtlinien für die auf Grund der Bekanntmachung über Preisbeschränkung von Wirk- usw. Waren vom 30. März 1916 errichteten Schiedsgerichte (§ 4 Abs. 1). Vom 13. April 1916.

(ZBl. S. 82.)

... 4. Als angemessener Gewinn ist grundsätzlich derjenige anzusehen, der auch in Friedenszeiten für gleiche Waren und unter sonst gleichen Verhältnissen erzielt worden ist. Diesem Gesichtspunkt wird nicht schon dadurch Rechnung getragen, daß ermittelt wird, in welchem Verhältnis in der Regel der Gewinn und die Selbstkosten bei den im Frieden erzielten Preisen zueinander stehen, und daß dann diesem Verhältnis entsprechend Gewinnzuschläge zu den durch den Krieg gesteigerten Selbstkosten gemacht werden. Dies würde zu einem mit den erhöhten Selbstkosten selbsttätig wachsenden Gewinn führen. Der Friedensgewinn ist vielmehr zahlenmäßig zu ermitteln; nur dieser Betrag darf ohne Rücksicht auf die Höhe der Gestehungskosten und Unkosten, als angemessener Gewinn gewährt werden. Wo die Verhältnisse jedoch besonders geartet sind, kann das Gericht diesen Verhältnissen durch abweichende Festsetzung des Preises nach oben wie nach unten Rechnung tragen.

20. BVO. über die äußere Kennzeichnung von Waren. Vom 18. Mai 1916.

(RGBl. S. 380.)

§ 1. Der Reichskanzler kann anordnen, daß bei Gegenständen des täglichen Bedarfs Packungen oder Behältnisse, in denen sie an den Verbraucher abgegeben werden, mit bestimmten Angaben zu versehen sind; er kann insbesondere Angaben über die Person dessen, der sie in den Verkehr bringt, die Zeit der Herstellung, den Inhalt nach Art und nach Zahl, Maß oder Gewicht sowie über den Kleinverkaufspreis vorschreiben. Er kann anordnen, daß die Angaben auf dem Gegenstande selbst anzubringen sind.

Der Reichskanzler bestimmt die Gegenstände, auf die die Vorschrift im Abs. 1 Anwendung findet, und erläßt die näheren Bestimmungen. Er bestimmt insbesondere, von wem und in welcher Weise die Angaben zu machen sind.

2. Der Preis für Gegenstände des täglichen Bedarfs, die zum Weiterverkauf unter Festsetzung eines Kleinverkaufspreises geliefert worden sind, darf nachträglich nicht erhöht werden. Auf entgegenstehende Abreden können sich die Beteiligten nicht berufen, auch wenn die Abreden vor dem Inkrafttreten dieser Verordnung getroffen sind.

§ 5. Mit Gefängnis bis zu sechs Monaten und mit Geldstrafe bis zu fünfzehnhundert Mark oder mit einer dieser Strafen wird bestraft:

1. wer den nach § 1 getroffenen Bestimmungen zuwider Waren ohne die vorgeschriebenen Angaben feilhält, verkauft oder sonst im Verkehr bringt;
2. wer Waren mit Angaben der nach § 1 vorgeschriebenen Art versieht, die der Wahrheit nicht entsprechen;
3. wer wissentlich Waren, die mit unrichtigen Angaben der nach § 1 vorgeschriebenen Art versehen sind, feilhält, verkauft oder sonst in Verkehr bringt;
4. wer die Waren zu einem höheren als dem gemäß den nach § 1 getroffenen Bestimmungen angegebenen Preise abgibt, die Preisangabe unkenntlich macht oder der Vorschrift im § 2 zuwider den Preis erhöht...

Wird in den Fällen der Nrn. 1 bis 4 auf Strafe erkannt, so kann angeordnet werden, daß die Verurteilung auf Kosten des Schuldigen öffentlich bekanntzumachen ist.

In den Fällen der Nrn. 1 bis 4 kann neben der Strafe auf Einziehung der Waren erkannt werden, die nicht mit den vorgeschriebenen Angaben oder mit den unrichtigen Angaben versehen sind oder bei denen die Preisangabe unkenntlich gemacht ist oder der Preis erhöht ist, ohne Unterschied, ob sie dem Verurteilten gehören oder nicht. Ist die Verfolgung oder die Verurteilung einer bestimmten Person nicht ausführbar, so kann auf die Einziehung selbständig erkannt werden.

21. BVO. über Kriegsmaßnahmen zur Sicherung der Volksernährung. Vom 22. Mai 1916.

(RGBl. S. 401.)

§ 1. Der Reichskanzler wird ermächtigt, die im Deutschen Reiche vorhandenen Lebensmittel sowie Rohstoffe und andere Gegenstände, die zur Lebensmittelversorgung erforderlich sind, für die Ernährung des Volkes in Anspruch uz nehmen. Er kann die Einfuhr, Durchfuhr und Ausfuhr solcher Gegenstände regeln.

Er kann in gleicher Weise über Futtermittel sowie Rohstoffe und andere Gegenstände, die zur Viehversorgung erforderlich sind, zur Ernährung von Nutztieren verfügen.

§ 2. Der Reichskanzler kann die zur Durchführung des § 1 erforderlichen Bestimmungen treffen; er kann den Verkehr mit den daselbst bezeichneten Gegenständen und ihren Verbrauch regeln, auch Bestimmungen über die Preise treffen. Er kann bestimmen, daß Zuwiderhandlungen mit Gefängnis bis zu einem Jahre und mit Geldstrafe bis zu zehntausend Mark oder mit einer dieser Strafen bestraft, und daß neben der Strafe die Gegenstände, auf die sich die strafbare Handlung bezieht, ohne Unterschied, ob sie dem Täter gehören oder nicht, eingezogen werden.

Der Reichskanzler kann in dringenden Fällen die Landesbehörden unmittelbar mit Anweisungen versehen.

§ 3. Die vom Bundesrate zur Sicherung der Volksernährung erlassenen Verordnungen bleiben unberührt. Der Reichskanzler kann in dringenden Fällen abweichende Bestimmungen treffen; diese sind dem Bundesrat unverzüglich vorzulegen.

§ 4. Der Reichskanzler kann die Befugnisse, die ihm nach dieser Verordnung oder anderen zur Sicherung der Volksernährung erlassenen Verordnungen zustehen, ganz oder teilweise durch eine seiner Aufsicht unterstehenden Behörde ausüben. Er bestimmt das Nähere über Einrichtung, Geschäftskreis und Geschäftsgang dieser Behörde.

22. ReichskanzlerVO. über die Errichtung eines Kriegsernährungsamts. Vom 22. Mai 1916.

(RGBl. S. 402.)

§ 1. Unter dem Namen Kriegsernährungsamt wird eine Behörde mit dem Sitze in Berlin errichtet. Sie untersteht der Aufsicht des Reichskanzlers.

Dem Kriegsernährungsamte wird die Wahrnehmung der dem Reichskanzler in §§ 1 bis 3 der Verordnung über Kriegsmaßnahmen zur Sicherung der Volksernährung vom 22. Mai 1916 sowie derjenigen Befugnisse übertragen, die dem Reichskanzler nach anderen zur Sicherung der Volksernährung erlassenen Verordnungen zustehen, soweit sie nicht ausdrücklich vorbehalten siud.

23. BVO. über Preisbeschränkungen bei Verkäufen von Seilerwaren. Vom 21. Juni 1916.

(RGBl. S. 545.)

§ 1. Die Vorschriften der Bekanntmachung über Preisbeschräkungeun bei Verkäufen von Web-, Wirk- und Strickwaren vom 30. März 1916 (RGBl. S. 214) finden auf Seilerwaren, gleichgültig aus welchen Spinnstoffen sie hergestellt sind, sowie auf die aus ihnen gefertigten Erzeugnisse Anwendung.

24. ReichskanzlerVO. über den Handel mit Lebens- und Futtermitteln. Vom 24. Juni 1916.

(RGBl. S. 581.)

§ 1. Der Handel mit Lebens- und Futtermitteln ist vom 1. August 1916 ab nur solchen Personen gestattet, denen eine

Erlaubnis zum Betriebe dieses Handels erteilt worden ist. Dies gilt auch für Personen, die bereits vor diesem Zeitpunkt Handel mit Lebens- oder Futtermitteln getrieben haben.

Diese Vorschrift findet keine Anwendung auf

1. den Verkauf selbstgewonnener Erzeugnisse der Land- und Forstwirtschaft, des Garten- und Obstbaues, der Geflügel- und Bienenzucht, der Jagd und Fischerei;
2. Kleinhandelsbetriebe, in denen Lebens- oder Futtermittel nur unmittelbar an Verbraucher abgesetzt werden;
3. Personen, die nach anderen während des Krieges erlassenen Vorschriften bereits eine Erlaubnis zum Handel mit Lebens- oder Futtermitteln erhalten haben, in den Grenzen der erteilten Erlaubnis;
4. Behörden und andere Stellen, denen amtlich die Beschaffung und Verteilung von Lebens- und Futtermitteln übertragen ist, auf letztere in den Grenzen der Übertragung.

§ 2. Als Lebens- und Futtermittel im Sinne dieser Verordnung gelten auch Erzeugnisse, aus denen Lebens- oder Futtermittel hergestellt werden.

§ 4. Die Erlaubnis kann von der Stelle, die zu ihrer Erteilung zuständig ist, zurückgenommen werden, wenn sich nachträglich Umstände ergeben, die die Versagung der Erlaubnis rechtfertigen würden.

In den Fällen des § 1 Abs. 2 Nr. 2 und 3 kann der Handel in solchen Fällen untersagt werden.

§ 9. Mit Gefängnis bis zu einem Jahre und mit Geldstrafe bis zu zehntausend Mark oder mit einer dieser Strafen wird bestraft, wer ohne die erforderliche Erlaubnis oder entgegen einer nach § 4 Abs. 2 erfolgten Untersagung mit Lebens- oder Futtermitteln Handel treibt.

25. BVO. über Preisbeschränkungen bei metallischen Produkten. Vom 31. Juli 1916.

(RGBl. S. 868.)

§ 1. Metallische Roh- und Zwischenprodukte sowie Metalllegierungen der in den §§ 1 bis 7 der Bekanntmachung über Höchstpreise für Metalle vom 31. Juli 1916 (RGBl. S. 865) genannten Metalle dürfen, soweit für sie nicht dort Höchstpreise festgesetzt sind, zu keinem höheren Preise verkauft werden, als sich aus den festgesetzten Höchstpreisen und einem dem Minderwert entsprechenden Abschlag ergibt. Dies gilt auch für die Metalle und Metallegierungen, die handelsüblich zu den in jener Bekanntmachung genannten Metallarten gerechnet und für geringwertiger als sie angesehen werden.

Unter Metallegierungen fallen auch Legierungen, die überwiegend aus einem der in jener Bekanntmachung genannten Metalle bestehen.

§ 2. Enthalten metallische Roh- und Zwischenprodukte und Metallegierungen der im § 1 genannten Art Gold, Silber oder Platin, so darf neben dem aus § 1 sich ergebenden Preise für diese Metalle eine Bezahlung zu Tagespreisen erfolgen.

Enthalten metallische Roh- und Zwischenprodukte und Metallegierungen der im § 1 genannten Art andere als die im Abs. 1 genannten Metalle, so darf neben den aus § 1 sich ergebenden Preisen für diese Metalle, wenn ihr Gewicht mehr als zwei vom Hundert des Gesamtgewichts ausmacht und ihre Bezahlung handelsüblich ist, eine Bezahlung zu Tagespreisen und, soweit Höchstpreise bestehen, höchstens zu diesen Höchstpreisen- erfolgen.

§ 3. Der Käufer kann, wenn er glaubt, daß der vereinbarte Preis die Grenzen der §§ 1, 2 überschreitet, binnen zwei Wochen nach Abschluß des Kaufvertrags Feststellung des Preises durch die Preisstelle für metallische Produkte in Berlin verlangen; ihre Entscheidung ist endgültig; sie erfolgt gebühren- und stempelfrei.

Die Preisstelle kann auf Anrufen eines Beteiligten des Reichs-Marineamts, der Kriegsministerien und der militärischen Befehlshaber den angemessenen Preis bestimmen.

Die Preisstelle ist befugt, Beträge, welche über den festgesetzten Preis hinaus vereinbart sind, zugunsten des Reichs einzuziehen.

§ 5. Diese Verordnung tritt mit dem 1. August 1916 in Kraft. Der Reichskanzler bestimmt den Zeitpunkt des Außerkrafttretens.

26. BVO., betr. Übergang der Geschäfte der Reichsprüfungsstelle für Lebensmittelpreise auf das Kriegsernährungsamt. Vom 1. September 1916.

(RGBl. S. 997.)

§ 1. Die durch § 11 der Bekanntmachung über die Errichtung von Preisprüfungsstellen und die Versorgungsregelung vom 25. September 1915 (RGBl. S. 607) für das Reichsgebiet errichtete Preisprüfungsstelle wird aufgehoben. Ihre Aufgaben und Befugnisse gehen auf das Kriegsernährungsamt über

§ 2. Diese Verordnung tritt mit dem 1. September 1916 in Kraft.

27. BVO. über Preisbeschränkungen bei Verkäufen von Schuhwaren. Vom 28. September 1916.

(RGBl. S. 1077.)

§ 1. Schuhwaren dürfen zu keinem höheren Preise verkauft werden als dem, der sich aus der Zusammenrechnung der

Gestehungskosten, eines angemessenen Anteils der allgemeinen Unkosten und eines angemessenen Gewinns ergibt. Für die Preisberechnung sind die von der Gutachterkommission für Schuhwarenpreise (§ 9) aufgestellten Richtsätze maßgebend.

Schuhwaren im Sinne der Verordnung sind solche, die ganz oder zum Teil aus Leder, Strick-, Web- oder Wirkwaren, Filz oder filzartigen Stoffen bestehen.

§ 3. Schuhwaren dürfen vom Großhändler nur an Kleinhändler, vom Kleinhändler nur an Verbraucher abgesetzt werden.

§ 6. Der Käufer von Schuhwaren kann, wenn er glaubt, daß der ihm berechnete Preis oder der ausgezeichnete Kleinverkaufspreis die Grenzen des § 1 überschreitet, binnen zwei Wochen nach Abschluß des Kaufvertrags Festsetzung des Preises durch ein Schiedsgericht beantragen.

Das Schiedsgericht prüft auch auf Anrufen der zuständigen Behörde die Preise nach und bestimmt die nach § 1 in Verbindung mit den von der Gutachterkommission für Schuhwarenpreise (§ 9) aufgestellten Richtsätzen angemessenen Preise. Ist der für eine bestimmte Art von Schuhwaren festgesetzte Preis niedriger als der ausgezeichnete, so hat das Schiedsgericht zugunsten des Reichs von dem zur Auszeichnung Verpflichteten einen Betrag einzuziehen, der dem Überpreis aller von dem Verpflichteten mit der beanstandeten Preisauszeichnung in den letzten drei Monaten in den Verkehr gebrachten Schuhwaren der betreffenden Art entspricht.

§ 7. Ergibt die Prüfung durch das Schiedsgericht den Verdacht einer strafbaren Überteuerung, so hat der Vorsitzende des Schiedsgerichts außerdem der zuständigen Staatsanwaltschaft Mitteilung zu machen.

§ 9. Der Reichskanzler ernennt eine Gutachterkommission

für Schuhwarenpreise, der es obliegt, allgemeine Richtsätze für die Berechnung der Gestehungskosten, des angemessenen Anteils an den allgemeinen Unkosten und des angemessenen Gewinns aufzustellen.

§ 10. Veranstaltungen, die eine besondere Beschleunigung des Verkaufs von Schuhwaren bezwecken, sind verboten.

Als verboten gelten insbesondere die Ankündigung und die Abhaltung von Ausverkäufen und Teilausverkäufen, Inventur- und Saisonverkäufen, Festverkäufen, Serien- und Restewochen oder -tagen, Propaganda- und Reklamewochen oder -tagen und von ähnlichen Sonderverkäufen sowie die Ankündigung von Verkäufen zu herabgesetzten Preisen oder Inventurpreisen.

§ 13. Der Reichskanzler kann Ausnahmen von den Vorschriften dieser Verordnung zulassen. Er kann die Preise für Ausbesserungen an Schuhwaren regeln.

§ 14. Mit Gefängnis bis zu sechs Monaten oder mit Geldstrafe bis zu zehntausend Mark wird bestraft:

1. wer den Bestimmungen der §§ 3, 10 zuwiderhandelt;
4. wer Schuhwaren zu einem höheren als dem ausgezeichneten Preise verkauft oder feilhält;
5. wer, nachdem für eine bestimmte Art der von ihm in den Verkehr gebrachten Schuhwaren von dem Schiedsgericht ein angemessener Preis festgesetzt ist, Waren gleicher Art mit einem höheren Kleinhandelspreis auszeichnet und mit dieser Auszeichnung verkauft, feilhält oder sonst in den Verkehr bringt.

Bei vorsätzlicher Zuwiderhandlung können neben der Strafe die Waren eingezogen werden, auf die sich die strafbare Handlung bezieht, ohne Unterschied, ob sie dem Täter gehören oder nicht.

28. BVO. über Preisbeschränkungen bei Ausbesserungen von Schuhwaren. Vom 25. Januar 1917.

(RGBl. S. 75.)

§ 1. Ausbesserungen von Schuhwaren (§ 1 Abs. 2 der Bekanntmachung vom 28. September 1916) dürfen zu keinem höheren Preise berechnet werden als dem, der sich aus der Zusammenrechnung der Gestehungskosten, eines angemessenen Anteils der allgemeinen Unkosten und eines angemessenen Gewinns ergibt. Für die Preisberechnung sind die von der Gutachterkommission für Schuhwarenpreise (§ 7) aufgestellten Richtsätze für die Preisberechnung bei Ausbesserungen von Schuhwaren maßgebend.

(Im übrigen wie die Bekanntmachung vom 28. November 1916.)

29. BVO. über die Verfolgung von Zuwiderhandlungen gegen Vorschriften über wirtschaftliche Maßnahmen. Vom 18. Januar 1917.

(RGBl. S. 58.)

§ 1. Bei Zuwiderhandlungen gegen Vorschriften, die auf Grund des § 3 des Gesetzes über die Ermächtigung des Bundesrats zu wirtschaftlichen Maßnahmen usw. vom 4. August 1914 (RGBl. S. 327) ergangen sind oder noch ergehen, kann die Staatsanwaltschaft, solange die öffentliche Klage nicht erhoben ist, bei dem Gerichte die Einstellung des Verfahrens beantragen, wenn der Beschuldigte in unverschuldetem Irrtum über das Bestehen oder die Anwendbarkeit der übertretenen Vorschrift die Tat für erlaubt gehalten hat.

Über den Antrag entscheidet der Amtsrichter; der Beschluß ist unanfechtbar. Der Beschluß, durch den das Verfahren eingestellt wird, ist dem Beschuldigten bekanntzumachen.

Ist das Verfahren eingestellt, so kann es nur auf Grund neuer Tatsachen oder Beweismittel aufgenommen werden.

§ 2. Ist die öffentliche Klage erhoben und erachtet das Gericht die Voraussetzungen des § 1 für gegeben, so hat es die Eröffnung des Hauptverfahrens abzulehnen oder, wenn Voruntersuchung geführt ist, den Angeschuldigten außer Verfolgung zu setzen; ist Strafbefehl beantragt, so hat das Gericht den Antrag abzulehnen.

Ergibt die Hauptverhandlung, daß die Voraussetzungen des § 1 vorliegen, so ist der Angeklagte freizusprechen.

§ 3. Diese Verordnung tritt mit dem Tage der Verkündung in Kraft. Der Reichskanzler bestimmt den Zeitpunkt des Außerkrafttretens.

30. ReichskanzlerVO. über Bier. Vom 20. Februar 1917.

(RGBl. S. 162.)

§ 5. Die Inhaber von Gast- und Schankwirtschaften sowie von anderen Betrieben, die Bier offen oder in Flaschen oder anderen Gefäßen im Kleinverkauf abgeben, haben durch deutlich sichtbaren Anschlag in den Wirtschaftsräumen und Verkaufsstellen die Verkaufspreise für Bier in den zum Ausschank oder Verkaufe kommenden Maßen bekanntzugeben.

Die angekündigten Preise dürfen nicht überschritten werden.

Mit Gefängnis bis zu einem Jahre und mit Geldstrafe bis zu zehntausend Mark oder mit einer dieser Strafen wird bestraft:

. . .

2. wer die in dieser Verordnung oder auf Grund dieser Verordnung festgesetzten Höchstpreise oder die gemäß § 5 angekündigten Preise überschreitet;
3. wer einen andern zum Abschluß eines Vertrags auf-

fordert, durch den die Preise (Nr. 2) überschritten werden, oder sich zu einem solchen Vertrag erbietet;

...

Neben der Strafe kann auf Einziehung der Vorräte erkannt werden, auf die sich die strafbare Handlung bezieht, ohne Unterschied, ob sie dem Täter gehören oder nicht.

§ 9. Mit Geldstrafe bis zu einhundertfünfzig Mark wird bestraft, wer der ihm nach § 5 Abs. 1 obliegenden Verpflichtung nicht nachkommt.

31. BVO. über Errichtung von Herstellungs- und Betriebsgesellschaften in der Schuhwarenindustrie. Vom 17. März 1917.

(RGBl. S. 236.)

Artikel I. Der Reichskanzler wird ermächtigt, die Hersteller von Schuhwaren jeder Art, soweit sie bereits vor dem 1. August 1914 Schuhwaren hergestellt haben, auch ohne ihre Zustimmung zu Gesellschaften zu vereinigen, denen die Regelung der Herstellung und der Absatz nach Maßgabe der verfügbaren Rohstoffe und der volkswirtschaftlichen Bedürfnisse obliegt. Unter besonderen Verhältnissen kann der Reichskanzler auf Antrag der Landeszentralbehörden anordnen, daß auch ein Betrieb, der erst nach dem 1. August 1914 mit der Herstellung von Schuhwaren begonnen hat, in eine Gesellschaft aufgenommen wird.

Artikel II. § 4. Zur Überwachung der Herstellung und des Absatzes wird ein Ausschuß (Überwachungsausschuß der Schuhindustrie) gebildet...

§ 5. Der Überwachungsausschuß erteilt den Gesellschaften und ihren Mitgliedern unbeschadet der Vorschrift des § 3 Anweisungen über Art, Ort und Umfang der Erzeugung, über den Absatz und über die Verkaufspreise...

§ 10. Mit Gefängnis bis zu einem Jahre und mit Geldstrafe bis zu fünfzehntausend Mark oder mit einer dieser Strafen wird bestraft, wer, nachdem der Überwachungsausschuß seine Zugehörigkeit zu einer Gesellschaft der im Artikel 1 bezeichneten Art festgestellt hat,

1. Schuhwaren ohne Zustimmung des Überwachungsausschusses herstellt;
3. einer nach § 5 Abs. 1 erteilten Anweisung des Überwachungsausschusses zuwiderhandelt; . . .

32. BVO., betr. einige Kriegsverordnungen ergänzende Vorschriften über Einziehung und über Veräußerung beschlagnahmter Gegenstände. Vom 22. März 1917.

(RGBl. S. 255.)

Artikel I. Ist in Strafvorschriften, die auf Grund des § 3 des Gesetzes über die Ermächtigung des Bundesrats zu wirtschaftlichen Maßnahmen usw. vom 4. August 1914 (RGBl. S. 327) ergangen sind oder ergehen werden, die Einziehung oder die Verfallerklärung von Gegenständen zugelassen, so kann in Fällen, in denen die Verfolgung oder die Verurteilung einer bestimmten Person nicht ausführbar ist, auf die Einziehung oder die Verfallerklärung selbständig erkannt werden.

Artikel II. 1. Gegenstände, die auf Grund der im Artikel I bezeichneten Strafvorschriften zur Sicherung einer Einziehung sichergestellt oder beschlagnahmt werden, können vor der Entscheidung über die Einziehung veräußert werden, wenn sie dem Verderben ausgesetzt sind oder wenn die Veräußerung aus Gründen der Volksversorgung notwendig erscheint. Der Erlös tritt an die Stelle der Gegenstände.

2. Die Anordnung der Veräußerung steht dem Richter zu.

Im Ermittlungsverfahren können die Staatsanwaltschaft und die Hilfsbeamten der Staatsanwaltschaft die Veräußerung anordnen, soweit sie die Sicherstellung oder die Beschlagnahme angeordnet haben. Hat der Betroffene gegen die Beschlagnahme die richterliche Entscheidung nachgesucht, so kann der Richter anordnen, daß die Veräußerung auszusetzen sei.

Die Anordnung der Veräußerung ist dem Betroffenen bekanntzumachen. Die Bekanntmachung darf unterbleiben, wenn sie untunlich ist.

3. Soweit die Gegenstände nicht nach bestehenden Vorschriften einer bestimmten Stelle anzubieten oder zu überlassen sind, können sie nach Anhörung eines Sachverständigen freihändig zu angemessenem Preise verkauft werden. Der Verkauf zum Höchstpreis ist ohne Anhörung eines Sachverständigen zulässig.

Artikel III. In Kraft 23. März 1917.

33. BVO. über Sicherstellung des Kriegsbedarfs in der Fassung vom 26. April 1917.

(RGBl. S. 375.)

§ 1. Während der Dauer des gegenwärtigen Krieges kann das Eigentum an Gegenständen des Kriegsbedarfs und an Gegenständen, die bei der Herstellung oder dem Betriebe von Kriegsbedarfsartikeln zur Verwendung gelangen können, unbeschadet der Zuständigkeit der Militärbefehlshaber, auch durch Anordnung der Kriegsministerien oder des Reichs-Marineamts oder der von ihnen bezeichneten Behörden auf eine in der Anordnung zu bezeichnende Person übertragen werden.

(Im übrigen wie Bundesratsverordnung über Sicherstellung der Volksernährung.)

34. Ges., betr. die Abwälzung des Warenumsatzstempels. Vom 30. Mai 1917.

(RGBl. S. 441.)

§ 1. Für Lieferungen aus Verträgen, die nach dem 30. September 1916 abgeschlossen sind, ist der Lieferer nicht berechtigt, den auf die Lieferung oder deren Bezahlung entfallenden Warenumsatzstempel dem Abnehmer neben dem Preise ganz oder teilweise gesondert in Rechnung zu stellen. Der Abnehmer aus einem Lieferungsvertrag ist nicht berechtigt, den bei der Weiterveräußerung der Ware auf ihre Lieferung oder Bezahlung entfallenden Warenumsatzstempel von dem ihm von seinem Lieferer in Rechnung gestellten Preise zu kürzen.

Auf eine Vereinbarung, die den vorstehenden Vorschriften entgegensteht, kann sich der Lieferer, im Falle des Abs. 1 Satz 2 der Abnehmer, nicht berufen.

35. BVO. über den Handel mit Arzneimitteln. Vom 22. März 1917.

(RGBl. S. 270.)

§ 1. Der Handel mit Arzneimitteln ist vom 16. April 1917 ab nur solchen Personen gestattet, denen eine besondere Erlaubnis zum Betriebe dieses Handels erteilt worden ist.

Diese Vorschrift findet keine Anwendung

1. auf Personen, die bereits vor dem 1. August 1914 mit Arzneimitteln Handel getrieben haben, der sich nicht auf die unmittelbare Abgabe an die Verbraucher beschränkt,
2. auf Apotheken, in denen Arzneimittel nur unmittelbar an Verbraucher abgegeben werden,
3. auf sonstige Kleinhandelsbetriebe, in denen Arzneimittel nur unmittelbar an Verbraucher abgegeben werden,
4. auf Tierärzte, soweit sie in Ausübung ihrer tierärztlichen

Tätigkeit Arzneimittel unmittelbar an Verbraucher abgeben dürfen.

§ 10. Es ist verboten, in periodischen Druckschriften oder in sonstigen Mitteilungen, die für einen größeren Kreis von Personen bestimmt sind,

1. ohne vorherige Genehmigung der von der Landeszentralbehörde bestimmten Stelle sich zum Erwerbe von Arzneimitteln zu erbieten,
2. zur Abgabe von Preisangeboten auf Arzneimittel aufzufordern,
3. bei Ankündigung über Erwerb oder Veräußerung von Arzneimitteln oder über die Vermittlung solcher Geschäfte Angaben zu machen, die geeignet sind, einen Irrtum über die geschäftlichen Verhältnisse des Anzeigenden oder die Menge der ihm zur Verfügung stehenden Vorräte oder über den Anlaß oder Zweck des Ankaufs, Verkaufs oder der Vermittlung zu erwecken . . .

§ 11. Mit Gefängnis bis zu einem Jahre und mit Geldstrafe bis zu zehntausend Mark oder mit einer dieser Strafen wird bestraft, wer den Vorschriften im § 10 Abs. 1 . . . zuwiderhandelt.

Werden in den Fällen des § 10 Abs. 1 Nr. 3 die Angaben in einem geschäftlichen Betriebe von einem Angestellten oder Beauftragten gemacht, so ist der Inhaber oder Leiter des Betriebs neben dem Angestellten oder Beauftragten strafbar, wenn die Handlung mit seinem Wissen geschah.

36. BVO. über den Handel mit Tabakwaren. Vom 28. Juni 1917.

(RGBl. S. 563.)

§ 1. Der Handel mit Zigarren, Zigaretten, Rauch-, Kau- und Schnupftabak (Tabakwaren) ist vom 15. Juli 1917 ab nur solchen Personen gestattet, denen eine besondere Erlaubnis zum Betriebe dieses Handels erteilt worden ist. Dies gilt auch für Personen, die bereits vor diesem Zeitpunkt Handel mit Tabakwaren getrieben haben.

Die Vorschrift findet keine Anwendung auf:

1. den Verkauf selbsthergestellter Tabakwaren,
2. den Verkauf unmittelbar an den Verbraucher.

§ 3. Die Erlaubnis kann von der Stelle, die zu ihrer Erteilung zuständig ist, zurückgenommen werden, wenn sich nachträglich Umstände ergeben, die die Versagung der Erlaubnis rechtfertigen würden.

§ 4. Liegen Bedenken wirtschaftlicher Art oder persönliche oder sonstige Gründe vor, so kann der Verkauf unmittelbar an den Verbraucher untersagt werden.

§ 9. Mit Gefängnis bis zu einem Jahre und mit Geldstrafe bis zu zehntausend Mark oder mit einer dieser Strafen wird bestraft:

1. wer ohne die erforderliche Erlaubnis (§ 1) oder nach Zurücknahme der Erlaubnis (§ 3) oder nach erfolgter Untersagung (§ 4) Handel mit Tabakwaren treibt . . .

Neben der Strafe kann auf Einziehung der Tabakwaren erkannt werden, auf die sich die strafbare Handlung bezieht, ohne Unterschied, ob sie dem Täter gehören oder nicht.

§ 10. Es ist verboten, in periodischen Druckschriften oder in sonstigen Mitteilungen, die für einen größeren Kreis von Personen bestimmt sind,

1. ohne vorherige Genehmigung der von der Landeszentralbehörde bestimmten Stelle sich zum Erwerbe von Tabakwaren zu erbieten,
2. zur Abgabe von Preisangeboten auf Tabakwaren aufzufordern,

3. bei Ankündigungen über Erwerb oder Veräußerung von Tabakwaren oder über die Vermittlung solcher Geschäfte Angaben zu machen, die geeignet sind, einen Irrtum über die geschäftlichen Verhältnisse des Anzeigenden oder die Menge der ihm zur Verfügung stehenden Vorräte oder über den Anlaß oder Zweck des Ankaufs, Verkaufs oder der Vermittlung zu erwecken.

Das Verbot im Abs. 1 Nr. 1 und 2 findet keine Anwendung auf Behörden . . .

§ 11. Mit Gefängnis bis zu einem Jahre und mit Geldstrafe bis zu zehntausend Mark oder mit einer dieser Strafen wird bestraft, wer den Vorschriften im § 10 Abs. 1 . . . zuwiderhandelt.

§ 12. In Kraft 15. Juli 1917.

37. Gesetz zur Vereinfachung der Strafrechtspflege. Vom 21. Oktober 1917.

(RGBl. S. 1037.)

Art. I. Das Gerichtsverfassungsgesetz wird dahin geändert:

1. Der § 29 wird durch folgende Vorschrift ersetzt:

Der Staatsanwalt kann für Vergehen, die zur Zuständigkeit der Strafkammer gehören, vorbehaltlich der Vorschrift im § 74 des Gerichtsverfassungsgesetzes, die Zuständigkeit des Schöffengerichts dadurch begründen, daß er bei Einreichung der Anklageschrift die Eröffnung des Hauptverfahrens vor dem Schöffengerichte beantragt.

Die Eröffnung des Hauptverfahrens vor dem Schöffengerichte soll nur dann beantragt werden, wenn keine schwerere Strafe als Gefängnis oder Festungshaft von sechs Monaten oder Geldstrafe, allein oder neben Haft oder in Verbindung miteinander oder mit Nebenstrafen, und keine höhere Buße als eintausendfünfhundert Mark zu erwarten ist.

Erhebt bei Zuwiderhandlungen gegen die Vorschriften über die Erhebung öffentlicher Abgaben und Gefälle die Verwaltungsbehörde die öffentliche Klage, so kann sie die Zuständigkeit des Schöffengerichts in gleicher Weise begründen wie der Staatsanwalt.

2. Der § 75 wird gestrichen.

Art. II. Die Strafprozeßordnung wird dahin geändert:

1. Als § 197a wird folgende Vorschrift eingestellt:

Soll die Zuständigkeit des Schöffengerichts gemäß § 29 des Gerichtsverfassungsgesetzes begründet werden, so ist der Antrag bei dem Amtsgerichts, wenn Voruntersuchung geführt ist, bei dem Landgericht einzureichen.

2. Im § 447 erhält

a) der Abs. 1 folgende Fassung:

Bei Übertretungen und Vergehen kann die Strafe durch schriftlichen Strafbefehl des Amtsrichters ohne vorgängige Verhandlung festgesetzt werden, wenn die Staatsanwaltschaft schriftlich hierauf anträgt. Bei Vergehen, für welche der Staatsanwalt die Zuständigkeit der Schöffengerichte begründen kann (§ 29 des Gerichtsverfassungsgesetzes), kann nur der Staatsanwalt den Antrag stellen; mit der Stellung des Antrags gelten die Sachen als zur Zuständigkeit der Schöffengerichte gehörig.

Ferner werden

b) im Abs. 2 die Worte „von höchstens einhundertfünfzig Mark" gestrichen;

c) als Abs. 4 wird folgende Vorschrift eingestellt:

Gegen einen Beschuldigten, der das achtzehnte

Lebensjahr noch nicht vollendet hat, darf durch einen Strafbefehl Freiheitsstrafe nur festgesetzt werden, wenn die Freiheitsstrafe an die Stelle einer nicht beizutreibenden Geldstrafe treten soll.

Art. III. Das Gesetz tritt mit dem 1. November 1917 in Kraft. Mit diesem Tage tritt die Verordnung des Bundesrats zur Entlastung der Strafgerichte vom 7. Oktober 1915 (RGBl. S. 631) außer Kraft.

Das Gesetz tritt mit dem Ablauf von einem Jahre nach der Beendigung des gegenwärtigen Kriegszustandes außer Kraft. Mit diesem Zeitpunkt treten die durch dieses Gesetz geänderten oder aufgehobenen Vorschriften in der bisherigen Fassung wieder in Kraft.

Der Zeitpunkt, mit welchem der Kriegszustand als beendigt anzusehen ist, wird durch Kaiserliche Verordnung bestimmt.

38. VO. gegen den Schleichhandel. Vom 7. März 1918.

(RGBl. S. 112.)

Der Bundesrat hat auf Grund des § 3 des Gesetzes über die Ermächtigung des Bundesrats zu wirtschaftlichen Maßnahmen usw. vom 4. August 1914 (RGBl. S. 327) folgende Verordnung erlassen:

§ 1. Wer gewerbsmäßig Lebens- oder Futtermittel, für die Höchstpreise festgesetzt sind oder die sonst einer Verkehrsregelung unterliegen, unter vorsätzlicher Verletzung der zur Regelung ergangenen Vorschriften oder unter Verleitung eines andern zur Verletzung dieser Vorschriften oder unter Ausnutzung der von einem andern begangenen Verletzung dieser Vorschriften zur Weiterveräußerung erwirbt oder wer sich zu solchem Erwerb erbietet, wird wegen Schleichhandels mit Gefängnis bestraft; daneben ist auf Geldstrafe bis zu fünfhunderttausend Mark zu erkennen.

Ebenso wird bestraft, wer gewerbsmäßig solche Geschäfte vermittelt oder wer sich zu einer solchen Vermittlung erbietet.

Neben der Strafe kann auf Verlust der bürgerlichen Ehrenrechte erkannt werden; ferner kann angeordnet werden, daß die Verurteilung auf Kosten des Täters öffentlich bekanntzumachen ist.

§ 2. Wer wegen Vergehens gegen § 1 bestraft worden ist, darauf wiederum eine solche Handlung begangen hat und wegen derselben bestraft worden ist, wird, wenn er sich abermals einer solchen Handlung schuldig macht, mit Zuchthaus bis zu fünf Jahren, bei mildernden Umständen mit Gefängnis nicht unter sechs Monaten bestraft. Daneben ist auf Geldstrafe bis zu fünfhunderttausend Mark zu erkennen; ferner ist anzuordnen, daß die Verurteilung auf Kosten des Täters öffentlich bekanntzumachen ist.

Neben Zuchthaus ist auf Verlust der bürgerlichen Ehrenrechte zu erkennen.

Die Vorschriften in Abs. 1, 2 finden auch Anwendung, wenn die früheren Strafen nur teilweise verbüßt oder ganz oder teilweise erlassen sind.

§ 3. Neben der Strafe kann auf Einziehung der Gegenstände erkannt werden, auf die sich die strafbare Handlung bezieht, ohne Unterschied, ob sie dem Täter gehören oder nicht.

§ 4. Diese Verordnung tritt mit dem 15. März 1918 in Kraft.

Berlin, den 7. März 1918.

Der Reichskanzler.
In Vertretung: v. Waldow.

39. BRD. über die Genehmigung von Ersatzlebensmitteln. Vom 7. März 1918.

(RGBl. S. 113.)

§ 1. Ersatzlebensmittel dürfen gewerbsmäßig nur hergestellt, angeboten, feilgehalten, verkauft oder sonst in den Verkehr gebracht werden, wenn sie von einer Ersatzmittelstelle (§ 2) genehmigt sind.

Der Reichskanzler kann Grundsätze darüber aufstellen, welche Gegenstände Ersatzlebensmittel im Sinne dieser Verordnung sind. Die Grundsätze sind im Reichsanzeiger zu veröffentlichen.

Die von einer Ersatzmittelstelle erteilte Genehmigung gilt für das ganze Reichsgebiet.

§ 5. Die Genehmigung kann an Bedingungen geknüpft werden. Soweit reichsrechtlich Vorschriften über Ersatzlebensmittel getroffen sind, darf die Genehmigung nicht an abweichende Bedingungen geknüpft werden ...

§ 9. Bei jeder Veräußerung von Ersatzlebensmitteln an Händler oder bei der Übergabe an diese zum Zwecke der Veräußerung hat der Veräußerer dem Erwerber eine Bescheinigung auszuhändigen, aus der ersichtlich ist, von welcher Stelle, wann, unter welcher Nummer und unter welchen Bedingungen das Ersatzlebensmittel genehmigt ist. Der Erwerber darf Ersatzlebensmittel nur gegen Aushändigung dieser Bescheinigung erwerben; er hat die Bescheinigung aufzubewahren und auf Verlangen den Angestellten oder Beauftragten der Polizei und der Ersatzmittelstellen vorzulegen.

§ 16. Mit Gefängnis bis zu einem Jahre und mit Geldstrafe bis zu zehntausend Mark oder mit einer dieser Strafen wird bestraft:

1. wer Ersatzlebensmittel ohne die erforderliche Genehmigung gewerbsmäßig herstellt, anbietet, feilhält, verkauft

oder sonst in den Verkehr bringt oder den bei Erteilung der Genehmigung auferlegten Bedingungen (§ 5) zuwiderhandelt;

2. wer den Vorschriften über die Verpflichtung zur Ausstellung, Aushändigung, Aufbewahrung und Vorlegung der Bescheinigung im § 9 zuwiderhandelt;

. . . .

5. wer den von dem Reichskanzler oder den Landeszentralbehörden erlassenen Ausführungsbestimmungen zuwiderhandelt.

. . . .

Neben der Strafe kann in den Fällen der Nummern 1, 2 und 5 auf Einziehung der Gegenstände erkannt werden, auf die sich die strafbare Handlung bezieht, ohne Unterschied, ob sie dem Täter gehören oder nicht.

§ 17. Diese Verordnung tritt am 1. Mai 1918 in Kraft.

40. BVO. gegen Preistreiberei. Vom 8. Mai 1918.

(RGBl. S. 395.)

Der Bundesrat hat auf Grund des § 3 des Gesetzes über die Ermächtigung des Bundesrats zu wirtschaftlichen Maßnahmen usw. vom 4. August 1914 (RGBl. S. 327) folgende Verordnung erlassen:

§ 1. Wegen übermäßiger Preissteigerung wird mit Gefängnis und mit Geldstrafe bis zu zweihunderttausend Mark oder mit einer dieser Strafen bestraft:

1. wer vorsätzlich für Gegenstände des täglichen Bedarfs oder des Kriegsbedarfs Preise fordert, die unter Berücksichtigung der gesamten Verhältnisse einen übermäßigen Gewinn enthalten, oder solche Preise sich oder einem anderen gewähren oder versprechen läßt;

2. wer vorsätzlich für die Vermittlung von Geschäften über Gegenstände des täglichen Bedarfs oder des Kriegsbedarfs Vergütungen fordert, die unter Berücksichtigung der gesamten Verhältnisse einen übermäßigen Verdienst enthalten, oder solche Vergütungen sich oder einem anderen gewähren oder versprechen läßt;
3. wer Gegenstände des täglichen Bedarfs oder des Kriegsbedarfs, die von ihm zur Veräußerung erzeugt oder erworben sind, in der Absicht zurückhält, durch ihre Veräußreung einen übermäßigen Gewinn zu erzielen;
4. wer vorsätzlich den Preis für Gegenstände des täglichen Bedarfs oder des Kriegsbedarfs durch unlautere Machenschaften, insbesondere Kettenhandel, steigert;
5. wer in der Absicht, den Preis für Gegenstände des täglichen Bedarfs oder des Kriegsbedarfs zu steigern oder hochzuhalten, Vorräte unbrauchbar macht oder vernichtet, ihre Erzeugung oder den Handel mit ihnen einschränkt oder andere unlautere Machenschaften vornimmt;
6. wer vorsätzlich an einer Verabredung oder Verbindung teilnimmt, die eine nach den Nummern 1 bis 5 strafbare Handlung zum Gegenstande hat;
7. wer vorsätzlich zu einer nach den Nummern 1 bis 5 strafbaren Handlung auffordert, anreizt oder sich erbietet.

Ist die Zuwiderhandlung fahrlässig begangen, so ist auf Gefängnis bis zu einem Jahre und auf Geldstrafe bis zu fünfzigtausend Mark oder auf eine dieser Strafen zu erkennen.

§ 2. Für gleichartige Gegenstände, deren Gestehungskosten verschieden hoch sind, darf ein Durchschnittspreis gefordert werden, wenn er nachweislich auf den verschiedenen

Gestehungskosten und den verschiedenen Mengen der in ihn einbezogenen Gegenstände beruht und unter Berücksichtigung der durchschnittlichen Gestehungskosten keinen übermäßigen Gewinn enthält.

§ 3. Eine Zuwiderhandlung gegen die Vorschriften des § 1 Nr. 1, 2 liegt nicht vor, wenn Höchstpreise oder von einer zuständigen Behörde festgesetzte Preise oder Vergütungen eingehalten werden.

§ 4. Wegen Höchstpreisüberschreitung wird mit Gefängnis und mit Geldstrafe bis zu zweihunderttausend Mark oder mit einer dieser Strafen bestraft:

1. wer vorsätzlich höhere Preise als die Höchstpreise im Sinne des Gesetzes, betreffend Höchstpreise, fordert, oder sich oder einem anderen gewähren oder versprechen läßt;
2. wer vorsätzlich beim Erwerbe für Zwecke der Weiterveräußerung mit Gewinn höhere Preise als die Höchstpreise (Nr. 1) gewährt oder verspricht;
3. wer vorsätzlich an einer Verabredung oder Verbindung teilnimmt, die eine nach Nr. 1, 2 strafbare Handlung zum Gegenstande hat;
4. wer vorsätzlich zu einer nach Nr. 1, 2 strafbaren Handlung auffordert, anreizt oder sich erbietet.

Ist die Zuwiderhandlung fahrlässig begangen, so ist auf Gefängnis bis zu einem Jahre und auf Geldstrafe bis zu fünfzigtausend Mark oder auf eine dieser Strafen zu erkennen.

§ 5. Wer wegen vorsätzlicher Zuwiderhandlung gegen die Vorschriften der §§ 1 oder 4 oder die entsprechenden früheren Strafvorschriften mit Gefängnis bestraft worden ist, darauf abermals eine solche Handlung begangen hat und wegen derselben mit Gefängnis bestraft worden ist, wird, wenn er wieder eine solche Handlung begeht, mit Zuchthaus bis zu fünf Jahren, bei mildernden Umständen mit Gefängnis nicht unter einem Monat bestraft. Daneben ist auf Geldstrafe bis zu fünfhunderttausend Mark zu erkennen.

Die Bestimmungen des Abs. 1 finden Anwendung, auch wenn die früheren Strafen nur teilweise verbüßt oder ganz oder teilweise erlassen sind.

§ 6. Der Inhaber eines Betriebs, in dem ein Angestellter oder eine sonst in dem Betriebe beschäftigte Person eine nach den §§ 1, 4, 5 strafbare Handlung begangen hat, wird mit Gefängnis bis zu einem Jahre und mit Geldstrafe bis zu fünfzigtausend Mark oder mit einer dieser Strafen bestraft, wenn er es unter Vernachlässigung seiner Aufsichtspflicht unterlassen hat, den Täter von der Begehung der strafbaren Handlung abzuhalten.

Dem Inhaber des Betriebs steht derjenige gleich, welchem die Leitung oder Beaufsichtigung des Betriebs oder eines Teiles desselben übertragen ist.

§ 7. Neben der Strafe ist bei vorsätzlicher oder fahrlässiger Zuwiderhandlung gegen § 1 Nr. 1, 2 oder § 4 Nr. 1 ein Betrag einzuziehen, der in den Fällen des § 1 Nr. 1, 2 dem erzielten übermäßigen Gewinn oder Verdienst, in den Fällen des § 4 Nr. 1 dem über den Höchstpreis erzielten Erlös entspricht; Täter und Teilnehmer haften als Gesamtschuldner. Auf die Einziehung kann auch durch Strafbefehl erkannt werden.

Soweit der übermäßige Gewinn oder Verdienst oder der über den Höchstpreis erzielte Erlös einer anderen Person als dem Täter oder dem Teilnehmer durch die Tat zugeflossen ist, kann für den einzuziehenden Betrag auch diese Person als Gesamtschuldner haftbar gemacht werden.

Ebenso kann haftbar gemacht werden, wer nach der Tat aus dem Vermögen einer der im Abs. 1, 2 bezeichneten Personen eine Zuwendung erhalten hat, wenn ihm die Zuwendung in der Absicht, die Einziehung zu vereiteln, gemacht wurde und er dies zur Zeit des Erwerbes wußte oder den Umständen nach annehmen mußte, oder wenn ihm die Zuwendung unentgeltlich gemacht wurde. Unter den gleichen Voraussetzungen kann als Gesamtschuldner jeder weitere Empfänger der Zuwendung oder ihres Wertes haftbar gemacht werden. Die Haftung ist auf den Wert der Zuwendung zur Zeit des Empfanges beschränkt. Der gutgläubige Empfänger einer unentgeltlichen Zuwendung haftet nur insoweit, als er durch sie noch bereichert ist.

Die Haftung für den einzuziehenden Betrag geht auf den Erben über.

Von der Einziehang kann wegen Geringfügigkeit des einzuziehenden Betrags abgesehen werden.

§ 8. Auf den bei vorsätzlicher oder fahrlässiger Zuwiderhandlung gegen § 1 Nr. 1 einzuziehenden Betrag ist derjenige Betrag anzurechnen, welcher wegen derselben Preisforderung von einem zuständigen Schiedsgerichte zugunsten des Reichs eingezogen worden ist.

§ 9. Soll für den einzuziehenden Betrag neben dem Täter oder dem Teilnehmer eine andere Person haftbar gemacht werden (§ 7 Abs. 2 bis 4), so ist sie, soweit dies ausführbar erscheint, unter Mitteilung des Beschlusses über die Eröffnung des Hauptverfahrens zur Hauptverhandlung zu laden. Sie kann alle Befugnisse ausüben, die einem Angeklagten zustehen, sich auch durch einen mit schriftlicher Vollmacht versehenen Verteidiger vertreten lassen. Durch ihr Nichterscheinen wird das Verfahren und die Urteilsfällung nicht aufgehalten. Die Rechtsmittel gegen das Urteil, soweit es die Einziehung betrifft, stehen auch ihr zu.

§ 10. Auf die im § 7 vorgesehene Einziehung kann selbständig erkannt werden, wenn die Verfolgung oder Verurteilung einer bestimmten Person nicht ausführbar ist.

Auf das Verfahren finden die Vorschriften des § 477 Abs. 1 und des § 478 Abs. 1 der Strafprozeßordnung Anwendung.

Die Personen, gegen welche die Einziehung sich richtet, sind, soweit dies ausführbar erscheint, zu dem Termine zu laden; die Vorschriften des § 478 Abs. 3 und des § 479 der Strafprozeßordnung finden Anwendung.

§ 11. Kann in den Fällen der §§ 7, 10 über die Höhe des einzuziehenden Betrags oder darüber, ob eine andere Person als der Täter oder der Teilnehmer für den einzuziehenden Betrag haftbar zu machen ist, nicht ohne Verzögerung des Verfahrens entschieden werden, so kann die Entscheidung hierüber im Urteil einem besonderen Verfahren vorbehalten werden.

Auch ohne solchen Vorbehalt kann die Haftung einer anderen Person als des Täters oder des Teilnehmers für den nach dem Urteil einzuziehenden Betrag in dem besonderen Verfahren ausgesprochen werden.

Die Festsetzung des einzuziehenden Betrags kann auch im Strafbefehle dem besonderen Verfahren vorbehalten werden. In dem besonderen Verfahren ist auch dann zu entscheiden, wenn gegen den Täter oder den Teilnehmer ein Strafbefehl erlassen wird und eine andere Person für den einzuziehenden Betrag haftbar gemacht werden soll (§ 7 Abs. 2 bis 4).

§ 12. In dem besonderen Verfahren (§ 11) trifft der Staatsanwalt die erforderlichen Ermittlungen. Nach Eintritt der Rechtskraft der Entscheidung, welche die Einziehung anordnet, setzt er den einzuziehenden Betrag fest und gibt den Bescheid denjenigen Personen durch Zustellung bekannt, gegen welche die Einziehung sich richtet.

Der Bescheid muß mit Gründen versehen sein und die Eröffnung enthalten, daß er vollstreckbar wird, wenn der Betroffene nicht binnen zwei Wochen nach der Zustellung die gerichtliche Entscheidung beantragt. Der Antrag ist bei dem Staatsanwalt oder bei dem Gerichte, das in erster Instanz entschieden hat, schriftlich oder zu Protokoll zu stellen.

Beantragt der von dem Bescheide Betroffene die gerichtliche Entscheidung, so entscheidet das Gericht durch Beschluß. Gegen den Beschluß findet sofortige Beschwerde statt.

Wird ein Antrag auf gerichtliche Entscheidung innerhalb der im Abs. 2 Satz 1 bestimmten Frist nicht gestellt oder der gestellte Antrag als unzulässig verworfen, so erlangt der Bescheid des Staatsanwalts die Wirkung eines rechtskräftigen Urteils. Die Vollstreckung erfolgt auf Grund einer mit der Bescheinigung der Vollstreckbarkeit versehenen beglaubigten Abschrift des Bescheids des Staatsanwalts; die Bescheinigung erteilt der Gerichtsschreiber des Gerichts, das in erster Instanz entschieden hat.

§ 13. Zur Sicherung der im § 7 Abs. 1 vorgeschriebenen Einziehung können Vermögensstücke des Beschuldigten beschlagnahmt werden.

Die Anordnung der Beschlagnahme steht dem Richter, bei Gefahr im Verzuge dem Staatsanwalte zu. Hat der Staatsanwalt die Beschlagnahme angeordnet, so soll er binnen drei Tagen die richterliche Bestätigung nachsuchen.

Auf die Durchführung der Beschlagnahme finden die Bestimmungen der Zivilprozeßordnung über die Vollziehung und die Wirkungen des dinglichen Arrestes entsprechende Anwendung.

§ 14. Die Vorschriften der §§ 7 bis 13 finden bei Aburteilung von Zuwiderhandlungen der im § 1 Nr. 1 oder § 4 Nr. 1 bezeichneten Art auch dann Anwendung, wenn die Zuwiderhandlung vor dem Inkrafttreten dieser Verordnung begangen ist.

Soweit in solchen Fällen die Strafe aus § 6 des Gesetzes, betreffend Höchstpreise oder aus § 5 der Verordnung gegen übermäßige Preissteigerung, je in der Fassung der Bekanntmachung vom 23. März 1916 (RGBl. S. 183), zu bestimmen ist, bleibt der Abs. 2 dieser Vorschriften außer Anwendung.

§ 15. Neben der Strafe kann in den Fällen der §§ 1, 4, 5 auf Einziehung der Gegenstände erkannt werden, auf die sich die strafbare Handlung bezieht, ohne Unterschied, ob sie dem Täter gehören oder nicht.

§ 16. Neben Gefängnis kann in den Fällen des § 1 Abs. 1 und des § 4 Abs. 1 auf Verlust der bürgerlichen Ehrenrechte erkannt werden. In den Fällen des § 5 ist neben Zuchthaus auf Verlust der bürgerlichen Ehrenrechte zu erkennen.

§ 17. Neben der Strafe kann in den Fällen der §§ 1, 4 angeordnet werden, daß die Verurteilung auf Kosten des Schuldigen öffentlich bekanntzumachen ist. In den Fällen des § 5 ist dies anzuordnen.

Die Art der Bekanntmachung wird im Urteil bestimmt; die Bekanntmachung kann auch durch Anschlag in dem Geschäftsraum erfolgen, in dem die strafbare Handlung begangen ist.

§ 18. Die Vorschriften der §§ 7, 15 bis 17 sind auch dann anzuwenden, wenn die Strafe gemäß § 73 des Strafgesetzbuchs auf Grund eines anderen Gesetzes zu bestimmen ist.

§ 19. Auf Lieferungen nach dem Ausland finden die Bestimmungen dieser Verordnung und die Bestimmungen über Höchstpreise keine Anwendung.

§ 20. Der Reichskanzler oder die von ihm bestimmte Stelle kann für Gegenstände des täglichen Bedarfs und des

Kriegsbedarfs, die aus dem Ausland eingeführt werden, Ausnahmen von den Höchstpreisen und von den Vorschriften im § 1 Nr. 1, 2 über die Bemessung von Preisen und Vergütungen zulassen.

§ 21. Die Verordnung tritt am 1. Juni 1918 in Kraft. Mit diesem Tage treten außer Kraft:

1. § 6 Abs. 1 Nr. 1 und 2 sowie Abs. 2 und 3 des Gesetzes betreffend Höchstpreise vom 4. August 1914/17. Dezember 1914 in der Fassung der Bekanntmachung vom 23. März 1916 (RGBl. 1914 S. 339, 516; 1916 S. 183);
2. § 5 der Verordnung gegen übermäßige Preissteigernng vom 23. Juli 1915 in der Fassung der Bekanntmachung vom 23. März 1916 (RGBl. 1915 S. 467; 1916 S. 183);
3. § 11 der Verordnung über den Handel mit Lebens- und Futtermitteln und zur Bekämpfung des Kettenhandels vom 24. Juni 1916 in der Fassung der Bekanntmachung vom 16. Juli 1917 (RGBl. 1916 S. 581; 1917 S. 626);
4. die Verordnung über Kettenhandel in Textilien und Textilersatzstoffen vom 8. Februar 1917 (RGBl. S. 112);
5. § 9 Abs. 1 Nr. 2 der Verordnung über den Handel mit Arzneimitteln vom 22. März 1917 (RGBl. S. 270);
6. § 9 Abs. 1 Nr. 2 der Verordnung über den Handel mit Tabakwaren vom 28. Juni 1917 (RGBl. S. 563).

Die Verordnung gegen übermäßige Preissteigerung vom 23. Juli 1915 (RGBl. S. 467) erhält die Überschrift „Verordnung über die Enteignung von Gegenständen des täglichen Bedarfs".

In der Überschrift der Verordnung über den Handel mit Lebens- und Futtermitteln und zur Bekämpfung des Kettenhandels vom 24. Juni 1916 (RGBl. S. 581) werden die Worte „und zur Bekämpfung des Kettenhandels" gestrichen.

Soweit in anderen Vorschriften auf die nach Abs. 2 aufgehobenen Bestimmungen verwiesen ist, treten die entsprechenden Vorschriften dieser Verordnung an ihr Stelle.

§ 22. Der Reichskanzler bestimmt, wann und in welchem Umfange diese Verordnung außer Kraft tritt.

Berlin, den 8. Mai 1918.

Der Reichskanzler.

In Vertretung: Dr. von Krause.

III. Schrifttum.

Alsberg, Kriegswucherstrafrecht. 4. Aufl. 1918.
— Rechtssicherheit und Kriegswucherstrafrecht, DStrZ. 18, 17.
Alsberg u. Peschke, Das Kriegsrecht des Bekleidungsgewerbes.
Älteste der Kaufmannschaft von Berlin, Kriegswucher und Kettenhandel.
Kriegswucher, Handel und Reichsgericht. Antwort auf den offenen Brief des RGR. Dr. Lobe. 2. Aufl.
Bacharach, Kartelle und Kriegswucher. RuW. 17, 145.
Binding, Klein in großer Zeit. LZ. 297.
— Normen III.
Bittinger, Grundsätzliche Betrachtungen zu BVO. v. 23. III. 16, ZtschrStW. 16, 194.
Blanckmeister, Unkenntnis der Kriegsverordnungen. Recht 17, 544.
Bloch, Höchstpreisüberschreitung und Überteuerung im Privatrecht. 1918.
Bondi, Das Schiedsgericht für die Einwirkung der Höchstpreise auf laufende Verträge. JW. 16, 8.
— Straffreiheit wegen unverschuldeten Irrtums bei Zuwiderhandlungen gegen Vorschriften über wirtschaftliche Maßnahmen. DStrafrZ. 17, 160.
Cohn, Zur Sühne der Überschreitung der Höchstpreise. DJZ. 16, 683.
Conrad, Der Kriegswucher und seine Bekämpfung.
Dresdner Ortsausschuß des Kleinhandels, Der Kleinhandel unter dem Druck der Reichsgerichtsentscheidungen zum Wuchergesetz. 1917.
Ebermayer, Über Kriegswucher. RuW. 15, 187.
— Kriegswucher. GruchotsBeitr. 60, 193.

Feisenberger, Die Rechtsprechung zum Höchstpreisges. RuW. 16, 62.
— Kritik über Alsbergs Buch. ZtschrStW. 17, 262.
Glaser, Preissteigerung von Büchern und Musikalien. DJZ. 18, 498.
Goldschmidt, Die Bek. über die Verfolgung von Zuwiderhandlungen von Vorschriften über wirtschaftliche Maßnahmen vom 18. I. 17. JW. 17, 183.
Großmann, Selbstkostenberechnung des Lebensmittelhandels.
Hachenburg, Wucher bei Nahrungsmitteln und Kriegsbedarf. DJZ. 15, 852.
Heslenfeld, Betrachtungen zu den Kriegswuchervorschriften. DStrafrZ. 17, 25.
— Strafbarkeit der Verweigerung der Abgabe von Waren. Recht 17, 583.
— Übermäßiger Gewinn und Berücksichtigung der Marktlage. Recht 17, 57.
v. Hippel, Rechtsirrtum und BVO. LZ. 17, 697.
— Ein wichtiger Fortschritt der Schuldlehre. DStrafrZ. 17, 14.
Hirsch, Über die Berechnung von Durchschnittspreisen in der Kriegswirtschaft. DWirtschZ. 17, 130.
— Die Preisgebilde des Kriegswirtschaftsrechts. (Beiträge zur Kriegswirtschaft.)
Hirsch u. Falk, Der Kettenhandel als Kriegserscheinung. Beiträge zur Kriegswirtschaft. 2. Aufl.
Högel, Die Bekämpfung d. Kriegsw. in Österreich. DStrafrZ. 16, 285.
Kirchberger, Die strafbaren Kriegsgewinne und die Rechtspr. d. RG. 1917.
— Kriegsgewinn, Friedensgewinn und Verkehrswert. JW. 18, 394.
Knipschaar, Der Militärfiskus im zivilrechtlichen Kampf gegen Kriegswucher.
Koffka, BVO. v. 23. VII. 15. JW. 15, 877.
— Zum Begriff der GtV. in der Kriegsverordnung. DJZ. 17, 365.

Kronecker, Die neuen Änderungen des Höchstpreisges. ZtschrStW. 16, 702.
— Die neuen Änderungen der Preiswucherverordnung. ZtschrStW. 16, 703.

Lafrenz, Vom Dardanariat. DStrafrZ. 15, 149.

Landmann, Kriegsrecht und Gewerberecht. Ann. d. Deutschen Reichs 1917 S. 1.

Liepmann, Besprechung von Alsbergs Kriegswucherstrafrecht. JW. 17, 516.

Lehmann, Besprechung Rosenthals Übermäßig. Gewinn in JW. 17, 516.
— Wucher und Wucherbekämpfung in Krieg und Frieden.
— Kriegswucher, Handel und Reichsgericht. DJZ. 17, 772.

v. Lilienthal, Sozialwirtschaftliche Vorgänge und Erfahrungen. ZtschrStW. 16, 202.

Liske, Reichsgericht und übermäßige Gewinne.

Lobe, Übermäßiger Gewinn.
— Preissteigerung, Handel und Reichsgericht. Offener Brief an die Ältesten der Kaufmannschaft von Berlin.
— Eine bedeutsame Kriegsnotverordnung über Kriegsnotverordnungen. LZ. 17, 225.
— Irrtum bei Kriegsverordnungen. RuW. 17, 57.
— Bundesratsverordnung gegen Preistreiberei v. 8. V. 18. JW. 18, 391.

Mannstaedt, Preisbildung und Preispolitik im Frieden und im Kriege. 1916.

Matthiessen, Die zivilrechtlichen Folgen übermäßiger Preissteigerung. LZ. 17, 1289.

Mayer, Das Privatrecht des Krieges.

Meyer, Kriegswucher und Gegenstände des täglichen Bedarfs. RuW. 17, 88.
— Ein gesetzgeberischer Fortschritt in der Behandlung des strafrechtlichen Irrtums. DJZ. 17, 179.

Müller, Freie und gebundene Preisentwicklung in der Kriegswirtschaft. RuW. 17, 62.

Neukamp, Die Gesetze und Verordnungen über die Höchstpreise. DStrafrZ. 15, 37.
— Die Ausschaltung unseres Handels durch das Kriegswirtschaftsrecht eine nationale Gefahr.
— Kriegswucherstrafrecht. JW. 1918, 74.
Obst, Was ist Kriegswucher und wie bekämpfen wir ihn?
Oertmann, Einwirkung von Höchstpreisen auf laufende Verträge. JW. 15, 1519; 16, 267.
Peschke, Der Kampf gegen den Kriegswucher. GesuR. 18, 169.
Reichel, Kriegswucher und Außenhandel. DStrafrZ. 17, 142.
Rosenbaum, Der angemessene Preis.
Rosenthal, Übermäßiger Gewinn.
Samson. Die Überspannung des Wucherbegriffs. 1918.
Schäfer, Der Rechtsirrtum bei Zuwiderhandlungen gegen Kriegsverordnungen. LZ. 17, 425.
Spitzauer, Höchstpreise und deren Einwirkung auf laufende Verträge. BayRpflZ. 16, 195.
Schlegelberger, Kriegsbuch. Die Kriegsgesetze mit amtlicher Begründung und der gesamten Rechtsprechung und Rechtslehre. 6 Bände. 1918.
Schiffer, Der Kampf gegen den Wucher. DStrafrZ. 15, 326.
Straßburger Handelskammer, Denkschrift: Preissteigerung und Handel. 1918.
Szczesny, Die Kriegsgesetze und Verordnungen über Höchstpreise. 1914.
Szczesny u. Neumann, Die Bekämpfung des Wuchers mit Lebensmitteln und Gegenständen des täglichen Bedarfs. 1916. 2. Aufl.
Thieß und Wiedenfeld, Preisbildung im Kriege. (Beiträge zur Kriegswirtschaft.)
Thomsen, Vierzig neue Bekämpfungsmöglichkeiten des Kriegswuchers. 1917.
Tophoff, Der Kriegswucher und seine Bekämpfung. 1918.
Weber, Preise und Wucher während des Kriegs. Arch. f. Rechts.- u. Wirtschphil. 10. Bd. Heft 2.

IV. Wortverzeichnis.

in den angeführten Preisen enthalten.

Guttentagsche Sammlung Deutscher Reichsgesetze.

Nr. 8. Sammlung kleinerer strafrechtlicher Reichsgesetze. Von Prof. Dr R. H. Kriegsmann. 3. Aufl. — 1910. 5,85 M

Nr. 10. Das Reichsbeamtengesetz vom 31. März 1873. Von J. Pieper. 2. Aufl. — 1901. 6,50 M
Reichsbeamtengesetz von 1907, siehe Nr. 32.

Nr. 11. Zivilprozeßordnung mit Gerichtsverfassungsgesetz. Von R. Sydow. Fortgeführt von Reichsgerichtsrat L. Busch und Landrichter Dr. Krantz. 15. Aufl. Gr. 8°. 1920. 32,— M

Nr. 12. Strafprozeßordnung und Gerichtsverfassungsgesetz nebst den Gesetzen, betr. die Entschädigung der im Wiederaufnahmeverfahren freigesprochenen Personen und die Entschädigung für unschuldig erlittene Untersuchungshaft. Von Reichs-G.Rat Dr A. Hellweg. 17. Aufl., bearbeitet von Prof. Dr Kohlrausch. — 1918. 5,50 M

Nr. 13. Konkursordnung und Anfechtungsgesetz. Von R. Sydow. Fortgeführt von L. Busch. 12. Aufl. — 1916. 5,45 M

Nr. 14. Gerichtsverfassungsgesetz mit Einführungsgesetz. Herausgegeben von R. Sydow. Fortgeführt von L. Busch. 9. Aufl. — 1905. 2,35 M

Nr. 15. Das Deutsche Gerichtskostengesetz nebst den Gebührenordnungen für Gerichtsvollzieher, Zeugen und Sachverständige. Von R. Sydow. Fortgeführt von Reichsgerichtsrat L. Busch und Amtsrichter Koehler. 10. Aufl. — 1920. 12,— M

Nr. 16. Rechtsanwaltsordnung. Von R. Sydow. 5. Aufl. von Justizrat M. Jacobsohn. Mit Nachtrag, enth. die Bestimmungen vom 22. Mai 1910. — 1907. 1,95 M

Nr. 17. Die Deutsche Gebührenordnung für Rechtsanwälte und das Preußische Gebührengesetz vom 27. IX. / 6. X. 1899.

Guttentagsche Sammlung Deutscher Reichsgesetze.

Von **R. Sydow.** Fortgeführt von **L. Busch.** **11. Aufl.** Mit Nachtrag, enth. die Änderungen der Deutschen Gebührenordnung vom 16. Nov. 1916 und 1. April 1918 und der Preuß. Gebührenordnung vom 6. Juli 1918 nebst Tabellen. (Nachtrag apart 80 Pf.) 4,40 M

Nr. 13. **Reichsstempelgesetz** vom 3. Juli 1913. (Börsen-, Lotterie-, Frachturkunden-, Fahrkarten-, Kraftfahrzeug-, Tantieme-, Scheck- und Grundstücksübertragungssteuer.) Mit den gesamten Ausführungsbestimmungen. Von Geh. Reg.Rat **P. Loeck.** 12. Aufl. — 1914. 8°. 13,— M

Neue Auflage unter Berücksichtigung der inzwischen ergangenen Abänderungsbestimmungen in Vorbereitung.

Nr. 19. Die **Seegesetzgebung.** Von Dr **W. E. Knitschky.** 5. Aufl. bearbeitet von Ober-L.G.Rat **O. Rudorff.** — 1913. 11,— M

Nr. 20. **Krankenversicherungsgesetz** (1883). Von weil. Dr **E. von Woedtke.** — Neue Fassung (1911), siehe **Nr. 107.**

Nr. 21. Die **Konsulargesetzgebung.** Von Prof. Dr **Ph. Zorn.** 3. Aufl. von Dr **A. Zorn.** — 1911. 6,50 M

Nr. 22. **Patentgesetz.** Nebst Ausführungsbestimmungen, völkerrechtlichen Verträgen und der Patentanwalts-Ordnung. 7. Aufl. bearbeitet von **R. Lutter,** Geh. Reg.Rat im Kaiserl. Patentamt. — 1908. 4,15 M

(**Kriegsvorschriften auf dem Gebiete des gewerblichen Rechtsschutzes.** Von **R. Lutter.** — 1917. 8°. 2,50 M.)

Nr. 23. **Gewerbe-Unfallversicherungsgesetz.** (1884.) Von weil. Dr **E. v. Woedtke.** — Neue Fassung (1911), siehe **Nr. 108.**

Nr. 24. **Aktiengesellschaft und Kommanditgesellschaften auf Aktien.** Von Dr **H. Keyßner** und Dr **H. Veit Simon.** 6. Aufl. von Amtsrichter **L. Keyßner.** — 1911. 4,40 M

Nr. 25. **Brausteuergesetz** vom 15. Juli 1909. Von Oberzollrevisor **A. Düffe.** 2. Aufl. — 1910. 4,40 M

Nr. 26. Die Reichsgesetzgebung über **Münz- und Notenbankwesen,** Papiergeld, Prämienpapiere und Reichsschulden. Von Dr **R. Koch.** 6. Aufl. — 1910. 5,25 M

in den angeführten Preisen enthalten.

Guttentagsche Sammlung Deutscher Reichsgesetze.

Nr. 27. **Gesundheitswesen im Deutschen Reich.** Von Dr jur. **G. Goesch** und Dr med. **J. Karsten.** — 1888. 2,60 ℳ

Nr. 28. **Bau-Unfallversicherungsgesetz.** Vom 30. Juni 1900. Von **R. Ehrzescinski.** Neue Fassung (1911), siehe Nr. 108.

Nr. 29. **Erwerbs- und Wirtschaftsgenossenschaften.** Von **L. Parisius** und Dr **H. Crüger.** 16. neu bearbeitete Aufl. von Dr **H. Crüger.** — 1920. — Im Druck.

Nr. 30. **Invalidenversicherungsgesetz** (1899). Von weil. Dr **E. v. Woedtke.** Neue Fassung (1911), siehe Nr. 109.

Nr. 31. **Gewerbegerichtsgesetz.** Von Stadtrat **L. Mugdan.** 7. Aufl. bearbeitet von Oberbürgermeister **W. Cuno.** — 1911. 3,65 ℳ

Nr. 32. Reichsgesetz, betr. die **Gesellschaften mit beschränkter Haftung.** Von **L. Parisius** und Dr **H. Crüger.** 14. Aufl. von Dr **H. Crüger.** — 1920. 7,00 ℳ

Nr. 33. **Vereins- und Versammlungsrecht.** Von Dr **E. Ball.** 2. Aufl. von Dr **F. Friedenthal.** — 1907. 3,65 ℳ

Reichs-Vereinsgesetz vom 19. April 1908, siehe Nr. 33.

Nr. 34. Die **Abzahlungsgeschäfte.** Gesetz vom 16. Mai 1894. 3. Aufl. von Land-G.Rat Dr **C. Wilke.** — 1910. 2,10 ℳ

Nr. 35. Die **Reichs-Eisenbahngesetzgebung.** Von Kaiserl. Amtsrichter **W. Coermann.** — 1895. 3,40 ℳ. S. auch Nr. 66.

Nr. 36. Gesetze, betr. die **privatrechtlichen Verhältnisse der Binnenschiffahrt und der Flößerei.** Von Geh. Justizrat **E. Löwe.** 5. Aufl. — 1915. 5,20 ℳ

Nr. 37. Gesetz gegen den **unlauteren Wettbewerb.** Von Justizrat **A. Pinner.** 6. Aufl. — 1912. 2,35 ℳ

Guttentagsche Sammlung Deutscher Reichsgesetze.

Nr. 38/39. **Bürgerliches Gesetzbuch nebst Einführungsgesetz** von Dr **A. Achilles.** In Verbindung mit Prof. Dr **André,** Senatspräsident **Meyer,** Reichs-G.Rat Dr **Strecker,** Staatsrat Dr **v. Unzner.** Herausgegeben von Wirkl. Geh. Ob.J.Rat u. Ober-L.G.Präsident **Greiff. 9.** vermehrte **Aufl. 8°. — 1920.** — Im Druck

Nachtrag: **Bestimmungen über das Erbbaurecht** v. 15. Januar 1919. —,60 *M*

Nr. **40.** Gesetz, betr. die **Pflichten der Kaufleute bei Aufbewahrung fremder Wertpapiere [Depotgesetz].** Von Min.-Dir. **F. Lusensky. 3. Aufl. — 1916.** 3,25 *M*

Nr. **41. Börsengesetz.** Von **Th. Hemptenmacher. 3. Aufl.** von Syndikus **O. Meyer. — 1915.** 5,20 *M*

Nr. **42. Grundbuchordnung** nebst den preuß. Ausf.-Bestimmungen. Von Prof. Dr **O. Fischer. 7. Aufl. — 1920.** 8,— *M*

Nr. **43. Zwangsvollstreckung in das unbewegliche Vermögen** im Reiche und in Preußen. Kosten- und Gebührentabellen. Von Dr **J. Krech** u. Dr **O. Fischer. 8. Aufl.** bearbeitet von Prof. Dr **O. Fischer. — 1916.** 8,90 *M*

Nr. **44.** Das Reichsgesetz über das **Auswanderungswesen.** Von Prof. Dr **F. Stoerk. — 1899.** 3,25 *M*

Nr. **45.** Das **Entmündigungsrecht** mit den für Preußen geltenden Vorschriften nebst Just.-Min.-Verfügung vom **28. Nov.** 1899. Von Land-G.Rat Dr **P. Koll. — 1900.** 2,35 *M*

Nr. **46.** Die Gesetze des Reiches und Preußens über die **freiwillige Gerichtsbarkeit.** Von Amts-G.Rat **H. Jastrow. 5. Aufl.** — Vergriffen! — Neue Auflage in Vorbereitung.

Nr. **47.** Das **deutsche Vormundschaftsrecht** und das preuß. Gesetz über die Fürsorgeerziehung Minderjähriger. Von Ober-Verw.G.Rat **M. Schultzenstein** u. Amts-G.Rat Dr **P. Köhne. 2. Aufl. — 1901.** 4,40 *M*

in den angeführten Preisen enthalten.

Guttentagsche Sammlung Deutscher Reichsgesetze.

Nr. 48. Gesetze, betr. den Drogen-, Gift- und Farbenhandel außerhalb der Apotheken. Von Dr J. Broh. — 1899. 1,95 M

Nr. 49. Deutsche Kolonialgesetzgebung. Von Geh. J.Rat Prof. Dr Ph. Zorn. 2. Aufl. von G.Assessor Dr Sassen. — 1913. 10,40 M

Nr. 50. Der Viehkauf [Viehgewährschaft] nach dem BGB. Verordnung betr. die Hauptmängel und Gewährsfristen beim Viehhandel. Von Rechtsanwalt Dr H. Stölzle und Königl. Reg.- u. Vet.Rat H. Weiskopf. 5. Aufl. — 1913. 8,45 M

Nr. 51. Hypothekenbankgesetz vom 13. Juli 1899. Von Dr H. Göppert. 2. Aufl. bearbeitet von Geh. Reg.Rat Dr Seidel. — 1911. 3,40 M

Nr. 52. Gesetz, betr. die gemeinsamen Rechte der Besitzer von Schuldverschreibungen. Von Dr H. Göppert. 2. Aufl. bearbeitet von Amtsrichter Dr E. Trendelenburg. — 1915. 2,60 M

Nr. 53. Reichspreßgesetz vom 7. Mai 1874. Mit Kommentar von Bürgermeister A. Born. 2. Aufl. — 1911. 8,10 M

Nr. 54. Verkehr mit Nahrungsmitteln, Genußmitteln und Gebrauchsgegenständen. Von Dr G. Lebbin, Nahrungsmittelchemiker in Berlin. — 1900. 8,25 M

Nr. 55. Das Recht der Beschlagnahme von Lohn- und Gehaltsforderungen. Von Justizrat G. Meyer. 5. Aufl. — 1914. 8,90 M

Nr. 56. Gesetz, betr. die Bekämpfung gemeingefährlicher Krankheiten. Nebst Ausf.-Bestimmungen. Von Reg.Rat Dr O. Burkhardt. — 1900. 2,10 M

Nr. 57. See-Unfallversicherungsgesetz (1887). Von Ober-L.G.Rat Dr M. Mittelstein. — Neue Fassung 1911, siehe Nr. 103.

Guttentagsche Sammlung Deutscher Reichsgesetze.

Nr. 58. **Das Recht der unehelichen Kinder nach dem BGB.** Von Amtsgerichtsrat. **H. Jastrow.** — **1901.** 2,60 ℳ

Nr. 59. Reichsgesetz über die **Beurkundung des Personenstandes und die Eheschließung.** Von Amts-G.Rat Dr **F. Fidler.** 2. Aufl. — 1912. 3,65 ℳ

Nr. 60. Gesetz, betr. das **Urheberrecht an Werken der Literatur und der Tonkunst.** Von Geh. Ob.J.Rat **D. Lindemann.** 3. Aufl. — 1910. 2,35 ℳ

Nr. 61. Gesetz über das **Verlagsrecht.** Von Rechtsanwalt Dr **B. Marwitz.** 2. Aufl. — 1911. 2,60 ℳ

Nr. 62. Gesetz über **private Versicherungsunternehmungen.** Von Reichs-G.Rat **H. Könige.** 2. Aufl. — 1910. 5,85 ℳ

Nr. 63. **Gesetzestafel des Deutschen Reichsrechts.** Systematisch geordnete Nachweisung des z. Z. geltenden Reichsrechts. Von **H. Bruhns.** 2. Aufl. — 1913. 5,20 ℳ

Nr. 64. Gesetzsammlung betr. den **Handel mit Drogen und Giften.** Mit Anhang: landesgesetzliche Verordnungen sämtlicher Bundesstaaten. Von Rechtsanwalt **H. Sonnenfeld,** Syndikus der Berliner Drogisten-Innung. 2. Aufl. — 1912. 5,85 ℳ

Nr. 65. Das **Weingesetz** in der Fassung von 1909. Mit Ausf.-Bestimmungen von Dr **G. Lebbin,** Nahrungsmittelchemiker. 2. Aufl. — 1909. 8,65 ℳ

Nr. 66. Die **Eisenbahn-Gesetzgebung.** Von **W. Pietsch,** Rechn.Rat im Reichseisenbahnamt. 2. Aufl. — 1913. 5,20 ℳ

Nr. 67. **Militär-Strafgesetzbuch für das Deutsche Reich.** Von Wirkl. Geh. Kriegsrat Dr **A. Romen** und Kriegsgerichtsrat Dr **C. Rissom.** 3. Aufl. — 1918. 14,50 ℳ
— — Feldausgabe in 2 Bänden, gebunden 15,— ℳ

Nr. 68. Das **Fleischbeschaugesetz.** Vom 3. Juni 1900. Von Dr **G. Lebbin** u. Dr **G. Baum.** — 1903. 5,85 ℳ

in den angeführten Preisen enthalten.

Guttentagsche Sammlung Deutscher Reichsgesetze.

Nr. 69. Reichsgesetz über die **Naturalleistungen der bewaffneten Macht im Frieden** nebst den preußischen Bestimmungen. Von Dr **W. v. Hippel. — 1903.** 3,10 *M*

Nr. 70. Das **Reichs-Haftpflichtgesetz** vom 7. Juni 1871. Von Reg.Rat Dr **G. Eger. — 1903.** Vergriffen.

Nr. 71. **Gesetz** betr. **Kinderarbeit in gewerblichen Betrieben** vom 30. März 1903. Von Ober-Verw.G.Rat **H. Spangenberg. 2. Aufl. — 1904.** 2,35 *M*

Nr. 72. **Unfallversicherungsgesetz für Land- und Forstwirtschaft.** (1886). Von weil. Dr **E. v. Woedtke.** Siehe Nr. **108.**

Nr. 73. **Entschädigung für unschuldig erlittene Verhaftung und Bestrafung.** Anhang: Nebengesetze über Schadensersatz. Von Wirkl. Geh. Kriegsrat Dr **A. Romen. — 1904.** 3,10 *M*

Nr. 74. Die **Kaufmannsgerichte** nebst Ausf.-Bestimmungen. Von Prof. Dr **M. Apt. 3. Aufl. — 1904.** 3,10 *M*
Siehe auch Nr. **112.**

Nr. 75. Reichsgesetz über die **Konsulargerichtsbarkeit.** Von Rechtsanwalt Dr **A. F. Vorwerk,** Schanghai. **2. Ausgabe,** mit den Schutzgebietsgesetzen. **— 1908.** 3,10 *M*

Nr. 76. **Die Rechtshilfe im Verkehr mit den ordentlichen Gerichten** nach deutschem Reichsrecht. Von Landrichter Dr **A. Friedländer. — 1906.** 2,60 *M*

Nr. 77. **Das Erbschaftssteuergesetz.** Vom 10. September 1919. Von **W. Henckel. — 1920.** Im Druck.

Nr. 78. **Zigarettensteuergesetz.** Vom 3. Juni 1906. Von Reg.Assessor Dr **Cuno.**

Nr. 79. **Die Militärpensionsgesetze** vom 31. Mai 1906 nebst Ausf.-Bestimmungen. Zum Gebrauch für Heer, Marine

Guttentagsche Sammlung Deutscher Reichsgesetze.

und Schutztruppe von Wirkl. Geh. Kriegsrat Dr **A. Romen**
a) I. Teil: **Offizierpensionsgesetz. — 1907.** 4,95 ℳ
b) II. Teil: **Mannschaftsversorgungsgesetz** mit Nachtrag, enth. **Kapitalabfindungsgesetz** vom 8. Juli 1916. — **1908.** 4,95 ℳ
Militärversorgungsgesetze siehe auch Nr. **186.**

Nr. 80. Reichsgesetzgebung über **gerichtliche Registerführung.** Von Geh. Ob.J.Rat **O. Lindemann. — 1906.** 4,40 ℳ

Nr. 81. Urheberrecht an Werken der bildenden Künste und der Photographie. Von Rechtsanwalt Dr **L. Fuld. — 1907.** 1,60 ℳ

Nr. 82. Reichsbeamtengesetz vom 18. Mai 1907 mit Ergänzungen von Geh.Rat Prof. Dr **A. Arndt. — 1908.** 4,40 ℳ

Nr. 83. Reichsgesetz über den **Versicherungsvertrag** nebst Einführungsgesetz. Von Dr **P. Hager** und Dr **E. Bruck. 3. verm. u. verb. Aufl. — 1913.** 8,45 ℳ

Nr. 84. Sammlung kleinerer privatrechtlicher Reichsgesetze. Von Ober-L.G.Rat **G. Müller. — 1908.** 9,10 ℳ

Nr. 85. Scheckgesetz. Von Prof. Dr **M. Apt.** Vergriffen. Siehe Nr. **118.**

Nr. 86. Die Auslieferungsverträge des Deutschen Reiches. Von Landrichter Dr **A. Cohn. — 1908.** 5,85 ℳ

Nr. 87. Gesetz zum **Schutz der Warenbezeichnungen.** Von Geh. Reg.Rat, Mitgl. des Kaiserl. Patentamts Dr **Freund** und Rechtsanwalt **Magnus. 5. Aufl. — 1909.** 5,20 ℳ

Nr. 88. Vereinsgesetz vom 19. April 1908. Von Wirkl. Geh. Kriegsrat Dr **A. Romen.** Mit den **neuen Bestimmungen über Jugendliche und Gewerkschaften. 4. Aufl. — 1916.** 4,55 ℳ

Nr. 89. Vogelschutzgesetz vom 30. Mai 1908 nebst den das Flugwild betr. Bestimmungen der Preuß. Jagdordnung. Von Dr **L. v. Boxberger. — 1909.** 1,60 ℳ

in den angeführten Preisen enthalten.

Guttentagsche Sammlung Deutscher Reichsgesetze.

Nr. **90.** Die Haager Abkommen über das **Internationale Privatrecht.** Von Dr **G. Bogeng.** — **1908.** 3,25 *M*

Nr. **91. Eisenbahn-Verkehrsordnung** mit Ausf.-Bestimmungen. Von Reg.Rat Dr **E. Blume.** — **1909.** 3,65 *M*

Nr. **92.** Gesetz, betr. den **Verkehr mit Kraftfahrzeugen.** Von Amts-G.Rat **R. Kirchner. 3. Aufl.** — **1915.** 5,85 *M*

Nr. **93.** Gesetz über die **Sicherung der Bauforderungen.** Von Justizrat Dr **E. Harnier. 3. Aufl.** — **1912.** 2,35 *M*

Nr. **94. Haftpflicht der Reichs- und Staatsbeamten** von Dr **H. Delius. 2. Aufl.**, mit dem Gesetz über Haftung des Reichs für Beamte vom 22. Mai 1909. — **1909.** Vergriffen.

Nr. **95.** Die Berner Übereinkunft über **Internationales Urheberrecht.** Von Geh.Rat Dr **H. Dungs.** — **1910.** 1,60 *M*

Nr. **96. Branntweinsteuergesetz** vom 15. Juli 1909 mit den für das Reich erlassenen Ausf.-Bestimmungen und Kriegsverordnungen. **2. Aufl.**, bearbeitet von Reg.Assessor Dr **K. Kniebe,** Hilfsarbeiter im Reichsamt d. Innern. — **1916.** 5,20 *M*

Branntweinmonopolgesetz siehe Nr. **131 a.**

Nr. **97. Schutzgebietsgesetz** nebst dem G. über die Konsulargerichtsbarkeit sowie den Ausf.-Bestimmungen. Von **J. Gerstmeyer,** Wirkl. Legationsrat. — **1910.** 4,40 *M*

Nr. **98. Sechs Haager Abkommen** über **Internationales Privatrecht.** Von Geh. Ob.Reg.Rat Dr **H. Dungs.** — **1910.** 2,35 *M*

Nr. **99. Die Abkommen der Haager Friedenskonferenz.** Von Dr **H. Wehberg.** — **1910.** Vergriffen.

Neue Auflage unter dem Titel: „**Wehberg, Völkerbundakte**". (Außerhalb der Sammlung.) 7,50 *M*

Nr. **100.** Gesetz über den **Absatz von Kalisalzen.** Von Geh. Bergrat **C. Voelkel.** — **1910.** 3,40 *M*

Guttentagsche Sammlung Deutscher Reichsgesetze.

Nr. 101. **Zuwachssteuergesetz** vom 14. Februar 1911. Von Geh. Reg.Rat Dr **W. Cuno. — 1911.** 5,20 *M*

Nr. 102. **Urheberrecht an Mustern und Modellen** und Ges. betr. Schutz von **Gebrauchsmustern.** Von Reg.Rat **J. Neuberg,** Mitgl. d. Kaiserl. Patentamts. — **1911.** 3,40 *M*

Nr. 103. **Reichs-Viehseuchengesetz** vom 26. Juni 1909 nebst Ausführungsvorschriften u. dem preuß. Ausführungsgesetz. Von Landrat Dr **W. v. Hippel. 2. Aufl. — 1912.** 6,50 *M*

Nr. 104. **Versicherungsgesetz für Angestellte.** Von Rechtsanwalt **O. Bernstein** u. Dr **J. Kupferberg. 2. Aufl. — 1912.** Vergriffen.

Nr. 105. **Das Geldwesen in den deutschen Schutzgebieten.** Von **W. Hintze,** Geh. Sekr. im Reichskolonialamt. — **1912.** 2,90 *M*

Nr. 106—109. **Reichs-Versicherungsordnung nebst Einführungsgesetz.** Herausgegeben unter Mitwirkung von Dr **J. Caspar,** Wirkl. Geh. Rat, Direktor im Reichsamt d. Innern und **A. Spielhagen,** Geh. Ob.Reg.Rat, vortr. Rat im Reichsamt d. Innern. **4 Bände.**

Nr. 106. I., V. u. VI. Buch. **Gemeinsame Vorschriften. — Beziehungen der Versicherungsträger zu einander und zu anderen Verpflichteten. — Verfahren.** Von Dr **R. Lippmann,** Reg.Rat im Reichs-Vers.Amt, Geh. Reg.Rat Dr **L. Laß** und Geh. Reg.Rat **H. Siefart. — 1913.** 8,45 *M*

Nr. 107. II. Buch. **Krankenversicherung.** Von Geh.Reg.Rat **H. Siefart** u. Reg.Rat Dr **J. Sitzler. — 1916.** 9,75 *M*

Nr. 108. III. Buch. **Unfallversicherung.** Von **A. Radtke,** Geh. Reg.Rat im R.Vers.Amt. — **1913.** 11,— *M*

Nr. 109. IV. Buch. **Invaliden- und Hinterbliebenenversicherung.** Von Geh. Ob.Reg.Rat **B. Jaup,** vortr. Rat im Reichsamt d. Innern, und **H. Follmann,** Geh. Reg.Rat im R.Vers.Amt. — **1912.** Mit Nachtrag. 1914—1916. 5,85 *M*

Nr. 110. **Wehrbeitragsgesetz** mit Ausf.-Bestimmungen. Von Wirkl.Geh.Ob.Fin.Rat **A. Fernow. 2. Aufl. — 1913.** 2,90 *M*

Nr. 111. **Reichs- und Staatsangehörigkeitsgesetz.** Von Wirkl. Geh. Kriegsrat Dr **A. Romen. — 1913.** 3,25 *M*

in den angeführten Preisen enthalten.

Guttentagsche Sammlung Deutscher Reichsgesetze.

Nr. 112. **Kaufmannsgerichtsgesetz** mit Best. des Gewerbegerichtsgesetzes. Von Dr **H. Devène,** Vors. des Kaufmannsgerichts zu Berlin. — **1914.** 3,65 ℳ

Nr. 113. **Postscheckgesetz.** Von Oberpostinspektor **J. Weiland.** — **1914.** Mit Nachtrag **1918.** 2,35 ℳ

Nr. 113 a. **Postscheckordnung** mit Ausf.-Bestimmungen. Von **J. Weiland.** — **1914.** Mit Nachtrag **1918.** 2,35 ℳ

Nr. 114. **Waffengebrauch und Festnahmerecht des Militärs.** Von Wirkl. Geh. Kriegsrat Dr **A. Romen** und Kriegsgerichtsrat Dr **C. Rissom.** — **1914.** 2,90 ℳ

Nr. 115. **Das vertragliche Wettbewerbsverbot [Konkurrenzklausel].** Nebst Kommentar zum G. v. 10. Juni 1914. Von Rechtsanwalt Dr **G. Baum.** — **1914.** 4,40 ℳ

Nr. 116. **Kriegs-Zivil- und -Finanzgesetze** vom 4. Aug. 1914 und den dazu erlassenen Verordnungen und Bekanntmachungen. 2. Aufl. — **1915.** 3,40 ℳ

Nr. 116 a. Zweite Folge: **Das Jahr 1915.** — **1916.** Siehe auch Nr. 129. 2,90 ℳ

Nr. 117. **Darlehnskassengesetz.** Von Rechtsanwalt **Salomon** und Bankvorsteher **Bud.** — **1915.** 2,90 ℳ

Nr. 118. **Militärhinterbliebenengesetz.** Von Rechn.Rat **Retz.** Mit Nachtrag, enth. das **Kapitalabfindungsgesetz** vom 11. Juli 1916. — **1915.** — (Siehe auch Nr. 186.) 3,65 ℳ

Nr. 119. **Kriegsleistungsgesetz.** Von Rechtsanwälten J.Rat **Heilberg** und **Schäffer.** — **1915.** 4,15 ℳ

Nr. 120. **Telegraphenwegegesetz.** Von Postreferendar **Wolf.** — **1916.** 2,35 ℳ

Nr. 121. **Direkte Kriegssteuer.** Gesetze z. Besteuerung der Kriegsgewinne. Von Ob.Verw.Gerichtsrat **A. Mrozek.** — **1916.** 5,85 ℳ

Nr. 122. **Gesetz über den Belagerungszustand.** Von Kriegsgerichtsrat Dr **H. Bürschel.** — **1916.** 6,50 ℳ

Nr. 123. **Warenumsatzstempel.** Von Geh. Ober-Justizrat **Lindemann.** — **1916.** 3,25 ℳ

Umsatzsteuergesetz — **1918.** Siehe Nr. 132. (Gesetz von 1919 in Vorbereitung. — Ausgabe ohne Anmerkung S. 22.)

Guttentagsche Sammlung Deutscher Reichsgesetze.

Nr. 124. **Todeserklärung Kriegsverschollener.** Von Prof. Dr **J. Partsch.** — 1916. 3,90 ℳ

Nr. 125. Das Gesetz über den **vaterländischen Hilfsdienst.** 2. **vermehrte Aufl.** — 1917. 1,50 ℳ

Nr. 126. **Besitzsteuergesetz** mit Ausf.-Bestimmungen. Von Ob.Verw.Gerichtsrat **A. Mrozek.** — 1917. 6,— ℳ

Nr. 127. Verordnung über die **Geschäftsaufsicht zur Abwendung des Konkurses** vom 14. Dez. 1916. Von Rechtsanwalt **G. Klien,** mit system. Einleitung von Geh. Hofrat Dr **Ernst Jaeger** ord. Prof. a. d. Universität Leipzig. — 1917. 2,— ℳ

Nr. 128. Gesetz betr. die **Verhaftung u. Aufenthaltsbeschränkung** vom 4. Dez. 1916. Nebst Anhang, betr. Entschädigung unschuldig Verhafteter. Von Wirkl. Geh. Kriegsrat Dr **A. Romen.** — 1917. 2,50 ℳ

Nr. 129. Kriegsgesetze auf dem Gebiete des **Zivil- und Prozeßrechtes,** für die gerichtliche Praxis zusammengestellt von Amtsrichter Dr **Johannes Fischer.** — 1918. 4,— ℳ

Nr. 130. **Ersatzlebensmittelverordnung** nebst Ausführ. Vorschr. des Reichs und der wichtigsten Bundesstaaten. Verordnungen über **Schleichhandel, Preistreiberei und Papierhandel.** Von **Heinz Emil Wendel,** Polizeirat in Berlin. — 1918. 2,— ℳ

Nr. 131 a. **Reichsfinanzgesetzgebung 1918.** Bd. I. **Getränkesteuern** (Bier, Branntwein, Wein, Schaumwein, Limonaden). Von Dr. **G. Mayer.** — 1918. 6,50 ℳ

Nr. 131 b. **Reichsfinanzgesetzgebung 1918.** Bd. II. **Abgabe** vom **Einkommen, Umsatz, Kriegsgewinn** usw., **Steuerflucht.** Von Dr. **G. Mayer.** — 1919. 4,— ℳ

Nr. 132. **Umsatzsteuergesetz** und Ausführungsbestimmungen. Von Geh. Ober-Justizrat **Otto Lindemann,** vortr. Rat im Justizministerium. — 1918. 5,50 ℳ

Neues Gesetz von 1919 in Vorbereitung.

Nr. 133. **Reichswuchergesetzgebung.** Von Reichsgerichtsrat Dr. **Ad. Lobe.** — 1918. 6,50 ℳ

Nr. 134. **Die Friedensverträge** Von Dr. **Karl Strupp.** I. **Die Ostfrieden.** — 1918. 12,— ℳ

Nr. 135. Verordnung über das **Erbbaurecht.** Von Landrichter Dr. **Hermann Günther.** 5,— ℳ

in den angeführten Preisen enthalten.

Guttentagsche Sammlung Deutscher Reichsgesetze

Nr. 136. **Militärversorgungsgesetze.** Von Landrichter Dr. **Hermann Günther.** — 1919. 6,50 M

Nr. 137. **Die neue Verfassung des Deutschen Reiches.** Von Prof. Dr. **A. Arndt.** 6,— M

Nr. 138 a. **Arbeitsverfassung, Arbeitsrecht und Arbeitsschutz.** Von Prof. Dr. **A. Günther.** Im Druck.

Nr. 138 b. **Betriebsrätegesetz.** Von Prof. Dr. **A. Günther.** Im Druck.

Nr. 139. **Grunderwerbsteuergesetz.** Von Geh. Ober-Justizrat **Otto Lindemann.** 6,— M

Nr. 140. **Die Siedelungsgesetzgebung im Reich und in Preußen.** Von Geh. Ob.-Justizrat **W. Holzapfel.** 12,— M

Nr. 141. **Sozialisierungsgesetze.** Von Rechtsanwalt Dr. **Otto Meier.** 10,— M

Nr. 142. **Wirtschaftliche Demobilmachung.** Von Geh. Reg.-Rat Dr. **Gg. Fischbach.** 5,00 M

Nr. 143. **Reichsabgabenordnung** mit Einleitung. Von Rechtsanwalt Dr. **Friedmann.** 9,00 M

Nr. 144. **Versicherungsgesetz für Angestellte.** Von Senatspräsident Dr. **Lippmann.** 12,— M

Nr. 145. **Steuer- und Kapitalfluchtgesetz.** Von Rechtsanwalt Dr. jur., Dr. oec. publ. **E. H. Meyer.** Im Druck.

☛ **Die neuen Steuergesetze siehe Seite 31 dieses Verzeichnisses.**

im den angeführten Preisen enthalten.

Guttentagsche Sammlung Preußischer Gesetze.

Nr. 11. **Gewerbesteuergesetz.** Von Wirkl. Geh. Ob. Fin. Rat **A. Fernow.** 6., vermehrte Aufl. — 1915. 6,25 ℳ

Nr. 12. **Allgemeines Berggesetz.** Mit seinen Novellen und Nebengesetzen. 8. Aufl., bearbeitet von den Oberbergräten **Schlüter** und **Hense.** — 1913. 10,40 ℳ

Nr. 13. **Ergänzungssteuergesetz** (Vermögenssteuergesetz). Von Wirkl. Geh. Ob. Fin. Rat **A. Fernow.** 5. Aufl. Mit Nachtrag, enth. Ges. betr. Erhöhung der Zuschläge vom 8. Juli 1916. — 1914. 5,85 ℳ

Nr. 14. **Kommunalabgabengesetz.** Vom 14. Juli 1893 und Ges. wegen Aufhebung direkter Staatssteuern. Von Oberbürgermeister Dr **F. Adickes.** 5. Aufl. bearbeitet von Stadtrat Dr **Woell.** — 1911.

Vergriffen, neue Auflage in Vorbereitung.

Nr. 15. Die **Kreisordnungen** für den Preußischen Staat. Von Land-G. Rat **O. Kolisch.** — 1894. 5,50 ℳ

Nr. 16. **Konzessionierung gewerblicher Anlagen.** Von Geh. Reg. Rat Dr **W. v. Rüdiger.** 2. Aufl. — 1901. 2,60 ℳ

Nr. 17. Preußisches **Gerichtskostengesetz.** Vom 25. Juli 1910. Mit Kostentabellen. Von Kammer-G. Rat Dr **P. Siméon.** 7. Aufl. — 1913. Mit Nachtrag: Abänderungen vom 17. Febr. 1917. 5,85 ℳ

Nr. 18. Preußisches **Stempelsteuergesetz** vom 30. Juni 1909. Mit sämtlichen Ausf.-Bestimmungen. Von **P. Loeck.** 8. Aufl. von Reg. Rat **W. Seyffarth.** — 1914. 11,70 ℳ

Nr. 19. Das **Jagdscheingesetz.** Von Wirkl. Geh. Ob. Reg. Rat **F. Kunze.** 2. Aufl. — 1899. 2,90 ℳ

Nr. 20. Die **preußischen Erbschaftssteuergesetze.** Von Rechn. Rat **A. Hoffmann.** — 1905. 5,20 ℳ
(Reichs-Erbschaftssteuergesetz siehe Reichsgesetze Nr. 77 und Seite 21.)

Nr. 21. Gesetz über die **Handelskammern.** Von Min.-Dir. **F. Lusensky.** 2. Aufl. — 1909. 4,40 ℳ

Guttentagsche Sammlung Preußischer Gesetze.

Nr. 22. Gesetz, betr. **Anstellung und Versorgung der Kommunalbeamten.** Von Dr **W. Ledermann. 2. Aufl.,** bearbeitet von Dr **L. Brühl. — 1914.** 8,10 ℳ

Nr. 23. Ausführungsgesetz zum Bürgerlichen Gesetzbuche. Von Kammer-G.Rat Dr **P. Siméon. 3. Aufl. — 1914.** 8,10 ℳ

Nr. 24. Die **Hinterlegungsordnung. (1879)** Von Reg.Rat Dr **G. Bartels. 2. Aufl. — 1908.** 2,60 ℳ
——, Abänderungsgesetz vom 21. April 1913 siehe **Nr. 53.**

Nr. 25. Preußische Kommunalbeamtengesetzgebung. Von Mag.Assessor Dr **F. Kremski,** Berlin. **— 1901.** 4,40 ℳ

Nr. 26. Gesetze über das **Diensteinkommen der Lehrer und Lehrerinnen, Ruhegehalt und Hinterbliebenenfürsorge.** Tabelle zur Berechnung der Ruhegehalts-, Witwen- und Waisenbezüge. Von Bürgermeister Dr **E. Cremer. — 1900.** 3,40 ℳ

Nr. 27. Gesetz, betr. die **Warenhaussteuer.** Von Geh. Ob.Fin.Rat Dr **G. Strutz. — 1900.** 1,95 ℳ

Nr. 28. Die **Fürsorgeerziehung Minderjähriger.** Von Geh. Justizrat Dr **P. F. Aschrott.** Mit Ausführungsbestimmungen und allen wichtigeren Ministerialerlassen. **3. Aufl. — 1917.** 5,— ℳ

Nr. 29. Gesetz, betr. **die ärztlichen Ehrengerichte, das Umlagerecht und die Kassen der Aerztekammern.** Von Amts-G.Rat Dr **F. Fidler. — 1901.** 2,35 ℳ

Nr. 30. Das **Preußische Staatsschuldbuch** und **Reichsschuldbuch.** Von Wirkl. Geh. Ob.F.Rat **F. Mücke. — 1902.** 2,60 ℳ

Nr. 31. Die geltenden Preußischen Gesindeordnungen. Zwei Bände. Von Rechtsanwalt **St. Gerhard.**
31 a. Gesindeordnung für die altpreußischen Provinzen vom 8. Nov. 1810, unter Berücksichtigung der Ergänzungsgesetze, der Rechtsverhältnisse der Stellenvermittler und

in den angeführten Preisen enthalten.

Guttentagsche Sammlung Preußischer Gesetze.

Reichsversicherungsordnung, sowie die Gesindeordnungen für Neuvorpommern und Rügen und für die Rheinprovinz. **2. Aufl. — 1914.** 4,40 *M*

31 b. Gesindeordnungen für Hannover, Schleswig-Holstein, Hessen-Nassau und den Regierungsbezirk Hohenzollern. — **1902.** 3,65 *M*

Nr. **32.** **Die Städteordnung für die sechs östlichen Provinzen Preußens.** Von Dr **W. Ledermann** u. Dr **L. Brühl. 2. Aufl. — 1913.** 9,75 *M*

Nr. **33.** **Rentenguts- und Anerbenrechts-Gesetzgebung in Preußen.** Von Land-G.Rat **M. Peltasohn** und Rechtsanwalt **B. Peltasohn. — 1903.** 4,40 *M*

Nr. **34.** Sammlung der wichtigsten **preußischen Strafgesetze** nebst Ges., betr. polizeil. Strafverfügungen vom 23. April 1883. Von Geh. Ob.J.Rat. **Lindemann. 2. Aufl. — 1912.** 4,70 *M*

Nr. **35.** **Geschäftsordnung für Gerichtsvollzieher.** Von **E. Exner. — 1904.** 4,55 *M*

Nr. **36.** **Polizeiverordnungen in Preußen.** Von Geh. Ob.J.Rat **O. Lindemann. — 2. Aufl. 1912.** 3,40 *M*

Nr. **37.** Gesetz, betr. **Enteignung von Grundeigentum** vom 11. Juni 1874. Von Ob.L.G.Rat **O. Meyer. 2. Aufl. — 1911.** 3,25 *M*

Nr. **38.** **Kreis- und Provinzial-Abgabengesetz** vom 23. April 1906. Von Gemeindevorsteher **F. Schmidt. — 1906.** 1,95 *M*

Nr. **39.** Gesetz, betr. die **Unterhaltung der öffentlichen Volksschulen.** Von Reg.Rat Dr **A. Marcks. — 1906.** 2,90 *M*

Nr. **40.** **Verwaltungsstrafverfahren** bei Zuwiderhandlungen gegen die Zollgesetze und indirekte Reichs- und Landesabgaben. Von Dr **M. Katzenstein. — 1907.** 5,20 *M*

Guttentagsche Sammlung Preußischer Gesetze.

Nr. 41. **Die preußischen Jagdpolizeigesetze.** Von Wirkl. Geh. Ob.Reg.Rat **F. Kunze** und Rechtsanwalt **R. Kühnemann. 2. Aufl. — 1907.** 5,20 M

Nr. 42. Die Gesetzgebung über die **Allgemeine Landesverwaltung** und **Zuständigkeit der Verwaltungs- und Verwaltungsgerichtsbehörden.** Von Dr **K. Friedrichs. — 1908.** 4,40 M

Nr. 43. Gesetz, betr. die **Zulassung einer Verschuldungsgrenze** für land- und forstwirtschaftlich benutzte Grundstücke. Von Syndikus Dr **R. Leweck. — 1908.** 3,40 M

Nr. 44. **Quellenschutzgesetz** nebst den Ausführungsbestimmungen. Von Geh. Bergrat **E. Voelkel. — 1909.** 1,60 M

Nr. 45. **Rechtsverhältnisse der Juden in Preußen.** Von Rechtsanwalt Dr **M. Kollenscher. — 1910.** 3,40 M

Nr. 46. Gesetz betr. **Austritt aus der Landeskirche** vom 14. Mai 1873. Von Ger.Assessor **H. Caro. — 1911.** 3,40 M

Nr. 47. Gesetz, betr. die **Feuerbestattung.** Von Amts-G.Rat Dr **W. Lohmann. — 1912.** 2,10 M

Nr. 48. **Zweckverbandsgesetz für Groß-Berlin** vom 19. Juli 1911 nebst Abdruck des allgemeinen Zweckverbandsgesetzes. Von den Magistratsräten Dr **L. Brühl,** Dr **K. Gordan** und Stadtrat Dr **W. Ledermann. — 1912.** 5,85 M

Nr. 49. **Gesetze gegen die Verunstaltung landschaftlich hervorragender Gegenden** mit Ausf.-Anweisungen. Von Reg.Rat **O. Goldschmidt. — 1912.** 3,40 M

Nr. 50. **Gesetz, betr. die Anlegung und Veränderung von Straßen und Plätzen in Städten und ländlichen Ortschaften.** Von Oberlandgerichtsrat **O. Meyer. — 1912.** 4,40 M

Nr. 51. **Das preußische Disziplinargesetz für die nichtrichterlichen Beamten** und die Privatdozenten. Von Reg.Rat Dr **E. v. Dultzig. — 1914.** 6,25 M

in den angeführten Preisen enthalten.

Guttentagsche Sammlung Preußischer Gesetze.

Nr. 52. **Preußisches Wassergesetz** v. 7. April 1913. Von den Rechtsanwälten **G. Wulff** und **F. Herold.** — **1913.** 7,15 M

Nr. 53. **Hinterlegungsordnung** v. 21. April 1913. Von Landrichter **Hagemann.** — **1914** 3,25 M

Nr. 54. Gesetz betr. **Anlegung von Sparkassenbeständen in Inhaberpapieren** nebst Ausf.-Verordnung vom 8. Mai 1913. Von Rechtsanwalt **H. Döhring.** — **1914.** 2,90 M

Nr. 55. **Preußisches Wohnungsgesetz** und **Bürgschaftssicherungsgesetz.** Von Hochschulprofessor Dr. jur. **B. Schmittmann.** — **1918.** 6,— M

Nr. 56. **Das preußische Tumultschadengesetz.** Von Justizrat Dr **Bruno Friedländer.** — **1919.** 1,20 M

Nr 57. Gesetz über **Landeskulturbehörden.** Von Geh. Ober-Justizrat **W. Holzapfel.** 7,— M

Nr. 58. **Arbeitsnachweis.** Von Magistratsrat **P. Wölbling.** 4,00 M

Sonderverzeichnisse über hervorragende Erscheinungen aus den Gebieten des Verwaltungs- und Handelsrechts sowie der genossenschaftlichen Literatur durch jede Buchhandlung und direkt vom Verlage.

Guttentagsche Sammlung
von
Textausgaben ohne Anmerkungen mit Sachregister.

Betriebsrätegesetz.	2,00 M
Bürgerliches Gesetzbuch nebst **Einführungsgesetz. 12. Aufl. — 1919.**	8,— M
Erbschaftssteuergesetz v. 10. 9. 1919. **2. Aufl.** mit Ausführungsanweisung.	4,— M
Handelsgesetzbuch nebst **Einführungsgesetz** und **Seerecht. 9. Aufl. — 1919.**	5,— M
Konkursordnung mit **Einführ.ges. 3. Aufl. — 1915.**	1,30 M
Kriegsgewinnsteuer. — 1916.	0,80 M
Die Kriegssteuergesetze. 2. Aufl. — 1917.	2,00 M
Militärstrafgerichtsordnung m. **Einführ.ges. — 1901.**	1,95 M
Militär-Strafgesetzbuch. 2. Aufl. — 1916.	1,55 M
Reichseinkommensteuer — Körperschaftssteuer — Kapitalertragssteuer — Landessteuer.	Im Druck.
Reichsfinanzgesetze von 1909. **— 1909.**	2,60 M
Reichsnotopfergesetz.	1,50 M
Reichsversicherungsordnung (Kranken-, Unfall-, Invaliden- u. Hinterbliebenenvers.). **20.—30. Tausend. — 1914.**	2,60 M
Strafgesetzbuch. — 1920.	5,— M
Strafprozeßordnung. 2. Aufl. — 1915.	1,95 M
Umsatzsteuergesetz. — 1920.	3,— M
Verkehrs- u. Kohlensteuer u. **Kriegssteuerzuschlag. — 1917.**	2,— M
Verfassung des Deutschen Reiches vom 11. 8. 1919.	2,— M
Versicherungsgesetz für Angestellte. — 1911.	1,60 M
Wechselordnung mit Anhang: **Wechselprozeß und Ausführungsanweisung. — 1908.**	3,— M
Wehrbeitrag und **Besitzsteuer. — 1913.**	1,30 M
Zivilprozeßordnung mit **Gerichtsverfassungsgesetz** und **Einführungsgesetzen. — 1914.**	2,60 M
Zuwachssteuergesetz. — 1911.	1,05 M
— — **Ausführungsbestimmungen. — 1911.**	0,80 M
Preuß. Ausf.-Anweis. zur **Gewerbeordnung. — 1904.**	2,90 M

in den angeführten Preisen enthalten.

Kommentare — Nachschlagebücher.

Die Gerichtspraxis.

In Verbindung mit

Amtsrichter E. Armstroff, Berlin-Lichterfelde, Staatsanwalt Dr E. Falck, Berlin, Kammergerichtsrat M. Gfrörer, Berlin, Amtsrichter W. Häuseler, Berlin-Weißensee, Amtsgerichtsrat G. Krause, Berlin-Tempelhof, Amtsgerichtsrat L. Levy, Charlottenburg, Landrichter Dr M. Nadler, Berlin, Amtsgerichtsrat H. Riefenstahl, Berlin

herausgegeben von

Kammergerichtsrat Dr. Ernst Pape.

1914. Gr.-8°. 1326 Seiten. Geb. in Leinen. Preis 18,50 M.
(Verlagsteuerungszuschlag 75%.)

Inhaltsverzeichnis:

Zivilprozeß — Die Zwangsvollstreckung — Konkursrecht — Strafprozeß — Gefängniswesen — Freiwillige Gerichtsbarkeit — Vormundschaftswesen — Nachlaßwesen — Grundbuch- und Katasterwesen — Registerwesen — Justizverwaltung — Sachregister.

Besprechungen aus der Presse:

Der schlichte Titel läßt den reichen Inhalt des umfangreichen Bandes nicht erkennen, der eine zusammenfassende Darstellung des gesamten Gerichtsverfahrens bietet . . .

„Literarisches Zentralblatt für Deutschland."

Schon jetzt wird man sagen dürfen, daß das Werk vor allen anderen bestimmt ist, dem jungen Praktiker ein treuer Berater und Führer zu sein. Die leichtverständliche Schilderung und die übersichtliche Anordnung werden auch die Gerichtsschreibereibeamten sowie strebsame Bürobeamte anziehen. . . .

„Zeitschrift für Rechtspflege in Bayern."

Die einzelnen Abschnitte sind von erfahrenen Fachmännern bearbeitet worden, die die ihnen gestellte Aufgabe in vortrefflicher Weise gelöst haben. . . . . . Auch der gereifte Praktiker wird Anregung und Belehrung aus dem Werke schöpfen.

„Leipziger Zeitschrift für Deutsches Recht"
(Staatsanwaltschaftsrat Kaempffer-Berlin)

Schlagwort-Register

R. = Nummer der Sammlung Deutscher Reichsgesetze.
P. = Nummer der Sammlung Preußischer Gesetze.
S. = Seite.

Schlagwort-Register. (R. = Reichsgesetz, P. = preuß. Gesetz.)

Schlagwort-Register. (R. = Reichsgesetz, P. = preuß. Gesetz.)

Schlagwort-Register. (R. = Reichsgesetz, P. = preuß. Gesetz.)

FSC
www.fsc.org
MIX
Papier | Fördert
gute Waldnutzung
FSC® C083411

Kolibri 360 GmbH
Ferdinand-Jühlke-Straße 7
99095 Erfurt, Deutschland
produktsicherheit@kolibri360.de